« RÉPONSES »

Collection dirigée par Sylvie Angel
et Abel Gerschenfeld

DU MÊME AUTEUR

chez le même éditeur

Ne sois pas triste mon enfant, 1999

chez d'autres éditeurs

Adolescents, la crise nécessaire,
Fayard, 2000

STÉPHANE CLERGET

NOS ENFANTS AUSSI ONT UN SEXE

Comment devient-on fille ou garçon ?

ROBERT LAFFONT

ISBN 2-221-09264-3

À mes parents

Introduction

Dans ce livre vous allez entendre parler de la sexualité infantile. L'association de ces deux mots paraît dissonante, voire choquante, quand on la rencontre pour la première fois. L'infantile évoque la pureté, la candeur et l'innocence. Tandis que « sexualité » est un terme lié à l'émancipation et qui n'en finit pas d'être du registre de la licence. Ces deux mots ont des univers bien distincts dans notre esprit. L'infantile est bercé dans les limbes de notre mémoire non loin des anges qui, comme chacun le sait, n'ont pas de sexe... La sexualité est notre quotidien d'adulte, tour à tour lénifiante ou infernale, mais qu'on a bien du mal à oublier. D'oubli, il va être question car selon Freud, qui le premier parla de sexualité infantile face à des contemporains incrédules et moqueurs, si nous avons tant de mal à trouver nos mots sur le sujet c'est que nous l'avons oublié. À quand remonte votre premier souvenir sexuel ? Spontanément la plupart d'entre nous répondent en balbutiant : « À l'adolescence. » Avec un effort et le rose aux joues, protégé dans le secret d'un cabinet médical ou l'intimité confiante d'une relation d'amitié, on se souvient d'un « touche-pipi » avec un copain ou une cousine à l'âge de l'école primaire. Avant cela, notre mémoire reste lettre morte. Parfois ce qu'on croit être des souvenirs de la petite enfance ne sont que des souvenirs reconstruits par notre imaginaire à partir de ce que l'on a entendu dire sur nous par d'autres témoins de cette période de notre existence. Ces « souvenirs-écrans » ont comme fonction de masquer les souvenirs réels. Ce sont des leurres qui viennent satisfaire notre devoir de mémoire. L'hypnose ou la psychanalyse sont des techniques qui permettent de décacheter ces correspondances intimes avec soi-même, et d'accuser réception des brouillons de sa vie amoureuse et sexuelle. Freud explique cette apparente amnésie par un mécanisme psychologique qu'il nomme le refoulement. Grâce à cela, les images et autres souvenirs associés à certaines pulsions ou désirs qui peuvent être gênants pour la vie consciente sont projetés dans notre inconscient, qui jouerait un peu le rôle de la cave si notre être psychique était une maison. Ces souvenirs sont oubliés car on ne leur donne pas accès à notre pensée consciente.

Et c'est très bien ainsi ! Il est en effet indispensable que le futur adulte en évolution se détache des films de sa petite enfance pour grandir convenablement. Pourrait-on avoir une relation normale avec sa mère en ressentant vis-à-vis d'elle les mêmes élans amoureux et les mêmes émois physiques qui mettent en branle tout le corps d'un jeune enfant ? L'extase physique du nouveau-né (garçon ou fille) au sein de sa mère, ou l'érection du bambin quand un de ses parents le lave, sont autant de souvenirs personnels que nous mettons à l'abri de notre mémoire. Cette amnésie s'installe vers l'âge de six ans, une fois que nous en avons fini avec notre complexe d'Œdipe. C'est la raison pour laquelle nous avons en général peu de souvenirs relatifs à cette période de la vie. En refoulant nos émois, nous refoulons aussi tout ce qui y est associé, et comme notre découverte du quotidien est tout imprégnée de nos émois, nous mettons tout cela dans le même panier.

Mais devenu adulte, il est parfois utile de se pencher sur les fondements de notre monde interne pour mieux se comprendre, mieux comprendre les autres, et se dégager des obstacles à notre bien-être qui trouvent leurs origines à cette époque de notre développement. Les pensées et les sentiments refoulés apparaissent dans les rêves, les actes manqués ou encore dans les associations d'idées que l'on a, si l'on n'est pas trop vigilant sur ce que l'on pense.

Étudier la sexualité infantile permet aussi de mieux comprendre le développement global de l'enfant, et de mieux l'accompagner lors de ce parcours essentiel pour l'adulte qu'il sera. Car la personnalité de l'enfant est indissociable de son développement affectif et sexuel. La notion même d'identité d'un individu repose en partie sur la notion d'identité sexuée. C'est-à-dire sur la prise de conscience par l'enfant de l'existence de deux sexes dans l'espèce humaine, de leurs différences et de leurs points communs, et du sexe qui est le sien ; et sur la façon dont il se représente ces notions. En effet, comme pour tout savoir sur soi, il existe une représentation personnelle de ce savoir. À quel âge cette prise de conscience a-t-elle lieu ? Par quels procédés ? Quels sont les facteurs d'influence sur la construction de l'identité sexuée de chacun ? Pourquoi y a-t-il des garçons plus ou moins masculins et des filles plus ou moins féminines ? Qu'en est-il des garçons manqués et des garçons efféminés ? Ces questions, qui en appellent d'autres, me sont parfois posées en consultation par les adultes. Les enfants aussi s'interrogent à leur manière sur ce thème :

> Paul, quatre ans, s'amuse à imaginer un bébé dans son ventre en glissant un ours en peluche sous son pull. Sa mère lui dit en souriant : « Tu ne pourras pas avoir de bébés dans ton ventre car tu es un petit garçon. » Paul lui répond, levant les yeux au ciel devant tant d'évidence : « Bien sûr, pas maintenant, mais quand je serai grand je pourrai. »

Le plus souvent, c'est l'enfant lui-même qui préoccupe les parents, notamment quand son comportement semble inadapté. C'est le cas d'Antoine, sept ans, dont la mère me présente ainsi la situation :

> Il joue fréquemment à mettre les habits de sa grande sœur Sophie. Elle a deux ans de plus que lui et ils ont toujours été très complices. Elle préfère jouer avec son frère qu'avec ses poupées. Elle fait de la danse et s'amuse à lui donner des cours. Il l'admire et elle en fait ce qu'elle veut. C'est un garçon très sensible et très artiste. Il dessine très bien et s'intéresse beaucoup aux vêtements en général. Il commente ma façon de m'habiller, et veut choisir les robes que je porterai. Il aime me coiffer et me mettre mes bijoux. Parfois il joue à les porter. « Je me déguise en maman », dit-il alors. Quand je me

> maquille, il demande s'il peut essayer mon rouge à lèvres ou mon vernis à ongles. Au début j'acceptais, je trouvais cela mignon, mais une amie m'a conseillée de refuser dorénavant. Je m'inquiète car il adopte depuis peu une allure très maniérée dans sa façon de parler et de marcher. Je l'ai sérieusement grondé récemment à ce propos, mais je ne sais pas si j'ai bien fait. Il a longuement sangloté en me disant qu'il ne faisait pas exprès, qu'il n'avait pas fait de bêtises et que j'étais méchante. J'en ai parlé à mon mari mais lui, il la met toujours en veilleuse. Il a haussé les épaules en grommelant que je couvais trop les enfants. C'est facile à dire, il ne s'en occupe jamais ! De toute façon nous ne sommes d'accord sur rien, mais c'est toujours moi qui ai le dernier mot. Je ne suis pas comme ma mère, je ne me laisse pas mener. Moi, je suis une grande bavarde et Antoine aussi. Il me ressemble sur ce point, mais pas sur le reste. Enfant, jusqu'à ma formation, j'étais un vrai garçon manqué ! Je suis l'aînée de six et je n'ai que des frères. J'étais très sportive et du genre à grimper aux arbres. J'ai inscrit Antoine au judo, mais, au bout de quelques leçons, il a déclaré forfait. Je le comprends, le professeur n'était pas très sympathique. Mais je ne sais plus ce que je dois faire avec ce garçon ; il va me rendre chèvre.

Tel que sa mère le décrit, à l'occasion d'une émission radiophonique sur ce thème où j'étais convié, Antoine semble appartenir au type de garçon qu'on appelle féminin ou efféminé. Les Américains, dans le langage tout-venant, les appellent « sissy-boys ». Et il s'est trouvé un psychiatre (les médecins américains adorent les classifications) pour en faire un syndrome, le « sissy-boy syndrome ». Dans la situation d'Antoine, il semble que son comportement s'éloigne du comportement que la société attend d'un garçon mais qui ne surprendrait pas chez une fille.

L'identité sexuée d'un enfant, comme beaucoup d'autres composantes de son identité globale, s'élabore à partir d'éléments physiques, psychologiques, affectifs et cognitifs propres à l'enfant. Elle est aussi sous l'influence de facteurs familiaux et environnementaux. Je vous parlerai de ces différents apports et facteurs d'influence. Dans ce domaine, le champ psychologique est prédominant, mais l'identité sexuée prend également racine sur un corps. Les dimensions physiques et biologiques ne doivent pas être négligées. Comment à partir d'un spermatozoïde et d'un ovule qui fusionnent arrive-t-on dans un cas à un enfant mâle et dans l'autre à une fille ? Quand et comment se fait la différenciation physique ? Et qu'en est-il de ces situations qui semblent intermédiaires, tel l'hermaphrodisme ?

La sexualité infantile ne se limite pas à l'identité sexuée. Que sait-on des désirs sexuels de l'enfant ? Existent-ils ? Quelles voies empruntent-ils ? L'enfant a-t-il des fantasmes sexuels tels qu'on les connaît chez l'adulte ? Je répondrai à ces questions osées qui ont à voir avec la curiosité sexuelle de tout un chacun (y compris de l'enfant) mais aussi à celles, plus sentimentales mais intimement liées aux précédentes, qui concernent les premiers élans amoureux. Quand et comment apprend-il l'art d'aimer ? L'enfant aime-t-il comme l'adulte ? Connaît-il les chagrins d'amour, la jalousie, la passion, la fidélité, le marivaudage ?

On croit tous avoir retenu de Freud que le garçon veut épouser sa mère, et la fillette son père, mais que bien mal acquis ne profite jamais. Qu'en est-il clairement de ce fameux Œdipe, plus complexe qu'il n'en a l'air ? Je vous livrerai aussi les mécanismes psychologiques intimes qui ont lieu lors de la puberté, et qui font de l'adolescence une étape aussi cruciale que mouvementée dans la sexualité humaine.

Au-delà des conceptions théoriques, connues ou plus récentes, c'est mon observation et mon écoute des enfants, des adolescents comme le témoignage de leurs parents, ou des adultes sur leur propre enfance, qui ont alimenté cet écrit.

En nous intéressant à l'enfant, c'est l'adulte qu'on a en mire. Et je vous propose de découvrir aussi les soubassements de notre sexualité qui doit beaucoup à notre sexualité infantile. Ne seraient-ce que nos orientations et nos choix sexuels. Par exemple, comment devient-on homosexuel ? Ou bien encore : comment devient-on hétérosexuel ?

Je développerai les différents mécanismes psychologiques ou physiologiques qui interviennent dans ce système complexe qu'est la sexualité humaine et qui débute dès la première caresse que reçoit le bébé.

Première partie

COMMENT DEVIENT-ON FILLE OU GARÇON ?

Connaître et reconnaître l'existence des deux sexes, appréhender leur terreau commun et leurs différences, se savoir et se sentir fille ou garçon, tout cela constitue la mise en place de l'identité sexuée.

Le développement de l'identité sexuée résulte de mécanismes complexes. Il s'enracine continuellement dans le développement global de la personnalité de l'enfant. Tout ce qui participe au développement de l'identité globale de l'individu concourt à l'édification de l'identité sexuée. Par souci de clarté, je vais détailler ce qui me semble être les principaux facteurs d'influence et les matériaux de cette construction. Je vais départir ce qui émane de l'enfant directement (biologiquement et psychologiquement) de ce qui est de la famille comme de l'environnement culturel et social qui accueille cet enfant. Cette séparation est arbitraire, tant ces différents agents s'interpénètrent. Je compte sur vous pour ne pas perdre le lien.

1

La société fait l'homme et la femme

Dans la construction de son identité sexuée, l'enfant est soumis à l'influence de son environnement qui est présente tout au long de son développement et persiste au-delà. En plus de ses parents, l'enfant va côtoyer les autres membres de sa famille, d'autres adultes et des enfants rencontrés dans le voisinage (jardin public, crèche ou école maternelle). Cet ensemble baigne dans un contexte culturel qui définit des façons d'être, des apparences, et des fonctions propres à chaque sexe. L'environnement culturel varie d'un pays à l'autre et, au sein d'une même contrée, on observe des variances d'une communauté ou d'une classe sociale à une autre. Des comportements vont être considérés comme le propre d'un sexe dans un pays et non dans un autre. Il varie aussi avec le temps. Ainsi, fumer ou conduire une voiture a été longtemps en France un caractère masculin, et s'occuper du quotidien des bébés une caractéristique féminine.

Un sexe pour la vie

Les bébés ont un sexe mais le savent-ils ? L'immense majorité d'entre nous sait répondre, sans une hésitation, à la question : êtes-vous un homme ou bien une femme ? Ce sentiment d'appartenance à l'un ou l'autre groupe sexué, nous croyons l'avoir toujours connu, d'aussi loin que remonte notre mémoire. Plus on est jeune, plus il est possible que l'on ait encore une incertitude dans son orientation sexuelle. C'est-à-dire que l'on ne sache pas encore précisément vers quel sexe notre désir nous porte. Il arrive aussi que l'on ait des choix pluriels. Mais nous nous savons fille ou garçon comme une évidence sans avoir besoin d'y penser. Même des hommes très efféminés, ou des femmes considérées comme très masculines, savent quel est leur sexe anatomique, puisque c'est celui-ci qui désigne, à la naissance, le sexe de l'état civil. On a, presque de tout temps, fait souffrir les homosexuels en les assimilant à l'autre sexe, confondant orientation sexuelle et identité sexuée. Il leur arrive de jouer dans leur discours ou dans leur comportement à se prétendre de l'autre sexe, mais au-delà des apparences, ils se savent garçon ou fille.

Il en est autrement de personnes malades ayant des troubles graves de la personnalité incluant des doutes sur l'identité sexuée, ainsi que chez les très rares personnes transsexuelles qui ont toujours considéré que leur sexe physique était non conforme à leur sexe psychique.

Car l'identité sexuée est partie prenante du noyau identitaire.

Le noyau identitaire est le support primordial du sentiment d'exister. Il est constitué de tout ce qui fait qu'on se reconnaît comme être humain et qu'on reconnaît ses semblables. L'identité sexuée apparaît dans la même période où on se reconnaît comme être humain et qu'on a conscience de soi en entier. On prend conscience de son identité sexuée peu à peu, dans les mêmes temps où s'élaborent notamment la reconnaissance de soi dans le miroir et l'acquisition du « je ». Ces toutes premières années de la vie sont cruciales pour la personnalité à venir de l'enfant. De nombreux troubles chez l'adulte se comprennent à la lumière des perturbations du développement durant ces années.

Tout le monde médical s'entend pour affirmer que trois ans est l'âge où l'enfant se reconnaît avec assurance fille ou garçon. Bien sûr, certains ont plus ou moins de retard ou d'avance dans ce domaine. Mais ce savoir va devenir une conviction. Tout cela ne s'est pas installé d'emblée. C'est le résultat d'un apprentissage qui démarre dès la naissance. Comment cela se met-il en place ? Ce domaine reste empreint de mystères, mais je vais, à partir de données récentes et de mes propres observations et réflexions, vous ouvrir les portes de l'identité sexuée.

La différence des sexes

L'existence de deux sexes est le propre, sinon le fondement, du monde animal. Chez l'humain, c'est une dichotomie essentielle et chaque groupe humain a tenu compte de cette division dans son organisation sociale. Cette différenciation est donc inscrite dans l'histoire de l'humanité. La base de celle-ci est la différence anatomique et physiologique (en particulier la capacité d'engendrer). À cela s'ajoute la différenciation sociale. Car à côté de la certitude personnelle de se savoir fille ou garçon, existe une autre reconnaissance qui est la reconnaissance sociale. En fait ces deux reconnaissances, personnelle et sociale, interagissent. Il est probable que — c'est en tout cas l'avis des anthropologues — chaque société, chaque groupe culturel et religieux a, de tout temps, eu un système de référence distinguant le masculin du féminin. Que ce soit en termes de répartition des fonctions ou en termes de personnalité. Ces deux termes sont d'ailleurs interactifs puisqu'il est probable que des fonctions, des tâches, des rôles particuliers (ex. : gérer la vie économique) favorisent un certain type de conduite qui sera alors qualifié de féminin ou de masculin. Les caractéristiques du masculin et du féminin diffèrent d'une société à l'autre et au sein d'une même société sont évolutives dans le temps.

La société occidentale contemporaine a également ses critères spécifiques pour chacun des deux groupes sexués. Même si actuellement on vit dans ce domaine un bouleversement allant dans le sens d'une égalité des statuts, à chaque sexe correspondent des rôles et des tâches particulières (mais aussi communes). En outre, on attend des femmes et des hommes des attitudes, des comportements, des sentiments, des émotions, des qualités, un discours et plus généralement une manière d'être qui leur soient propres. C'est l'acquisition de tout ou partie de ces critères par l'enfant (a fortiori par l'adulte qu'il devient) qui fera dire par son entourage familial ou social qu'il est féminin ou masculin.

En fait, on ne le dit que lorsque l'enfant semble varier de la norme dans un sens ou dans l'autre. Tel garçon est désigné comme « féminin » ou « efféminé » ; tel autre comme « très masculin », dont on dit que « c'est déjà un vrai petit homme ». On constate dès le plus jeune âge la possibilité d'une variabilité dans le féminin et le masculin. Des critères existent, mais un gradient établit un jeu de nuances. On est plus ou moins féminin, plus ou moins masculin. On peut être à mi-chemin comme le sous-entendent les expressions suivantes : « il est bique et bouc » ou « il est mi-figue, mi-raisin ». Cette variabilité existe aussi dans les rôles où des hommes et des femmes adultes se distinguent en occupant une place traditionnellement dévolue à l'autre sexe. Par exemple, le maternage du nourrisson reste le domaine des femmes (le pourcentage d'hommes prenant un congé parental d'éducation est minime). Cette dichotomie n'empêche pas un espace commun, une intersection. J'appelle cet espace l'espace neutre. Il contient tous les rôles, toutes les façons d'être, tous les signifiants qui ne sont ni spécifiquement féminins ni spécifiquement masculins. Prenons dans notre société l'exemple du métier de charcutier, qu'il soit tenu par un homme ou une femme ne surprendrait personne. Il en est de même pour certaines conduites (ex. : le fait de dormir) ou certaines émotions (ex. : le fait d'être triste après la perte d'un être cher, ou la jalousie). Il semble d'ailleurs que notre société prend de plus en plus ses distances avec un clivage trop marqué et voit avec le temps son espace neutre aller croissant. La langue française s'est démarquée du latin en abandonnant le genre neutre. Chaque mot est soit féminin, soit masculin. Ce courant se renforce actuellement, en France, par la féminisation des noms de métiers et de fonctions (ex. : une écrivaine). Quand on sait les liens structuraux unissant la pensée et le langage, on conçoit que le sexe des mots est en lien avec notre rapport aux choses que ces mots désignent. Pourtant dans notre imaginaire de nombreux signifiés n'évoquent ni la féminité ni la masculinité.

Pierre Tap[1] a réalisé une enquête auprès d'échantillons représentatifs d'adultes. Il leur était demandé de cataloguer comme féminin,

1. Pierre Tap, *Masculin et féminin chez l'enfant*, Privat, Toulouse, 1985.

masculin ou neutre différents objets utilisés par les enfants. On découvre par exemple que le tambour, le camion et le voilier furent classés dans la catégorie masculine majoritairement. La poupée, la dînette et les instruments de coiffure l'ont été dans la catégorie féminine. Parmi les objets neutres cohabitent l'ours en peluche, le jeu de dames, le tricycle, le ballon, le téléphone. D'autres études ont été faites, notamment aux États-Unis, confirmant, même si le contenu des catégories diverge, que notre imaginaire a trois genres : masculin, féminin et neutre. Il est probable qu'il y a des réponses conformes à une donne sociale et des réponses plus personnelles. Ainsi un ours en peluche qualifié de neutre par la majorité des personnes interrogées pourrait être considéré comme plus masculin par un quidam, si chez lui seuls les garçons y avaient droit. Mais les résultats de ces enquêtes expriment des données statistiques.

Les caractéristiques psychoaffectives déterminant les hommes et les femmes nourrissent de nombreuses études et de nombreux ouvrages. Les résultats se retrouvent souvent dans la partition suivante :

— les items masculins sont : la vigueur, la force, la rapidité décisionnelle, l'agressivité, l'assurance, l'égocentrisme, l'ambition, la capacité à diriger...

— les items féminins sont : la sensibilité, l'esprit de solidarité, la patience, la douceur, la coquetterie, la discrétion, la délicatesse, l'attachement aux enfants, la séduction, la versatilité, la joie.

Qu'elles soient portées par un homme ou une femme, ces différentes caractéristiques nous font qualifier quelqu'un de plus ou moins masculin ou féminin. Dans la mesure où elles sont reconnues socialement et majoritairement, qu'elles correspondent ou non à une réalité autre que sociale, elles vont prendre place dans la norme sociale et donc en grande partie dans la norme familiale. Car la norme sociale influe évidemment plus ou moins sur la norme familiale.

Dans un premier temps, quand l'enfant est bébé, c'est la norme familiale qui prime. Mais dès que l'enfant est confié à d'autres (crèche, halte-garderie, école maternelle), la norme sociale intervient. L'enfant est généralement soucieux de s'inscrire dans la norme proposée, afin de bénéficier de gratifications et d'éviter une déconsidération. Il va donc accrocher ces différents items à sa personnalité pour la rendre concordante à son sexe. Le garçon et la fille vont adopter, respectivement, les caractéristiques masculines et féminines que l'entourage va leur soumettre, consciemment ou non. Ils vont s'assujettir à une différenciation comportementale et psychologique proposée par leur environnement.

Naissance d'un sexe

Le bébé vient au monde et est désigné garçon ou bien fille. Cette appellation repose sur son sexe anatomique, en relation directe avec son sexe biologique. On lui donne un prénom qui vient confirmer cette désignation tout en la nuançant de ses charges symboliques, imaginaires et historiques. Car, nous le verrons, le prénom influence l'enfant dans la mesure où son choix par les parents n'est pas neutre et qu'un prénom, comme un nom, possède une histoire.

En trois ans, il va acquérir son identité sexuée, c'est-à-dire qu'il va se savoir fille ou garçon et qu'il va se parer des caractéristiques de son sexe, culturellement définies par son milieu.

Ce seraient les deux premières années qui joueraient un rôle essentiel dans la construction de l'identité sexuée. On le pense notamment à partir de certains cas, ceux de pseudo-hermaphrodismes que je détaillerai plus loin. Dans ces situations, le sexe apparent de l'enfant n'est pas le sexe biologique. Il s'agit, par exemple, de fille présentant des organes génitaux externes de type masculin. Cela est dû à la sécrétion anormale d'hormone mâle en relation avec une tumeur bénigne du fœtus. Dans les cas où il y a eu erreur sur le sexe biologique (on a pris ces filles pour des garçons) et que cette erreur est découverte après deux ans, le sexe psychologique de l'enfant reste celui qui correspond au sexe d'assignation à la naissance. Les filles se considèrent alors et pour toujours comme des garçons. La désignation du sexe à la naissance, même si elle est erronée, va conditionner l'identité sexuée de l'individu à partir de deux ans. On voit donc que l'identité sexuée n'est pas due au sexe anatomique mais à l'image qu'on en a.

Le sexe annoncé aux parents lors de la venue au monde de l'enfant va modeler toute leur attitude tant consciemment qu'inconsciemment. C'est ce qui a fait dire à Élisabeth Badinter qu'on ne naît pas homme, mais qu'on le devient. J'ajouterai que c'est pareil pour la femme.

L'erreur a longtemps été de ne considérer la femme qu'en négatif du masculin. Même des écrits de Freud semblent aller dans ce sens, d'une masculinité définie et d'une féminité désignée comme « n'étant pas » (en particulier n'étant pas titulaire de ce que Freud appelle le phallus).

É. Badinter fait de la masculinité un ajout sur une base féminine en s'appuyant notamment sur le développement embryonnaire. Ce point de vue est également contestable. Je crois que masculin et féminin ont une humanité commune. D'ailleurs les différentes expériences des biologistes américains de la première moitié du XXe siècle comparant les cerveaux d'hommes et de femmes (avec beaucoup d'arrière-pensées misogynes) ont dû s'astreindre à reconnaître qu'il existe davantage de variabilité au sein d'un même sexe qu'entre les deux. À cette base commune, s'adjoignent, au cours du développement de l'identité sexuée, des éléments spécifiques dans un cas comme dans l'autre. Ces éléments ont peut-être une origine anatomique et biologique mais certainement aussi des origines acquises familiales et culturelles.

Informés du sexe de l'enfant, les parents et les proches vont s'organiser matériellement par rapport à cette réalité. Le choix des vêtements (ex. : la couleur de la brassière), du décor de la chambre et le choix des jouets vont différer sur de nombreux aspects. Cette différenciation de l'environnement matériel est proposée dès la naissance (parfois avant, quand l'échographie est parlante) et ne va pas cesser d'être maintenue.

Le père et la mère comme les autres adultes qui rencontreront le bébé vont s'adapter au sexe de l'enfant en adoptant un positionnement, une attitude, une façon de parler et un discours spécifiques. Chacun le fera selon les codes sociaux en usage et selon ses codes personnels. Ni vous ni moi ne nous conduisons de façon analogue si nous sommes face à un homme ou une femme ; de même face à un bambin, selon qu'il est garçon ou fille, notre manière d'être diverge.

Si de nos jours, en France, on préfère de moins en moins fréquemment avoir un garçon plutôt qu'une fille, il reste vrai que l'on n'attend pas la même chose d'une fille et d'un garçon. Ainsi, habituellement on attend d'une fille qu'elle soit calme et gentille et, d'un garçon, on accepte davantage d'indépendance et moins de larmes.

Face à un bébé non seulement nous adoptons des attitudes variées selon le genre auquel il appartient, mais en outre nous lui attribuons des pensées, des intentions, et des sentiments différents. Des expériences récentes le confirment.

Dans l'une d'elles, on projette à deux groupes distincts d'adultes les mêmes scènes vidéo comprenant des bébés en situation avec divers objets. On dit à l'un des groupes que les bébés sont d'un sexe tandis que l'inverse est dit à l'autre. Les résultats montrent que pour un même comportement du bébé, chacun des groupes a majoritairement une interprétation différente. Cette interprétation va dans le sens d'une représentation sociale commune du masculin et du féminin. On donne un sens différent à une attitude selon que l'on croit qu'elle est tenue par une fille ou par un garçon. Par exemple, un bébé contrarié est désigné comme « coléreux » si le groupe le croit garçon ou bien comme « capricieuse » si on le croit fille. Tel bébé taquinant un autre bébé est qualifié de « bagarreur » ou de « coquine » selon le sexe attribué. La perception de sa corporalité est aussi variable, et le bébé est alternativement vu comme « costaud » ou « gracieuse » selon qu'il est cru garçon ou fille.

D'autres expériences mettent en scène des adultes filmés en présence de très jeunes enfants. Des jouets désignés comme féminins (poupées), masculins (camions) ou neutres (animaux) sont utilisés comme accessoires. Il en résulte que, selon le sexe d'assignation, l'adulte va utiliser le jouet concordant. L'adulte va utiliser des jouets féminins s'il croit être avec un bébé fille et masculins s'il pense être en face d'un garçon. Cela est d'autant plus vrai que les adultes, interrogés avant la mise en situation, considèrent, a priori, qu'il existe une différence très marquée entre hommes et femmes.

Cependant, tout ne vient pas des « a priori » des adultes. Car dans ce type d'expérience avec des bébés de plus d'un an, même quand le sexe n'est pas connu, on observe que les adultes tendent plus de jouets féminins aux filles. Tout se passe comme si les filles se faisaient reconnaître comme filles à partir de un an. On pourrait en conclure que les comportements des bébés commencent alors à se différencier, induisant chez l'adulte des comportements socialement adaptés. L'enfant deviendrait très tôt féminin ou masculin et participerait ainsi activement au développement de son identité sexuée en se faisant reconnaître comme tel par l'adulte qui s'occupe de lui.

On voit que l'adulte, en fonction du genre désigné, va favoriser tel jouet ou telle activité. Le bébé va interagir dans cet échange. Tout un système de renforcement positif ou négatif, d'annulation, de valorisation directe ou indirecte va favoriser, voire créer des attitudes et des contre-attitudes qualifiées de sexuées. Le comportement masculin ou féminin du bébé va se modeler à partir de ces échanges avec l'adulte.

Une fois le sexe de l'enfant connu, le regard parental porté sur lui va s'adapter. Le mode emprunté va être sous l'emprise d'influences diverses : l'histoire familiale et personnelle des parents, les désirs des parents, leur rapport à leur propre sexe et à l'autre, le physique et la personnalité de l'enfant, le discours social...

Les parents vont être influencés dans leur tournure vis-à-vis de leur enfant par leur propre inscription familiale. Quel type de relation cet homme devenu père avait-il avec sa propre mère ? Son père s'occupait-il de lui bébé ? Avait-il des frères et sœurs ? Quelle était sa place dans la fratrie ? Ses parents étaient-ils satisfaits qu'il soit un garçon ? Comment les rôles entre filles et garçons étaient-ils distribués dans sa famille ?

> Ainsi M. X n'a été élevé que par sa grand-mère maternelle. Elle était veuve et il lui a été confié par ses parents à la fois pour des raisons pratiques (les parents commerçants avaient

des horaires de travail impressionnants) et pour consoler la grand-mère d'être seule. En cherchant mieux il apparaissait également que la mère, très collée à sa propre mère, a dû inconsciemment « payer le prix » de son indépendance par le mariage en confiant — comme une dette de vie — son fils pour la remplacer.

M. X voyait peu son père décrit comme un homme discret, travailleur, peu loquace et assez maniaque. Sa grand-mère était une femme imposante, laissant peu de place au désir de l'autre. Elle a toujours eu une préférence nette pour les filles. Et c'est de façon très féminine qu'elle organisait matériellement l'environnement de ce bébé, des couleurs jusqu'aux jouets. Il n'est entré en maternelle qu'à l'âge de quatre ans. Il était alors, selon les dires de ceux qui se souviennent de lui, très timide. Physiquement, sur les photos, il ressemble à une petite fille. « Tout le monde jusqu'à ma puberté me prenait pour une petite fille. Je ne me souviens plus trop, mais je devais en avoir les manières. Pourtant je n'en ai jamais trop souffert. On ne s'avisait pas de m'embêter car je savais bien me défendre. Je n'attaquais jamais, mais je rendais coup pour coup. J'ai sans doute hérité cela de ma grand-mère. C'est contre elle que j'ai dû d'abord me défendre. Après mes sept ans, je suis devenu tellement insupportable avec elle, moi, l'enfant jusqu'alors si doux, qu'elle n'a plus voulu me garder aussi souvent et j'ai pu faire la connaissance plus approfondie de mes parents », raconte-t-il.

Actuellement M. X est marié et père de famille. Il a une allure qui ne surprend ni dans un sens ni dans l'autre.

Les enfants entre eux

On a vu que les adultes adoptent des attitudes, un langage et choisissent des objets différents pour interagir avec un nouveau-né selon qu'ils pensent s'adresser à un garçon ou à une fille. Un même comportement chez un bébé est commenté de façon différente par l'adulte selon qu'on lui dit que c'est un garçon ou une fille. Leurs façons de s'adresser à l'enfant, de le toucher, de le porter, de lui parler (le contenu du discours comme le ton des paroles) sont différentes.

Tout cela va donner à l'enfant une image de lui-même modifiée selon son sexe, dans la mesure où il va se modeler sur la façon dont il existe pour l'autre.

En outre, plus tard, quand il aura intégré l'existence de deux sexes, il imitera l'adulte dans la façon spécifique d'être avec un garçon ou une fille.

L'influence des enfants entre eux est aussi déterminante. À l'âge de quatre ans, au sein d'un groupe d'enfants avec autant de garçons que de filles, près des trois quarts des échanges se font entre enfants du même sexe. Les garçons vont plus volontiers échanger avec des garçons ; et il en est de même entre filles. C'est vrai quels que soient les modes d'échange : agressifs ou empathiques. Ce sont les filles qui, le plus tôt, dès l'âge de deux ans, privilégient en moyenne deux fois sur trois les échanges avec les autres filles. Les garçons débutent plus tardivement cette sélectivité qui va aller croissant jusqu'à l'entrée en école primaire mais qui apparaît, en fin de course, plus marquée que chez les filles.

Il faudra attendre l'adolescence pour que le phénomène s'inverse, et que filles et garçons, poussés par le désir sexuel, se tournent l'un vers l'autre.

Statistiquement, l'enfant choisit donc spontanément de s'apparier préférentiellement à un enfant du même sexe que lui. De surcroît il y a aussi un effet groupe qui fait masse et soutient ce choix individuel. C'est d'ailleurs caricatural à l'école primaire où l'on voit le camp des filles qui s'oppose à celui des garçons, malgré la mixité des classes et les efforts de certains enseignants pour atténuer cette « sélection naturelle ».

Cet effet du groupe a été prouvé par des études. Elles ont montré qu'en présence d'autres enfants, un enfant utilise moins spontanément qu'il le ferait s'il était seul un jouet qui n'est pas socialement de son sexe (ex. : une poupée pour un garçon). Autrement dit, il existe un effet de censure des autres enfants pour des utilisations d'objets jugées non conformes à l'identité sexuée. Dès le plus jeune âge, la société infantile renforcerait en écho à l'éducation des adultes les choix conformes à une différenciation. Ces études de Le Maner et Deleau sont passionnantes car elles montrent aussi que des variations s'opèrent selon le sexe de l'enfant observateur. Ainsi les filles entre elles, comme les garçons entre eux, privilégient l'usage de jouets déclarés conformes. Mais en présence de filles, le garçon va choisir autant d'objets féminins que masculins ! Et cela dès l'âge de deux ans. Comme si le garçon cherchait à s'adapter, se soumettre ou s'autorisait des jeux de filles. À l'inverse, on peut penser que le choix d'objets masculins est imposé au garçon par les autres garçons et que le choix féminin serait plus spontané et moins lié à la relation.

Cela dit, garçons et filles peuvent jouer avec les mêmes jouets mais pas de la même façon, et en n'y associant pas le même imaginaire. Une activité commune n'est peut-être pas ressentie de la même façon par des enfants des deux sexes, car le ressenti est en relation avec l'éprouvé de son propre corps et le corps diffère entre garçons et filles.

> Manuelle, neuf ans, que je suis en consultation pour des troubles mineurs me parle, lors d'une séance, de Romain, un camarade de classe qu'elle déclare être une « vraie fille » ; précisant : « Ma mère dit que c'est une tapette. » Elle s'en moque gentiment, me disant qu'il « ne joue qu'avec des filles ». Mais ce qu'elle juge le plus féminin chez lui, c'est qu'embêté par des filles ou des garçons, il lui demande à elle de le défendre. Ce qu'elle fait volontiers, quoique un peu lasse de cela. Elle le pousse à se défendre lui-même « comme un garçon » devrait le faire. Au vu de ce qu'elle me dit, il semble qu'il n'ait pas de soucis particuliers avec les autres enfants. Il n'est pas plus « attaqué » qu'un autre, les garçons ne se moquent pas de lui et, parmi le groupe de filles, il a « beaucoup d'amoureuses ». C'est l'occasion pour Manuelle de me parler des rôles féminins et masculins et de sa satisfaction d'être une

fille car on peut, au contraire des garçons, « à la fois jouer à la bagarre et à la poupée ».

Garçons et filles, dès le plus jeune âge, se façonnent aux modèles sociaux qui leur sont proposés en ce qui concerne les différenciations de comportements liés au sexe. Ils repèrent les comportements minoritaires et imposent aux autres enfants avec plus ou moins de vigueur la norme à laquelle ils se sont eux-mêmes soumis.

La pression culturelle

La culture occidentale est imprégnée depuis l'Antiquité d'un discours sur le masculin et le féminin. Même si les critères de masculinité et de féminité ont varié en fonction des époques, des pays, des communautés, des classes sociales et de l'âge des individus. Ce discours repose sur un partage des rôles définis par l'usage, la règle et la loi. De nombreux ouvrages écrits lors des revendications féministes ou plus récemment à l'occasion des débats sur la parité en politique s'y sont intéressés. Certains d'entre eux, écrits par des hommes, se veulent à la gloire des femmes, louant leur pouvoir sur les hommes, mais de fait, en perpétuant une opposition comparative, contribuent au maintien de stéréotypes. En vrac, le masculin est brouillon, rationnel, concis, peu imaginatif, fougueux, expulsif, percutant, fidèle, dominateur... Le féminin est doux, mesquin, ravissant, futile, docile, intuitif, sensible, tolérant, soigné, tentateur, voluptueux, patient. Les écrits d'Élisabeth Badinter évoquent un antiféminisme national depuis le XVIIe siècle. Elle cite également les ardentes campagnes éducatives américaines au début du XXe siècle contre la prétendue féminisation des garçons (pas suffisamment élevés à la dure). Il s'agissait ici de l'exaltation du fort contre le faible (sexe faible). Cet antiféminisme est en fait bien antérieur. Les premiers écrits religieux en sont imbibés ; que ce soit avec Pandore, la première femme créée par Zeus pour punir les hommes de leur ambition, ou Ève à l'origine du premier péché.

En fonction de ces critères qui imprègnent tous les éléments de la société, le regard social porté sur l'enfant va étiqueter chacun de ses choix ou comportements comme féminin ou masculin. Ce faisant il va orienter son devenir par des processus d'identification aux paroles tenues sur lui. Ainsi un garçonnet passif aux traits fins qui sera désigné comme fille par le regard du groupe va alors se modeler au signifiant « fille » qu'on lui tend. De même une fillette au joli minois et qualifiée de coquette peut se modeler à ce discours et devenir effectivement une Célimène. Les enfants deviennent en grande partie ce que l'on dit d'eux, que ce soit l'entourage familial ou social. Même si, pour des raisons complexes, telle personne aura plus d'influence que telle autre et que tel discours sera plus marquant que tel autre.

Les messages du corps social adressés aux enfants diffèrent selon leur sexe. Ainsi devenir un homme pour la société suppose des apprentissages positifs mais aussi des censures. C'est pourquoi le garçon de cinq-six ans renonce aux tâches ménagères faites jusqu'alors avec plaisir.

La pression sociale continue de s'exercer à l'âge adulte où être un homme c'est ne pas être dépendant, soumis, impuissant, docile, homosexuel, féminin. D'ailleurs depuis l'Antiquité une trop grande proximité du féminin était jugée menaçante pour le masculin. La femme risque d'amollir l'homme, pensait-on. La tenir à distance protège la virilité. Un tableau de Rubens exposé au Louvre illustre cette inversion des rôles sous l'influence de l'amour. On y voit Hercule, féminisé, filant la laine, et sa compagne, virilement vêtue d'une peau de lion (tenue d'Hercule). En France, ce n'est que depuis l'instauration de la mixité dans les écoles et dans les grands corps d'État (police, pompiers, armée, Polytechnique) que l'on peut parler d'époque révolue pour cette crainte.

Cette menace du féminin n'est-elle pas l'écho de la crainte du garçonnet de voir perdre son identité spécifique s'il reste trop longtemps collé à sa mère en s'identifiant totalement à elle ? C'est la mise à distance de la mère qui lui permet l'adoption d'autres modes d'identification. Être garçon, c'est alors se différencier de sa mère, donc c'est aussi ne plus être un bébé. C'est pourquoi pour lui, devenir garçon et devenir grand sont synonymes. C'est pourquoi depuis longtemps, et encore de nos jours, les hommes croient au fond d'eux qu'être masculin, c'est être sérieux et responsable.

Mais il ne faut pas croire que ces séparations entre les femmes et les hommes, considérées comme préventives pour ces derniers, n'étaient que de la volonté des hommes. Le besoin de cliver, le manichéisme, la crainte de la nuance, de l'entre-deux n'ont pas de sexe.

L'évolution actuelle, malmenant les théories qui marquent un clivage archaïque entre hommes et femmes, rend certains perplexes. À mesure que l'on découvre qu'hommes et femmes ont plus de points communs que de différences et que les vraies différences ne sont pas forcément celles qui étaient véhiculées jusqu'à présent, le besoin de se définir en tant qu'homme ou femme ne sait plus quelle voie suivre.

Un des discours sociaux tenu actuellement dans les pays anglo-saxons et largement porté par le cinéma (facteur d'influence majeur chez les jeunes) est qu'être un homme c'est désirer une femme, confondant à nouveau identité sexuée et choix d'objet sexuel. Ces fausses croyances nous parasitent également en France. J'ai vu souvent des parents s'inquiéter que leur garçon de six ou sept ans décrète ne pas vouloir se marier plus tard et trouver les filles « bêtes ». Ces parents sont surpris car me disent-ils comme pour se justifier : « On l'a élevé comme un garçon. » Ils craignent en fait que leur enfant ne devienne homosexuel. Cette inquiétude parentale, je la rencontre fréquemment car les parents confondent sexualité adulte et sexualité infantile. Tout cela contredit le besoin des enfants en âge de latence (entre six et onze ans) de s'apparier avec les enfants de même sexe qu'eux. Si le garçonnet rejette la fille, c'est notamment parce qu'elle est différente de lui et si, devenu adulte, il sera attiré par elle sexuellement ce sera pour les mêmes raisons.

Des réactions inverses s'observent :

> Une mère d'un garçon de sept ans le conduit à ma consultation car elle est inquiétée par la féminité extrême de cet enfant. Au

bout de trois séances, elle interrompt prématurément le suivi en me disant que tout va bien car il a une amoureuse !

Dans d'autres pays la pression sociale pour imposer une différenciation qui s'apparente alors à une ségrégation prend des formes d'atteintes physiques. Ainsi en est-il de l'excision, ou ablation du clitoris. Pour beaucoup, c'est faire de la fillette une vraie femme en lui retirant l'élément mâle que représente le clitoris considéré comme un reliquat de pénis. Mais on peut aussi penser comme Françoise Dolto que c'est au contraire détruire une féminité menaçante car trop puissante. Ôter le clitoris, c'est retirer imaginairement le téton maternel. C'est faire de la femme l'égale d'un homme (et non plus sa supérieure) en faisant du sexe féminin l'équivalent d'un anus afin pour l'homme de ne plus se sentir comme un bébé face à lui. Les Occidentaux, choqués à juste titre par ces monstrueuses pratiques, oublient souvent qu'il y a cent ans, en Europe, pour lutter contre la masturbation, fléau social, les médecins, soutenus par le corps moral et religieux, préconisaient la clitoridectomie ou sa cautérisation au fer rouge ou encore la brûlure provoquée au nitrate d'argent sur la vulve.

En apparence, la différenciation sexuelle dans l'éducation est allée décroissant. Garçons et filles seraient de plus en plus élevés pareillement. La réalité est autre. En fait, dans le passé, jusqu'à cinq ans, garçons et filles étaient peu différenciés. Les photos de nos grands-parents en témoignent. Il est bien difficile de discerner une fille d'un garçon sous ces robes de bébé et ces cheveux longs. Cela témoignait d'une tradition remontant au Moyen Âge où l'on n'écartait les garçons des jupes de leur mère (et donc des filles qui restaient avec elles) qu'à partir de l'âge de sept ans. Le fameux rose pour les vêtements de filles et le bleu pour les bébés garçons ne date que des années vingt. De nos jours, la mode masculine et féminine débute dès la première brassière.

Le corps social à tous les niveaux exerce donc une pression sur les enfants pour les inscrire dans des attitudes, un langage, des sentiments et des qualités déclarés conformes à leur sexe.

L'inconscient collectif a-t-il une influence sur l'identité sexuée des enfants ?

Sa force est incontestable. On a vu qu'après les deux guerres mondiales s'est produit un nombre de naissances de garçons très largement supérieur aux naissances de filles pendant quelques années jusqu'à ce que la population française retrouve un équilibre compensant la perte des hommes à la guerre. Le corps social n'est donc pas indifférent au sexe de ses membres. Pourquoi le serait-il quant à leur identité sexuée ?

Les garçons extrêmement féminins et les filles extrêmement masculines iraient-ils à contre-courant de la pression sociale ? La puissance de leur choix serait alors exceptionnelle. Je crois plutôt que sur un plan sociologique ces gradients sont nécessaires. Les garçons manqués et les garçons efféminés sont décrits dans toutes les sociétés. Stoller, un psychiatre américain passionné par ces questions, rapporte en particulier des cas de garçons indiens d'Amérique très efféminés dans les années trente et dont la description correspond à ceux que l'on rencontre ici de nos jours. Il est intéressant de noter qu'aucun d'eux n'était victime de moqueries et que, devenus des adultes très efféminés, leur intégration sociale ne rencontrait aucun obstacle. De même, des tribus indiennes d'Amazonie confient l'éducation des jeunes enfants aux adolescents très efféminés, dispensés de chasse avec les hommes mais pas pour autant dévolus aux activités de cueillette ou de tissage des femmes.

Le corps social s'enrichit de sa propre diversité et contribue probablement à l'entretenir. La société est riche d'hommes et de femmes plus ou moins masculins et plus ou moins féminins. Ces gradients favorisent la circulation des désirs et des échanges de toutes natures. Ils sont un atout pour toute société humaine.

2

Les influences parentales

Elles débutent avant la naissance de l'enfant et se prolongent tout au long de son existence. Elles correspondent soit à une volonté parentale consciemment exprimée (notamment par l'éducation), soit à des désirs inconscients, ou encore à des influences qui sautent les générations (influences familiales transgénérationnelles). Dans tous les cas, elles jouent un rôle majeur dans la construction de l'identité sexuée de l'enfant.

Le sexe imaginaire

Les bébés naissent dans les choux ou les roses selon qu'ils sont garçons ou filles, disait-on autrefois. On signifiait, je pense, par cet adage que la différence entre masculin et féminin était programmée bien avant la naissance. Elle l'est en effet physiquement comme nous l'étudierons plus loin mais elle l'est aussi à d'autres niveaux, auxquels nous allons nous intéresser maintenant.

Quand on s'imagine parent, on s'imagine souvent, ne serait-ce que l'espace d'un instant, parent d'un garçon ou bien d'une fille. Même si dans un second temps on accepte avec égalité les deux éventualités. Ce choix s'observe très tôt. Quand je demande à des enfants s'ils veulent plus tard comme bébés des garçons ou des filles, je suis chaque fois surpris de la précision de leur réponse comptable :

> « Moi je voudrais deux filles et zéro garçon », me répond Elora, cinq ans. Les raisons correspondent régulièrement à une logique singulière :
> « Pourquoi seulement des filles ? demandé-je à Elora.
> — Comme cela je pourrais leur prêter mes poupées.
> — Pourquoi deux ?
> — Car si c'était plus je n'aurais pas assez de poupées pour toutes. »

Une femme enceinte porte en son inconscient un enfant imaginé et un enfant imaginaire qui seront tous deux comparés au futur enfant, bien réel, qui se forme dans son ventre.

L'enfant imaginé est celui qu'elle imagine durant sa grossesse.

L'enfant imaginaire est, moins consciemment, celui qu'elle avait en tête quand, petite fille, elle s'imaginait mère en prenant plus ou moins modèle sur la sienne.

Dans chaque cas, l'enfant possède un certain nombre de caractéristiques et, parmi celles-ci, une identité sexuée.

Les caractéristiques de l'enfant imaginé traduisent des désirs ou des craintes conscientes chez la mère.

Ceux de l'enfant imaginaire, les désirs ou les angoisses inconscientes.

Voici pour illustrer cette dernière notion le cas de Léa :

> C'est une enfant de six ans. Sa mère vient de mettre au monde un garçon, Boris. Léa exprime peu de jalousie vis-à-vis de son petit frère. C'est avec sa mère qu'elle manifeste de la rivalité ; d'abord sous la forme d'une opposition répétée. Elle rechigne à obéir et n'hésite pas à la critiquer de façon directe : « Ta robe n'est pas belle », ou, plus insidieuse : « Tu as des lunettes comme mamie, t'es vieille comme elle ? » Cette lutte est apparue déjà un peu avant la grossesse. L'enjeu en est clairement le papa qui a droit aux sourires, aux yeux doux et aux gentilles attentions. D'ailleurs il arrive que celui-ci tombe quelque peu dans le piège et trouve la maman bien sévère

> avec l'enfant. L'arrivée du petit frère vient modifier l'équilibre familial. Léa réalise dans une douloureuse prise de conscience qu'elle n'aura jamais, comme sa mère, un enfant de son papa. Il lui reste l'enfant imaginaire qu'elle aura avec lui. Pour faire le contrepoids, ce sera un garçon ! C'est un baigneur qu'elle réclame comme cadeau pour son anniversaire qui approche...

La future mère n'a pas conscience de cet enfant imaginaire. Il est toujours différent de l'enfant réel qui naîtra car il a été construit dans la tête de la fillette à un âge où il ne lui était pas possible d'être enceinte. C'était aussi l'âge où elle organisait ses sentiments amoureux et hostiles à l'égard de ses parents et du reste de son entourage familial (le fameux complexe d'Œdipe dénommé parfois pour les filles le complexe d'Électre).

La place occupée par cet enfant imaginaire dans la façon d'être de la future mère est variable. Elle est fonction de l'histoire de cette dernière.

Voici un autre exemple :

> Mme G. a toujours eu une relation très étroite avec son père. C'était une relation d'exclusivité qui lui donnait le sentiment de compter pour lui beaucoup plus que sa mère. Devenue mère à son tour de trois enfants, elle s'est particulièrement attachée à l'un d'eux, le benjamin. Elle-même est la deuxième de sa fratrie. C'est cet enfant qui occupe le plus souvent ses pensées. C'est celui qu'elle a allaité le plus longtemps. Il a pu dormir, plus tard que les autres, dans la chambre des parents. Et c'est pour lui qu'elle s'inquiète le plus et lui qu'elle conduit à ma consultation car elle le trouve un peu anxieux. Sans doute que cet enfant ressemble davantage que les autres à l'enfant imaginaire qu'elle a peut-être rêvé (car tout cela est inconscient) avoir eu avec son père.

Mais l'enfant imaginaire n'est pas toujours le plus favorisé. Différentes perturbations durant la période œdipienne (trois à sept ans) où il s'élabore dans la tête de la future mère peuvent entraîner un enfant imaginaire chargé d'éléments négatifs.

> C'est le cas de Marine, qui en consultation passe beaucoup de temps avec une poupée. Dans ses jeux, celle-ci est constamment battue et punie. Tous les défauts du monde lui sont dévolus. Marine est une enfant placée en famille d'accueil car elle a été victime de maltraitance par son père. Il faut espérer que l'enfant de Marine ne prendra pas la place de cette poupée.

Quand l'enfant imaginaire est investi négativement, cela peut conduire plus tard à des attitudes de rejet de l'enfant réel qui viendra au monde.

L'« enfant imaginé » est celui que la mère enceinte imagine, et cela en toute conscience. Elle peut le décrire, même si elle reconnaît que tout cela n'est qu'intuitif. Elle le perçoit : « Je sens que c'est une fille. » Un ressenti physique sert parfois d'argument descriptif : « Il gigote comme un diable, ce sera un costaud. » D'autres principes populaires, plus ou moins admis, comme l'astrologie, peuvent être mis à contribution : « Il sera calme car il va naître sous le signe de la Vierge. » Bien que conscient, cet « enfant imaginé » est plus ou moins alimenté inconsciemment par l'« enfant imaginaire » mais aussi par différentes données comme l'état moral et physique de la mère lors de la grossesse. Par exemple, une mère se sentant très aimée, heureuse durant sa grossesse, imaginera plus volontiers un bébé « aux anges ». La place dans la fratrie peut également être un facteur d'influence. Ainsi les craintes d'une malformation touchant l'enfant surviennent essentiellement lors des premières grossesses.

L'enfant réel, une fois arrivé au monde, va être comparé consciemment à l'enfant imaginé et inconsciemment à l'enfant imaginaire.

La différence peut être telle qu'elle entraînera une déception. J'émets l'hypothèse que cette déception participe à l'élaboration du post-partum blues, cette minidépression qui dure quelques jours après un accouchement et qui touche un à deux tiers des mères. Je pense que cette différence perçue est la première étape d'individuation psychologique de l'enfant par rapport aux fantasmes (idées imaginaires) de la mère. C'est à mon sens utile car cela permet à celle-ci de prendre conscience que l'enfant qui vient d'elle est autonome dans la mesure où il n'est pas l'exacte copie de son désir. Cela limite les pensées de toute-puissance créatrice qu'une mère peut avoir à l'endroit de son enfant et, en cela, c'est un mécanisme salutaire.

L'échographie donne dorénavant dès les premiers mois de grossesse des éléments d'information majeurs sur les caractéristiques physiques de l'enfant. C'est une révolution dans ce rapport réel, symbolique et imaginaire que la mère entretient avec son fœtus. Cela amène une nouvelle dimension qui est le virtuel. L'enfant qui est ainsi perçu, on peut l'appeler l'« enfant virtuel ». L'enfant virtuel annonce l'enfant réel sans l'être. Il va, bien entendu, exercer une influence sur l'« enfant imaginé ». Le sexe est communiqué sinon avec certitude du moins avec de fortes présomptions. La mère est donc rapidement informée, et a le temps de la grossesse pour s'adapter à une future réalité éventuellement décevante. Au temps jadis d'avant l'échographie, les recettes ne manquaient pas pour découvrir le sexe du futur bambin. Mais elles semblaient cependant moins performantes... Un ventre gros et portant à droite, un sein droit plus volumineux annonçaient un enfant mâle. Le côté gauche, côté jugé funeste, était le faire-part d'une fille. Enceinte d'un garçon, la mère avait bonne mine et un teint de rose. L'air fatigué, la pâleur et le faciès renfrogné proclamaient une fille. En outre, après l'accouchement d'un garçon, on considérait que la mère se rétablissait physiquement bien plus rapidement.

De nos jours, en Occident, les questions d'alliance familiale et d'héritage n'étant pas défavorables aux femmes, l'arrivée d'une fille n'est plus une déception. Même si individuellement tel ou tel parent peut espérer à des degrés variables un enfant d'un sexe précis, cette attente n'est plus soutenue par une pression sociale.

Le choix du prénom

L'influence du prénom sur la personnalité de l'enfant est, selon moi, certaine. Il est un indice des désirs que les parents projettent sur l'enfant. Cette influence peut s'étendre sur différents aspects de la personnalité à venir. L'identification féminine ou masculine est l'un d'entre eux ; même s'il faut se garder de lui accorder une importance excessive. Le prénom, c'est le signifiant verbal dans lequel l'enfant va se reconnaître. Il participe à l'image que l'enfant aura de lui-même. C'est autour de ce prénom qu'il va élaborer son « je ». Il se voit dans le regard de sa mère et se reconnaît à l'évocation de son prénom. Dans l'ordre chronologique, Benoît dira : « Benoît veut » avant « moi veux » et enfin « je veux ».

Il y a d'abord les caractéristiques « physiques » du mot. Sa taille : court comme Tom ou allongé comme Bonaventure ; simple comme Bob ou composé comme Jean-François. Sa sonorité : rocailleux comme Pierre, vif comme Patrick, fleuri comme Florent ou tendre comme Christophe.

Mais ce sont probablement les sens symboliques portés par le prénom qui sont davantage facteurs d'influence. Il y a le sens commun, celui de la société dans laquelle l'enfant va naître, et le sens propre à chacun des parents.

Concernant le sens commun, certains prénoms sont nettement masculins ou féminins et d'autres sont (dans leur sonorité sinon dans leur écriture) « unisexes », tels Emmanuel, Pascal, Noël, Sofian, Frédéric ou Camille. Ce sont d'ailleurs des prénoms de ce type qui sont choisis par les tribunaux accordant un changement d'état civil aux rares personnes transsexuelles obtenant une nouvelle identité. S'ils peuvent exercer partiellement une influence sur l'identité sexuelle de l'enfant, c'est surtout quand le choix des parents est lié à un désir conscient ou non d'une possible ambiguïté. Attention donc à ne pas lire de façon simpliste ces propos ; un prénom mixte n'entraîne pas systématiquement, loin s'en faut, un caractère de garçon manqué ou de sissi-boy.

Il y a des prénoms chargés d'histoire, de croyances religieuses et de sens dans l'inconscient collectif. Un enfant appelé Alexandre évoquera, en Occident, l'idée de pouvoir et de puissance impériale. Une fillette prénommée Diane suggérera la déesse gréco-romaine de la chasse ou la célèbre Diane de Poitiers, toutes deux considérées comme indépendantes et fougueuses. Les héros des séries télévisées américaines avec leurs caractères très sommaires sont les « parrains » de nombreux enfants de milieux populaires.

Concernant le sens propre aux parents, il y a les motivations conscientes et les motivations inconscientes qui peuvent jouer un rôle.

> « Pourquoi mon fils s'appelle-t-il Nicolas ? me répond une mère, je ne sais plus. J'aimais ce prénom. Sans doute à cause de l'émission télévisée de mon enfance avec Nicolas et Pimprenelle. » J'apprendrai par la suite que cette mère avait une amie d'enfance prénommée Nicole qu'elle adorait mais qu'elle avait perdue de vue à la suite d'un déménagement. Le choix de Nicolas, pour le seul enfant qu'elle avait, rendait inconsciemment hommage à cette amie, « une vraie sœur à l'époque », dira-t-elle. La mère reconnut après coup qu'elle trouvait beaucoup de cette amie, décrite comme très coquette, dans le tempérament raffiné de son fils.

Le choix du deuxième prénom voire du troisième n'est pas, lui non plus, dénué de signification.

> Caroline, neuf ans, est aussi garçon manqué que sa grand-mère paternelle dont elle porte le prénom en deuxième position.

Il y a encore vingt ans c'était le deuxième prénom qui était le plus lesté affectivement, le premier étant alors le plus convenable socialement. De nos jours, les convenances s'engagent autrement et le choix affectif peut l'emporter. En outre, une loi récente ne limite plus le choix du premier prénom, alors qu'auparavant l'officier de l'état civil pouvait refuser un prénom jugé trop original ou susceptible de nuire aux intérêts de l'enfant. Ce deuxième prénom donne parfois du sens symbolique au premier. Ainsi, Jean possède René comme deuxième prénom (que l'on peut entendre comme « Jean renaît ») et il a beaucoup de la manière d'être de son oncle décédé dont le prénom était Jean. L'enfant Yvan a comme deuxième prénom Gilles et je ne fus guère surpris lorsqu'il me dit vouloir être prêtre.

Au Moyen Âge les prénoms n'avaient pas le caractère irrévocable d'aujourd'hui. Il était possible avant l'âge de sept ans de les modifier. C'était souvent à l'occasion de la confirmation par l'évêque que la modification s'opérait. Le choix du nouveau prénom pouvait être celui d'un parent décédé après la naissance de l'enfant. Il arrivait que le tempérament affiché par l'enfant contredise le choix initial et en impose un autre. Ainsi en 1452 la petite Sophia, que l'on espérait « sage », se révélant avoir le caractère trempé de l'oncle Toine, pouvait être rebaptisée Toinette. Au même titre tous les enfants d'une même fratrie portaient parfois le même prénom auquel s'ajoutait un qualificatif. Ainsi se côtoyaient, par exemple, Jean le bon, Jean le sage et Jean le veule. Dans ces situations, c'était davantage la personnalité de l'enfant qui influençait les prénoms plutôt que l'inverse.

Tout se passait comme si l'enfant de moins de sept ans était encore en gestation. Et donc les prénoms n'étaient que provisoires. On considérait d'ailleurs que la différence sexuelle n'était pas encore fixée et que des passages du sexe féminin au sexe masculin étaient possibles. Ambroise Paré, le célèbre chirurgien du XVIe siècle, raconte des cas de passage d'un sexe à l'autre :

> « Il y eut en un bourg, nommé Esgucina, une fille appelée Maria Pateca, laquelle, étant sur le temps que les filles commencent à avoir leurs fleurs (c'est-à-dire leurs règles), au lieu desdites fleurs, luy sortit un membre viril, lequel était caché auparavant, et ainsi de femelle devint masle ; parquoy elle fut vestue de robbe d'homme, et son nom de Mari fut changé en Emmanuel[1]. »

1. Ambroise Paré, *Des monstres et prodiges*, Droz, Genève, 1971.

Il s'agissait probablement de cas de pseudo-hermaphrodisme tels que je les décris dans un autre chapitre.

De nos jours, ce rapport rigide du prénom et de la personnalité de l'enfant qui le porte est compensé par l'utilisation d'un surnom. Celui-ci peut être un diminutif (ex. : Mimi pour Michel) ou encore un néologisme reprenant un mot prononcé par l'enfant. Roger s'est longtemps fait appeler « Doudou », surnom plus caressant que son prénom.

À cela s'ajoutent les « mon » et les « ma » de certains parents : « mon petit coq », « mon lapin », « mon petit homme », « ma poulette » mais aussi, plus prosaïque, « mon couillon » ou « ma pucelle ». L'influence est alors beaucoup liée à la charge inconsciente du terme chez le parent.

> Emmanuelle se faisait appeler Manu par son père qui aurait bien voulu avoir un garçon. Jusqu'à l'adolescence, ce surnom lui est resté dans son entourage scolaire et semblait bien correspondre à sa nature fonceuse et sportive. Devenue femme adulte et pleinement investie de cette féminité, c'est Emma qu'elle se fait appeler désormais par ses nouveaux amis et ses collègues de travail. C'était d'ailleurs le surnom utilisé par sa mère.

L'influence du prénom est possible sur l'identité mais ce n'est qu'une influence parmi d'autres. Et c'est avant tout le ou les désirs sous-jacents à ce choix qui prédominent dans l'influence possible. C'est pourquoi je m'intéresse beaucoup au choix non formulé des parents. Certains ne peuvent imposer leur choix vis-à-vis de la pression familiale ou de l'autre parent. Et ce prénom vacant peut être très significatif.

Je me souviens d'une mère férue du XVIIIe siècle qui aurait bien appelé son garçon Chérubin même en troisième prénom, son mari refusa. Cependant, le prénom absent gardait son influence entière sur l'enfant tant il était bien établi dans le désir de la mère.

Dans le cas de Frédérique, elle devait son prénom à son frère aîné mort-né avant qu'elle ne naisse :

> Frédérique est un vrai garçon manqué. Elle m'est adressée en raison de son agressivité et de son état d'agitation violente. Frédérique avait inconsciemment perçu l'attente des parents de retrouver en elle leur premier enfant. Mais on ne lui avait guère parlé de lui. Le chagrin les avait bâillonnés. Elle s'identifia donc à l'unique chose qu'elle savait de lui : son prénom caractéristique d'un sexe masculin. Le suivi psychothérapeutique de cette enfant avec moi n'a pas fait disparaître ce désir de correspondre à l'attente inconsciente de ses parents mais lui a permis de ne pas être limitée dans une recherche étriquée de caractère masculin. Si l'espoir parental était de retrouver en elle un « Frédéric », son espace de liberté pouvait se loger dans la définition de ce « Frédéric ». Et cette définition n'impliquait pas obligatoirement un comportement agité, perturbateur et agressif. Cette conduite était une façon d'être plus royaliste que le roi. Frédérique caricaturait la masculinité. Elle surfaisait comme quelqu'un qui, ne se croyant pas à la hauteur, en rajoute pour être à égalité. Après le suivi, Frédérique est restée masculine dans son allure générale mais est devenue sérieuse et paisible.

La loi du désir

Le cinéma des parents

Dès l'arrivée au monde de l'enfant, les besoins comme les attentes conscientes ou non d'une mère vont accompagner son développement et vont l'influencer.

Le désir peut être tout à fait conscient. En Polynésie, jusque récemment, devant la fréquence des guerres entre tribus, l'habitude était de faire passer l'aîné des garçons pour une fille et de l'élever comme telle afin de lui éviter de mourir au combat et d'assurer ainsi une filiation masculine. Devenu adulte, il continuait de se vêtir en fille. On appelle encore ces hommes des « rérés ». Ils pouvaient se marier et être pères de famille.

Mais beaucoup de désirs sont inconscients. On dit que la mère projette sur l'enfant ses désirs ou ses craintes (dont certaines sont des désirs masqués). Tout se passe comme si l'enfant était un écran sur lequel un projecteur étalerait le film des fantasmes maternels.

Ces désirs vont du plus commun (que le bambin grandisse et se développe harmonieusement en force, en intelligence et en beauté) au plus spécifique : par exemple qu'il réussisse là où sa mère a échoué dans ses rêves de jeunesse.

Nous avons tous été sous influence. Et c'est heureux ! Sans cela nous ne serions pas. Un bébé qui ne recevrait les projections de personne dépérirait. S'il survivait, il serait désanimé. C'est le propre de l'homme de projeter ainsi ses pensées. C'est ce qui permet à l'enfant qui les reçoit de penser à son tour. Je pense car on m'a pensé.

Parmi les différents éléments projectifs se loge le caractère masculin ou féminin.

Le désir d'une mère d'avoir spécifiquement un garçon ou bien une fille est quelquefois si intense qu'il ne laisse que peu d'alternative à l'enfant qui ne serait pas disposé à s'inscrire en faux par rapport au désir maternel.

Ce désir de la mère n'est pas le seul à être projeté sur l'enfant. Celui de l'autre parent, du père en règle générale, a également un rôle considérable comme celui de tous les adultes, de la grande sœur au parrain, qui environnent l'enfant. Mais le parent maternant, c'est-à-dire celui s'occupant du quotidien, projette davantage quantitativement. Il faut, à cette occasion, signaler dans ce domaine l'importance de l'influence de la nourrice, qui fait office de parent maternant en l'absence du père et de la mère.

Des projections plurielles laissent d'ailleurs à l'enfant plus de liberté de choix et de combinaisons possibles allant dans le sens de son désir propre. Car le désir propre de l'enfant qui s'élabore peu à peu à partir de ce qui lui est proposé (et donc aussi de ce qui ne lui est pas proposé car un enfant peut désirer être ce qui manque) est fondamental.

Quand je reçois un enfant pour quelque motif que ce soit, je pars en quête des désirs projetés sur lui. Même si je sais que je n'en découvrirai jamais qu'une partie, la pointe émergée de l'iceberg.

> Camille a onze ans et est l'aînée de trois frères, mais elle a été fille unique pendant quatre ans. C'est un garçon manqué et ses parents, qui me l'ont conduite pour tout autre chose, en ont conscience et s'en satisfont. Les deux parents espéraient clairement un garçon. S'ils reconnaissent ne pas avoir favorisé dans leur éducation « des choses de filles », ils nient l'avoir ouvertement élevée comme un garçon.
> Ce désir d'avoir un enfant mâle trouvait son origine dans les fratries de chacun d'eux uniquement composées de filles. Le père me dit : « Mes sœurs m'en ont fait tellement voir que je n'en voulais pas d'une autre », confondant manifestement une sœur et une fille. La mère est encore plus tranchée : « Je n'ai jamais aimé les filles. »
> J'ai eu l'occasion au cours du suivi de Camille de rencontrer Gilles, le deuxième frère âgé de cinq ans sur lequel les parents n'avaient rien de particulier à dire et sur lequel donc je ne dis rien, mais qui m'apparut d'emblée d'une sensibilité toute féminine... Serait-il le rebelle discret de l'ordre familial ?

La crise de la parentalité

Devenir père ou mère est, sur le plan psychologique, une étape essentielle dans la vie d'un individu. Cela modifie tout l'équilibre du système familial auquel on appartient. La place d'enfant qu'on occupait jusqu'alors, sans disparaître pour autant, est déplacée. La représentation que l'on a de soi-même s'en trouve perturbée. Devenir parent est un bouleversement comparable en termes d'intensité à celui, bien reconnu actuellement, de l'adolescence. En commun avec ce stade de développement est la reviviscence des désirs et des conflits vis-à-vis de ses propres parents, mais cette fois-ci inversée.

Concernant ces réactualisations de la période œdipienne chez les nouveaux parents, rappelons que chaque nouveau père ou mère a désiré inconsciemment, notamment entre l'âge de trois et sept ans, être partenaire de l'un de ses parents. À cet âge, durant cette période de désirs nécessairement inconscients, ce futur parent a imaginé avoir un enfant de son père et/ou de sa mère (toutes les combinaisons possibles, même les plus irréalisables, existent pour l'inconscient). Il a imaginé un bébé et ce bébé imaginaire avait possiblement un sexe, garçon ou fille. Pourquoi l'enfant choisit-il tel ou tel sexe pour ce bébé ? Les influences sont diverses. Il peut imaginer un garçon car il a un petit frère. Il peut aussi être influencé par ce qu'il perçoit du désir de ses propres parents d'avoir un autre enfant de l'un ou l'autre sexe.

Devenu à son tour parent, la façon dont il ou elle va investir son enfant et renforcer plus ou moins positivement tel aspect de son identité sexuée va aussi être fonction du portrait de cet enfant imaginaire qu'il ou elle avait élaboré entre trois et sept ans. On voit ici que la façon dont un parent va participer inconsciemment à l'élaboration de l'identité sexuée de son enfant prend racine dans sa propre enfance.

Au-delà de cet enfant imaginaire, la réalité sexuée de l'enfant peut être reconnue puis acceptée plus ou moins volontiers pour des raisons diverses. Le « sexe absent » peut être regretté par la mère et ce regret perçu par le bébé.

> Mireille a exprimé clairement sa tristesse de ne pas avoir une fille : « J'ai déjà eu deux garçons par césarienne, je voulais vraiment une fille car je ne peux pas avoir plus de trois enfants. Mais je l'aimerai autant que les autres. »

Il arrive aussi que cette réalité sexuée ne soit absolument pas reconnue, qu'elle soit déniée par la mère. L'enfant en retour n'a alors pas d'autre possibilité que de se voir de l'autre sexe dans le regard de sa mère ou de ne pas se voir du tout. Dans ce cas, l'intervention paternelle est évidemment déterminante.

Mme C. témoigne :

> « Quand je suis née, ma mère espérait avoir un garçon. Elle ne voulait pas de fille. Je l'ai toujours ressenti bien qu'elle ne l'ait reconnu que récemment. Elle ne m'a pas élevée pour autant comme un garçon, mais elle n'éprouvait pas autant de plaisir avec moi qu'avec mes deux frères ni même qu'avec mes cousins. Heureusement mon père était content d'avoir des enfants des deux sexes et m'a sans doute permis de ne pas être insatisfaite d'être une femme. »

Le désir d'une mère peut s'amarrer au désir du père de l'enfant. Elle peut désirer ce qu'il désire au plus profond de lui et l'influence de ce désir n'en est que plus intense et plus marquante. Écoutons Mme H. :

> « Bien sûr que j'étais heureuse d'avoir un garçon. Mon mari était si content. »

La relation du père comme de la mère à son propre sexe est un élément moteur dans la construction de l'identité sexuée de l'enfant, comme on le voit chez Alain :

> Alain est adulte. Il est fils unique d'un couple de « Français moyens ». La mère est elle-même l'aînée de sept enfants et le père est fils unique. Si la mère était contente d'avoir un garçon, le père voulait une fille. Il craignait que son fils n'eût un jour à faire la guerre. Alain se souvient également que son père disait qu'il trouvait vraiment charmantes les fillettes en jupettes. Alain se remémore avoir été un enfant très délicat, décrit comme artiste (il dessine toujours très bien), solitaire, timide, sensible, sérieux, jamais bagarreur, impressionnable et bon élève. Il se faisait souvent malmener par les garçons qui l'agressaient avec l'assurance qu'il ne riposterait pas. On le

traitait volontiers de fillette. Il participait peu aux jeux extérieurs. Lui se souvient qu'il aurait aimé jouer avec ces bandes de garçons, les jeux de filles ne l'attirant nullement. Mais il n'osait guère s'imposer. Sa mère a toujours été une mère attentive, une vraie « mère poule ». La personnalité du père à qui Alain ressemble de plus en plus en vieillissant est dominée par la timidité, particulièrement avec les filles. Il est par ailleurs très masculin d'allure, exerce un métier d'« homme » (mécanicien) et adore le foot. Comme beaucoup de timides, quand il veut plaisanter il est maladroit et ses blagues ressemblent vite à de l'agressivité. Alain n'était pas véritablement efféminé, il a surtout manqué d'un soutien de désir paternel dans son identité de petit garçon. Tout ce qui était d'une affirmation de soi physique n'a pas été favorisé. Toute démarche offensive, volontaire, surtout physiquement, était dévalorisée, voire perçue par l'enfant comme interdite car assimilée à de la violence. Celle-ci, de fait, chez Alain n'est pas absente, mais est retenue voire retournée contre lui-même. Actuellement Alain est un homme bien inséré professionnellement et socialement. Il a une vie amicale et affective (il est homosexuel) riche et qui le satisfait. Mais il reste mal à l'aise dans les conflits et sa timidité ne s'est pas effacée.

Le rapport qu'entretiennent les parents avec l'autre sexe aide à comprendre en partie celui qu'ils entretiennent avec celui de leur propre enfant.

M. F. vénère les femmes. Il a enfin une fille après avoir eu trois garçons. C'est un bébé très sollicité. La mère est heureuse d'avoir satisfait au désir pressant de son mari. Des quatre enfants, c'est celui avec lequel, au même âge, le père a le plus d'interactions. Il lui parle, lui sourit, la porte, la câline. Il installe un climat de non-turbulence autour d'elle. Que ses frères ne fassent aucun bruit quand elle dort et que l'on fasse silence quand la petite princesse ouvre la bouche pour dire un mot ! C'est la seule des enfants pour laquelle le père a participé au choix des vêtements et des jouets, qui vont dans le sens d'une féminité caricaturale. Si cet investissement ne semble pas nuire au développement actuel de ce bébé, le frère qui est le plus proche d'elle en âge, et qui a trois ans de plus, s'est senti désinvesti dans sa virilité naissante. Il s'est mis à réclamer des jouets de fille et à vouloir mettre des robes et les bijoux de sa mère, entraînant la demande de consultation avec moi par les parents. Son identité m'est apparue bien construite. Cette féminisation secondaire n'avait pour objet que de tenter de combler une estime de soi défaillante. C'était une forme d'adaptation sociale à une réalité familiale qui favorisait le comportement féminin.

Un père peut être gêné par la virilité naissante de son fils. Il peut réagir de façon maladroite, sans prendre de hauteur, et être brutal vis-à-vis de son enfant comme si c'était son égal. Certains pères s'inscrivent en rivalité par rapport à leur femme, l'assimilant à leur propre mère. Tout se passe comme si leur fils était leur petit frère dont ils se plaindraient auprès de leur mère. L'enfant va sentir cela comme une vacance de la place paternelle et y prétendre. Il pourra se croire au-dessus des lois. Il risque de vivre la masculinité sur le mode permanent de la compétition, les autres hommes, à l'image du père qui n'a rien d'autre à proposer comme rapport, n'étant que des rivaux potentiels. Plus tard, il risque d'avoir des difficultés à tisser des liens paisibles avec d'autres hommes, n'ayant pas été soutenu dans la quiétude d'une masculinité tranquille. Le plus masculin sera pour lui le plus fort. Au quotidien, en situation de n'importe quelle frustration, il se sentira menacé de dévirilisation.

Les outils des parents pour modeler un comportement masculin ou féminin

Je vous ai présenté des facteurs d'influence qui vont du désir des parents au discours médical. Si les résultats de ces désirs s'observent, les façons dont se fait la transmission sont malaisées à démontrer. Ce que l'on peut observer, ce sont les différences de sollicitations des parents vis-à-vis de leur bébé selon le sexe. Ces observations sont statistiques, c'est-à-dire que leurs résultats ne sont significatifs que pour le plus grand nombre.

La communication visible avec les bébés passe par les échanges physiques, le portage, les stimulations, et le langage. Le langage est impliqué dans sa forme et son contenu.

Les stimulations physiques

Des études ont permis de constater que les petits garçons sont davantage portés que les filles lors des premiers mois. Quelle en serait l'explication ? Les mères auraient-elles plus de plaisir à le faire ? Les garçons étant plus irritables et moins rapidement consolables, le besoin de les porter serait-il plus important ? Mais, à l'inverse, ne serait-ce pas cette sollicitation maternelle excessive qui favoriserait une demande plus grande du garçon via l'irritabilité apparente et qui entraînerait une autoconsolabilité moindre ? Chacun des résultats d'observation de ce type ne doit pas manquer de susciter des questions si l'on espère s'approcher de la vérité humaine.

L'on peut également affirmer, toujours en moyenne, que les pères privilégient avec leur garçon les échanges physiques plus vifs comme soulever le bébé en l'air selon une image bien connue. C'est d'autant plus vrai que le bébé a plus d'un an.

Avec leurs filles, les pères favorisent les contacts physiques plus doux, et moins heurtés.

Les mères interagissent également selon ces critères, mais de façon bien moins marquée.

Les parents ont plus d'échanges verbaux avec leurs filles. Avec les garçons, les échanges sont davantage corporels.

La dimension sociale des interactions est favorisée avec les filles. De même, les échanges en face à face se font plus volontiers avec celles-ci. Est-ce pour cela que les femmes seraient plus performantes dans le domaine de la communication et plus expressives dans leur réponse sociale ?

En parallèle, les parents répondent plus facilement aux sollicitations du bébé allant dans cette direction. Plus le bébé répond positivement aux propositions d'échanges verbaux, plus le parent a tendance à les développer. Il y a donc un entraînement mutuel dans le sens d'interactions basées sur l'échange.

Avec les fillettes, c'est l'échange proprement dit qui est favorisé, plus que la fonction de cet échange. Les pères bousculent plus leur fils. Ils sont plus perturbateurs de la relation mère-fils que de la relation mère-fille. Ils vont plus tirer leur fils vers l'extérieur de cette relation. Est-ce pour cela que les bébés filles sont décrits par différentes études comme étant plus collés à leur mère ? Quand le père les décolle, cela se fait de manière plus progressive et plus modulée qu'avec les garçons. Il va préférer réunir ses « deux femmes » plutôt que les écarter.

Le bébé garçon est très tôt perçu comme un rival potentiel par le père. C'est également possible pour une fille mais bien moins fréquemment. Ce sentiment paternel va, pour le garçonnet, participer au décollement de sa mère et lui faire choisir le partenaire de celle-ci comme un des modèles identificatoires possibles pour sa masculinité.

À mesure que le bébé grandit et approche les deux ans, les caractères masculins ou féminins s'affirment, et l'on observe plus d'échange entre l'enfant et le parent de même sexe. C'est alors que des exigences éducatives très différenciées font leur apparition. En particulier les pères se montrent plus exigeants et plus sévères vis-à-vis des garçons. Cela est beaucoup moins vrai des mères. Je suppose que le père imite alors son propre père vis-à-vis de lui-même, tandis que la mère imite sa propre mère vis-à-vis de tous les autres enfants (ses frères et sœurs, autant les garçons que les filles).

Les échanges avec les parents sont interactifs et les enfants y participent pleinement. Leurs comportements renforcent les attitudes parentales. Ainsi les garçons commencent-ils à interagir davantage dans l'opposition que les filles. Cette fameuse période d'opposition, la phase du non, se situe chronologiquement entre deux et trois ans. Elle existe pour les deux sexes, mais elle est manifestement plus difficile avec les garçons. Les parents, en retour, vont devoir se montrer plus sévères à leur égard et s'inscrire dans un corps à corps plus brutal qu'avec les filles.

Le langage du sexe

Aux bébés filles, les parents s'adressent plus souvent verbalement qu'aux garçons. Les face à face sont plus nombreux. Le contenu des propos varie également. Il est plus explicatif avec les garçons. Quand les parents parlent à leur bébé masculin, ils parlent plus du dehors, de l'environnement que de la relation proprement dite. Avec les filles, au contraire, c'est sur l'échange interpersonnel que porte le contenu. On parle de soi et d'elle avec le bébé fille, tandis qu'avec le garçon, on parle des choses de l'extérieur ou des autres. En outre, la dimension esthétique et l'expression émotionnelle enrichissent davantage les échanges avec les filles. On dira « Tu es jolie » plus volontiers à la fillette et « Tu es fort » au garçonnet. À la fille, on sourit plus. C'est vrai de la part des adultes des deux sexes. Les mères se confient plus facilement à leur bébé fille et elles parlent plus aisément d'elles-mêmes. Sans doute parce que, enfant, elles avaient une prépondérance d'échanges interpersonnels avec leur mère. La rancœur et la colère s'adressent avec prééminence au garçon. Avec une fille, les mères cherchent la paix, un terrain d'entente. Le discours est porteur d'apaisement : « On se calme, maintenant. » La colère prolongée du petit homme est considérée comme normale, elle est plus tolérée, moins tempérée par la mère.

Quand une mère échange avec son nouveau-né, elle lui attribue des pensées en établissant un dialogue à partir de son propre monologue. On dit qu'elle lui projette des pensées et des paroles. Face à un enfant pleurant, elle dira : « Oh ! tu es en colère », ou bien : « Oh ! tu es triste. » Un sourire, par exemple, peut être interprété de mille façons : provocant, malicieux, séducteur... C'est grâce à ces projections que le petit va organiser sa pensée. Ainsi, une mère ne projetant que des pensées négatives risque de modeler un enfant avec une mauvaise image de lui. Il se pensera alors et se construira en mauvais.

Or le contenu des projections varie selon le sexe de l'enfant. Selon que le bébé est une fille ou un garçon, la mère, sans les contrôler, lui attribuera des pensées, des sentiments différents. Si le garçon fait tomber un objet, elle dira : « Quel bulldozer ! » Si c'est une fille, elle dira : « Quelle écervelée ! » L'enfant fera siennes ces interprétations et se modèlera sur ces images. Le garçon s'identifiant à quelque chose de brutal et de solide, la fille à une rêveuse.

Les stéréotypes culturels vont, bien sûr, participer au contenu de ces projections. Et même si dans notre discours conscient nous ne faisons aucune différence entre filles et garçons concernant les affects, notre inconscient, nourri de ces stéréotypes, guide nos projections différenciées.

Les jeux

Les jeux et l'utilisation des jouets sont des activités essentielles au développement intellectuel et affectif de l'enfant. C'est un mode de relation privilégié entre parents et enfants. En plus de sa dimension éducative, le jeu ouvre l'imaginaire de l'enfant. C'est aussi une formidable voie de communication entre les inconscients de l'enfant et de ses parents. Des informations, des consignes, des règles, des messages sont envoyés grâce aux jeux par les parents qui jouent avec l'enfant, autour desquels la pensée du petit va se structurer.

Différentes expériences ont montré que, dès les premiers mois, les parents jouent de façon différenciée selon le sexe de leur enfant ! Ils ne vont pas choisir les mêmes jouets. Et, le même jouet, ils l'utiliseront différemment. La manière d'initialiser le jeu, sa nature propre, sa durée, son intensité, les paroles qui l'accompagnent et la distribution de rôles imaginaires sont autant d'éléments de l'activité ludique qui se trouvent modifiés en fonction du sexe de l'enfant.

Quand des parents s'occupent de leur enfant, et en particulier lorsqu'ils jouent avec lui, ils se mettent partiellement à sa place sans s'en rendre compte. Ce mécanisme qui consiste à s'imaginer à l'intérieur de l'autre porte un nom en psychanalyse : c'est l'identification projective. « Identification » car on s'identifie à l'autre et « projective » car il y a un mouvement psychique qui nous conduit, nous projette vers l'autre. Ce mécanisme est un des principaux attelages qui permettent l'attachement des êtres humains entre eux. Il apparaît dès le plus jeune âge et aide l'enfant à aller à la rencontre de sa mère. Inversement, le parent va prendre soin de son enfant en suivant ce chemin. La mère donnera à l'enfant ce qui lui semble bon pour elle en se mettant inconsciemment à l'intérieur de lui ; de même elle le protégera de ce qu'elle n'aime pas. C'est ce mécanisme qui conduit probablement les parents à utiliser des jouets considérés comme appropriés au sexe de l'enfant, selon les critères intégrés par le parent en question. Le père aura plus de plaisir à utiliser une poupée avec sa fillette car, se mettant à la place de celle-ci, il imagine qu'elle aura du plaisir avec ce jouet. Ainsi le garçon se verra-t-il proposer des jeux actifs et moteurs (grimper, courir, sauter, construire) quand on proposera à la fille des jeux de ménagère, de maquillage, ou de déguisement.

On favorisera en moyenne (des observations scientifiques le prouvent) la prise d'autonomie dans le jeu chez le garçon et le lien de dépendance chez la fille. Ces positionnements démarqués s'inspirent des représentations que chaque parent a de l'un et l'autre sexe. Le garçon est considéré comme plus indépendant, et la fille comme davantage dépendante d'autrui.

Même si on observe actuellement une grande évolution parmi les comportements des parents en ce domaine, force est de constater qu'ils soutiennent massivement l'inscription de leur enfant aux codes culturels en vigueur.

Ce sont surtout les pères qui marquent la différenciation au moyen de leur comportement. Ils favorisent très nettement les jeux corporels avec leurs garçons. Ils défavorisent les jeux plus passifs et les demandes d'aide. En outre ils se montrent plus sévères avec eux.

Globalement, dans les jeux comme dans le reste des comportements et des discours tenus à l'enfant, les parents adoptent très tôt des attitudes contrastées. Des conduites vont êtres favorisées et d'autres condamnées. Les jouets ou autres matériels éducatifs, les objets du quotidien (de la brosse à dents jusqu'à la tasse), les vêtements, le décor et les meubles de sa chambre sont choisis de façon sélective. Mais statistiquement c'est le père qui se montre le plus conformiste en ce qui concerne l'adhésion aux normes sociales de différenciation des rôles et des conduites selon le sexe. Et c'est vis-à-vis du garçon qu'il se montrera le plus exigeant quant au respect des habitudes culturelles.

On peut dire clairement que dès les premiers mois (avec un acmé dès que l'enfant commence à parler), les enfants ont droit à une éducation différenciée selon leur sexe qui déterminera leur caractéristique, féminine ou masculine. Il déterminera aussi de fait le renoncement à l'une d'elles, et à toutes les facultés qui y sont associées.

Au final, toute la construction imaginaire que l'enfant va avoir de son sexe dépend en grande part des langages conscient et inconscient tenus par ses parents à son endroit. Nous sommes des êtres de langage et ce sont les paroles tenues sur nous qui nous structurent. Mais elle dépendra aussi des comportements parentaux qui autorisent, favorisent ou censurent et qui sont également l'expression de leurs pensées conscientes ou inconscientes. C'est aussi vrai pour la façon dont l'enfant va percevoir l'autre sexe.

3

L'enfant choisit son sexe

L'enfant est le propre artisan de son identité sexuée. Il subit, lors de la construction de son identité sexuée, une pression parentale, familiale, sociale, et de ses pairs. Mais il est aussi un partenaire actif dans cette élaboration. Il apporte sa pierre à l'édifice grâce à son aspect physique, son savoir-faire, ses capacités et ses choix d'imitation et d'identification (nous reviendrons plus loin sur ce dernier terme), son patrimoine génétique sans doute et son désir propre sûrement. Le bébé a ainsi une place entière dans les interactions qui vont participer à l'élaboration de son identité sexuée.

Daniel et Valérie

Quand j'étais enfant, j'ai appris à lire sur un livre scolaire ayant pour titre *Daniel et Valérie.* Il présentait une famille ordinaire. Daniel et Valérie étaient frère et sœur. Lui, brun, vêtu de bleu, passionné de football, était un rien chenapan. Elle, blonde, coquette, bien sage, était toujours en robe rose clair. Le père conduisait la voiture, travaillait et bricolait le week-end. La mère restait à la maison, cuisinait et faisait le ménage, aidée de Valérie. Les rôles en ces années soixante étaient nettement codifiés. Le contenu des livres scolaires a changé, en miroir de la société. Mais qu'en est-il de la différence entre garçons et filles ?

De nombreuses études, en particulier américaines, ont tenté de comparer garçons et filles dans leur développement. La motricité physique, le tonus, le langage, la sociabilité, le caractère, les jeux et autres centres d'intérêt ont été, à différents moments, évalués et mis en regard. Des résultats souvent contradictoires ont été trouvés.

Voici le développement comparé de Daniel et de Valérie, ici deux cousins nés à quelques jours d'intervalle, dont le développement serait pour le premier typiquement masculin et féminin pour la deuxième selon nos critères en vigueur.

Valérie est un bébé décrit comme calme et souriant. Elle est très sensible à la voix et à l'odeur de sa mère qui la calment très vite quand elle se met à pleurer. Daniel se montre plus irritable les trois premiers mois. Il est moins facile à consoler et sa mère doit le porter beaucoup plus longuement. Il grogne plus fréquemment. Daniel semble plus tonique ; Valérie paraît plus en souplesse, se contorsionne avec plus de facilité, sa mère la verrait bien danseuse. Mais ils sont tous deux globalement aussi actifs spontanément. Quand on les stimule sensoriellement (ex. : bruits provoqués) ou sur le plan physique, de quelque manière que ce soit, ils réagissent similairement. Valérie est un nourrisson très sensible à son entourage. Ses grands yeux observent de bonne grâce les différents adultes et enfants qui se présentent à elle. Elle se tourne facilement vers un nouveau venu. Daniel paraît moins ouvert et moins disposé à échanger avec l'autre. C'est un bébé plus collé à sa mère. Ils commencent tous deux à parler en même temps, mais Valérie se montre plus à l'aise dans ce domaine. Sa capacité verbale comme sa maîtrise du langage paraissent meilleures. Elle se montre charmeuse et les adultes ont plaisir à entrer en contact avec elle.

À partir d'un an et demi, leurs conduites commencent à s'affiner et à se distinguer. Ils commencent à quitter leur peau de bébé. Daniel fait « petit garçon » et Valérie est une vraie « petite bonne femme » selon son père. Le loisir favori de Daniel est de rouler, assis sur son tracteur à pédales. Peut-être imite-t-il ainsi son père agriculteur ? À deux ans, il se prend de passion pour les jeux de construction, ce qui ne le quittera pas jusqu'à six ans. Les cubes, les clips, et plus tard les jouets emboîtables vont occuper une place prédominante dans son coffre à jouets.

À trois ans, il adore les voitures et les trains, que le père Noël lui apporte de bon cœur. Il utilise tous ses véhicules pour transporter divers objets. Il commence à faire l'indépendant. Il s'oppose effrontément et fait « tourner sa mère en bourrique », comme elle dit. Au même âge, Valérie s'intéresse aux poupées qu'on lui offre avec joie. Elle aime dessiner, colorier et peindre. Elle est plus proche de sa mère et des autres adultes en général que ne l'est son cousin. Quand elle se déplace, on la trouve gracieuse. Elle vient de découvrir un nouveau jeu : faire voler sa robe en tournant sur elle-même.

Daniel et Valérie sont deux enfants ; ce ne sont pas deux modèles. Des études récentes ont montré, en faisant passer des tests (tests Brunet Lézine) à des échantillons représentatifs de nouveau-nés, qu'il n'existe pas de différence entre les deux sexes au niveau de la motricité, de la coordination des mouvements, du babillage et du comportement social. Ces résultats sont fondamentaux car ils signifient que, si des différences se mettent en place, c'est donc au cours du développement et non à l'origine. La part de l'acquis par rapport à l'inné semble tirer l'avantage.

À trois ans, les enfants ont conscience de leur identité sexuée. Leurs comportements comme leurs jeux diffèrent. Les garçons seraient plus agressifs (beaucoup d'études scientifiques et... de parents l'affirment). Les filles favoriseraient les échanges pacifiques, et seraient plus proches des adultes.

Mais, pour conclure sur les différences notées entre Daniel et Valérie, il est essentiel de rappeler qu'il existe plus de variétés au sein d'un même sexe qu'entre les deux sexes.

Le physique de l'emploi

Les caractères physiques de l'enfant sont définis génétiquement. Sa carte d'identité génétique est unique. Elle est due au hasard des mélanges de lots génétiques de son père et de sa mère. Ses chromosomes commandent ses caractéristiques physiques. En termes scientifiques, on parle de génotype et de phénotype. Le génotype d'un individu est l'ensemble des gènes des deux cellules reproductrices dont il est issu. Tous ces gènes ne vont pas s'exprimer. C'est le patrimoine génétique de cette personne, que ce patrimoine soit apparent ou non. Le phénotype est la manifestation apparente de ce patrimoine héréditaire et qui est plus ou moins modifié par le milieu ambiant. L'ensemble des facteurs extérieurs (non génétiques) susceptibles de modifier l'aspect d'un individu constitue la péristase. Ainsi certains garçons, du fait de leur hérédité, vont avoir comme phénotype un corps découplé, massif, et musculeux. Placés dans un milieu (une péristase) où ils vont être dénutris ou victimes de carences affectives prolongées, ces mêmes garçons vont exprimer un phénotype malingre.

Soumis à son patrimoine génétique et à son environnement, le physique d'un enfant va intervenir dans la perception que son entourage aura de lui. On a vu que cette perception n'avait rien d'objectif et que, selon le sexe de l'enfant, l'adulte le considère moralement et physiquement de façon différente. Cependant le poids, la taille et la qualité des traits du jeune enfant peuvent évoquer plus ou moins la délicatesse et la grâce ou bien la robustesse et la vigueur. Les premières qualités se ralliant, toujours pour le plus grand nombre (les enquêtes le montrent), à la féminité et les secondes à la masculinité. Un garçonnet vigoureux et robuste va être plus aisément reconnu comme masculin par son entourage. Du côté des filles, les archétypes leur attribuent la grâce et la finesse. Une physionomie râblée et des traits bruts ou imparfaits chez une fillette pourraient limiter la reconnaissance par ses parents et l'entourage d'une image de féminité, ou bien servir de support au désir de parents qui voudraient un garçon.

Ces qualités vont influencer les sollicitations de l'adulte, leurs natures comme leurs fréquences. L'adulte va se conformer à ce qui lui semble délicat ou à ce qui lui paraît résistant, bien que connaissant le sexe de l'enfant.

> William est un garçon de six ans que je reçois pour des difficultés relationnelles avec sa mère. Elle se plaint de son inertie et de son côté « tête en l'air » : « Il est toujours dans la lune. Il laisse tout traîner et il oublie tout. Je dois tout lui dire et

> être toujours derrière lui. Il ne fait attention à rien ; il est rêveur et solitaire. » Sa présentation est celle d'un garçon petit pour son âge, mince, les yeux très clairs, aux longs cheveux blonds. Sa voix est cristalline. Seuls ses habits permettent de voir qu'il s'agit d'un garçon tant son aspect général est celui d'une petite fille. En entretien, il apparaît comme un enfant très intelligent, curieux, ravi d'une relation duelle et cherchant l'attention et l'intérêt de l'adulte. Il aime le dessin et le théâtre. Il joue d'ailleurs à imiter différents personnages. Il se donne en spectacle. Ce trait contraste avec sa délicatesse apparente. En fait il aime conduire, être le chef, mais s'y prend mal avec les autres enfants. Il exige d'eux qu'ils le regardent faire son show. Cela ne marche qu'avec des plus jeunes et participe à son isolement amical.
>
> Cet enfant a, semble-t-il, toujours eu un aspect fluet et gracieux ne contrastant pas d'ailleurs avec le physique de sa famille. Sa mère me dit que dès ses premiers mois les gens le prenaient pour une petite fille.

Voici une autre situation où le physique de l'enfant influence beaucoup la construction de l'identité sexuée :

> Axel a quinze ans et se souvient qu'enfant, on le prenait pour une fille. Cela le gênait et il n'avait de cesse de prouver le contraire en se montrant bagarreur et en se conduisant salement car pour lui la saleté était du registre du masculin (son père était garagiste et sa mère s'occupait de la propreté à la maison).

Robert J. Stoller est probablement le psychiatre américain qui a le plus étudié les enfants présentant des identités de genre inédites (le genre étant au sens grammatical ce qui caractérise le féminin et le masculin). Il a par ailleurs suivi beaucoup de personnes adultes transsexuelles ou désirant le devenir. Il a défendu une théorie selon laquelle les garçons à la féminité prononcée sont tous très beaux (en fait *beautiful*, écrit-il, et non *handsome*, c'est-à-dire éblouissant, spectaculaire, irrésistible), en tout cas trouvés très beaux par leur mère. La plupart des mères, me direz-vous, trouvent leur fils beau. Je vous répondrai que c'est la théorie de Stoller et non la mienne. Stoller affirme que les mères de garçons devenus efféminés sont beaucoup plus fascinées par la beauté de leur fils que les autres. Cette fascination entraînant une relation mère-fils trop fusionnelle, dont le père est exclu, ce qui expliquerait la constitution d'une identité de genre féminine. Stoller a maintenu avec entêtement cette position malgré les réserves formulées par d'autres. Si Stoller dit vrai, on peut aussi considérer que cette beauté est le résultat d'une forme d'épanouissement béat ; et que ce bien-être serait en fait la conséquence de la relation mère-enfant très proche. Ce serait l'amour absolu de leur mère qui les embellirait.

Le savoir-faire de l'enfant

Le savoir-faire de l'enfant est un facteur supplémentaire dans la construction de son identité sexuée. Il va, à la fois, être l'expression de ses désirs, et jouer un rôle dans la façon dont ses parents vont le percevoir et l'imaginer. Car l'enfant réel se confronte toujours à l'enfant imaginaire, à l'enfant imaginé, comme aux différents désirs conscients et inconscients de ses parents. Ces différents désirs peuvent évoluer au cours du développement, à mesure que l'enfant ôte ou offre un point d'ancrage nouveau à ces désirs.

Le savoir-faire du nourrisson dépend de son équipement neurologique et sensoriel.

L'équipement neurologique permet la vigilance de l'enfant, son tonus, ses compétences posturales et en partie son tempérament.

L'équipement sensoriel renvoie aux capacités de perceptions visuelles, auditives, olfactives, tactiles, gustatives et proprioceptives (sensibilité aux mouvements des organes internes). Si la plupart des enfants ont une base d'équipement commune, il s'y greffe d'importantes variations individuelles.

L'enfant participe très tôt aux échanges avec ses parents. Avant les premiers mots, c'est « à l'œil » et « à cor et à cri » qu'il communique. Sa façon de répondre aux sollicitations des membres de son entourage peut, si ces derniers sont suffisamment réceptifs, orienter ou moduler leur comportement. L'attitude de l'enfant influence celle de l'adulte qui est en relation avec lui. Les parents ou les professionnels de l'enfance peuvent déceler très tôt des différences en termes de qualités de communication. La communication par le comportement (agitation, modulation du tonus, sourire), le regard, l'intérêt pour l'autre, l'attention à la parole de l'adulte, le rythme du babillage font partie de ce qu'on appelle la communication prosociale. Ces qualités, surtout si elles sont entretenues, annonceraient une personnalité ouverte et sociale, portée sur l'échange, la négociation, le compromis.

Ces qualités relationnelles sont considérées par tous les ouvrages évoquant la différence des sexes comme typiquement féminines. D'ailleurs certaines études de ces dernières décennies montraient que les filles parlaient plus tôt que les garçons. Mais des études toutes récentes les battent en brèche, montrant qu'il n'y a pas de différences entre les deux sexes pour ces qualités chez les bébés. La raison de ces différences de résultats est peut-être que les choses ont changé dans l'éducation des petits. Les études montrant que les bébés filles ont une communication prosociale plus développée étaient peut-être valables à une époque où les attitudes parentales étaient plus différenciées avec les bébés des deux sexes, lorsque notamment les filles étaient statistiquement sevrées plus tôt que les garçons. En effet, un sevrage trop tardif limite l'ouverture sociale du bébé à son environnement.

Le comportement du bébé est donc un facteur fondamental mais difficile à évaluer dans les études. L'enfant a une part active dans les échanges avec les parents. Il naît avec une amorce de caractère, un tempérament élémentaire. Les mères qui ont plusieurs enfants ont toutes constaté qu'ils ont chacun leur personnalité dès leur plus jeune âge. Le tempérament du nourrisson comprend son degré d'irritabilité, d'agressivité, de consolabilité, de tolérance à la frustration, et son besoin d'être porté. Ce sont autant d'éléments qui peuvent être évalués. Tous ces éléments prennent part à la qualité du contact avec l'adulte et modèlent en partie l'attitude de ce dernier. En outre, ils participent à la façon dont l'adulte va définir l'enfant. Des expériences ont montré qu'il ne s'agit pas d'idées fausses. On a évalué en les codifiant l'irritabilité, l'autostimulation et la consolabilité.

L'irritabilité est interprétée souvent par les parents comme de l'agressivité, surtout si c'est un garçon qui l'exprime. « Il est ronchon », dira la mère d'un garçon là où la mère d'une fille pensera : « Elle est capricieuse. » Si les études montrent que les bébés de moins de un an pleurent à la même fréquence quel que soit leur sexe, au-delà de cet âge les garçons sont malgré tout décrits comme étant en moyenne plus irritables.

L'autostimulation est la capacité du bébé à se stimuler lui-même. C'est peut-être le signe avant-coureur d'un futur tempérament indépendant. La consolabilité est la capacité à être consolé plus rapidement. Bien que les filles soient considérées comme davantage pleureuses, en particulier par les pères, il se trouve que statistiquement la consolabilité serait plus rapide chez elle.

Ces amorces de personnalité chez le bébé vont nourrir sa façon de réagir aux sollicitations de l'adulte, qu'elles soient verbales ou comportementales. En retour, l'adulte adaptera son attitude ainsi que les messages qu'il enverra, dans le dessein d'obtenir une réponse plus favorable chez l'enfant. Par exemple, si un homme a tendance à sourire à une petite fille et que celle-ci lui répond avec ferveur, l'homme lui sourira d'autant plus. À l'inverse, si l'enfant répond trop peu à ces sollicitations, l'homme lui sourira de moins en moins.

À propos de Léa, fillette de neuf ans que sa mère me conduit car elle s'inquiète de son agressivité, il m'est dit :

> « Bébé, c'était une petite coléreuse. Elle avait déjà un sacré caractère. Elle n'avait rien de la douceur de sa grande sœur. Plus le temps est passé, et plus son tempérament est allé à l'avenant. Coléreuse et fonceuse ! Si elle pleurait beaucoup quand elle était petite, par contre plus tard elle pouvait revenir couverte de bosses sans une larme. Mais quand elle était

contrariée par moi ou un autre adulte, quelle explosion ! Je n'aurais pas imaginé avoir une fille si masculine. »

On voit chez Léa que le savoir-faire physique du nourrisson prend part à la réalisation de son identité sexuée. Sa motricité comprend à la fois son tonus, sa force, sa souplesse et sa capacité à se mobiliser. Un enfant à l'aise dans sa motricité, plus « physique », induira chez l'adulte des relations privilégiées sur ce mode. S'il marche plus tôt, il pourra s'éloigner plus rapidement de la relation de proximité avec sa mère. On a longtemps cru, expérience à l'appui, que les bébés masculins avaient une plus grande tonicité. Ils étaient décrits comme plus actifs sur le plan moteur avec des réflexes plus vifs, des décharges musculaires plus fréquentes. Tandis que les bébés filles étaient plus souples et plus élastiques. Si ces expériences étaient valables, peut-être qu'une évolution des modalités éducatives a permis aux filles d'exprimer davantage leurs compétences motrices. Car des études toutes récentes ne mettent en lumière aucune différence motrice statistique entre les bébés des deux sexes. C'est plus tard, au cours du développement, que des différences se déterminent.

Les capacités cognitives (intellectuelles) vont permettre au bébé de faire très tôt la différence entre les deux sexes. Ce n'est qu'à quatre ans que tous les enfants font nettement cette différence. Or on sait dorénavant que, dès les premiers mois, le nourrisson est capable de repérer des dissemblances entre deux objets, deux formes ou deux timbres de voix.

Ces compétences impliquent une capacité de discrimination et de catégorisation.

La discrimination est la faculté de repérer les aspects différents au sein d'éléments différents, par exemple de différencier un objet rond d'un objet carré.

La catégorisation au contraire permet de reconnaître les aspects communs, par exemple de constater qu'un chat et un chien ont en commun des poils.

On sait maintenant que ces qualités peuvent être présentes dès l'âge de trois mois !

L'enfant va d'abord distinguer les deux sexes puis être capable de faire entrer dans ces deux catégories toutes les personnes, c'est-à-dire tant les adultes que les enfants. Il doit aussi être capable de se reconnaître comme ayant des éléments communs avec l'une de ces catégories, et comme pouvant en faire partie de façon permanente. Tous n'y sont pas aptes. Un enfant psychotique, c'est-à-dire ayant un trouble grave de la personnalité et du développement, ne le pourra pas. C'est pourquoi ces enfants ont de grandes difficultés à faire la part des choses entre le féminin et le masculin et se perçoivent comme une mosaïque des deux sexes. L'enfant va voir, peu à peu, ce que les deux sexes ont de commun et de différent. La reconnaissance est visuelle et auditive. Parmi les signes distinctifs, certains sont faciles, comme les vêtements, la silhouette, le timbre de la voix. D'autres sont plus complexes, comme le visage. Il prendra sa mère (ou le parent maternant) comme première base de comparaison. Il distinguera ce qu'il y a en commun et ce qui est différent de maman (ou de papa si c'est lui le parent maternant). Puis il apprendra que maman (comme tata et mamie) est une femme et que papa (comme parrain et cousin) est un homme.

Devenus adultes, nous mettons en marche les mêmes opérations intellectuelles quand nous croisons une personne. Cela se fait de façon intuitive mais c'est à la suite de plusieurs sources d'information. Nous pouvons commettre des erreurs quand des éléments communs à un sexe sont absents (ex. : seins invisibles) ou quand des éléments de l'autre sexe sont présents (homme en robe).

C'est à partir de sept mois que le nouveau-né fait la distinction entre des visages d'hommes et des visages de femmes présentés en photographies. On le constate expérimentalement grâce à la durée de son regard porté sur les photos et par un intérêt nouveau porté quand on lui montre une photo d'un sexe après une série de photos de l'autre sexe. C'est également à cet âge qu'il distingue les voix féminines des voix masculines ; peut-être qu'il les distingue plus tôt mais on n'a pu le démontrer scientifiquement.

À deux ans, plus d'un enfant sur deux distingue à partir des photos un homme d'une femme.

À trois ans, plus de 80 % y parviennent. À partir de trois ans également, une majorité d'enfants sont aptes à se désigner comme garçon ou fille quand la question leur est posée. Mais sur une photo les représentant, ils peuvent, dans la majorité des cas, dès l'âge de deux ans la classer comme garçon ou fille.

L'enfant va donc prendre conscience peu à peu de son identité sexuée, et d'une certaine manière il va la faire sienne. Il s'agit autant de l'acquisition d'un savoir que d'une croyance. Il se sait garçon ou fille car on le lui a dit et qu'on le considère comme tel à tous les moments de son existence. Se sachant et se croyant comme tel, discriminant et catégorisant bien les deux sexes, il va peu à peu entrer en correspondance avec son groupe distinctif. Sa démarche peut être qualifiée, en partie du moins, de volontariste comme l'est par exemple le désir de grandir.

La volonté de l'enfant de rejoindre son groupe d'affiliation peut correspondre ou entrer en contradiction avec le désir conscient ou non d'un parent. Ce désir sera plus ou moins exprimé par un ensemble de comportements encourageant ou censurant. Le parent va donc soutenir ou freiner la volonté de l'enfant. Je rappelle que l'essentiel de ces attitudes et contre-attitudes parentales est inconscient ; ils n'ont pas la possibilité de les contrôler. Le désir d'un des parents peut aussi s'opposer au désir de l'autre. Nous, les êtres humains, sommes riches de contradictions. Il est aussi possible qu'en tant que parent, on ait deux désirs opposés pour un enfant. Ainsi tel homme peut se satisfaire de la masculinité naissante de son fils, s'y reconnaître et, tout à la fois, la craindre comme on craint un rival. Le garçon va alors selon sa personnalité et son désir propre entrer en résonance avec l'un ou l'autre de ces vœux. L'enfant se laissera plus ou moins influencer par l'un ou l'autre de ses parents, par l'un ou l'autre de leurs désirs. L'enfant fera son choix. Il importe que les parents souhaitant que leur enfant grandisse harmonieusement le respectent.

L'enfant, ce grand imitateur

L'imitation est un procédé fondamental dans la construction de l'identité humaine et de l'identité sexuée en particulier. Cette capacité est plus ou moins étendue selon les domaines, et aussi selon les enfants.

Pour bien imiter il faut bien voir son modèle. Les compétences en imitation prennent pied dans les capacités innées de perception visuelle qui se développent rapidement. À partir de la sixième semaine, la possibilité pour le nouveau-né de fixer longuement son regard favorise l'ancrage. D'autant plus que sa mère, heureuse de se sentir reconnue, va favoriser les échanges et les interactions, et donc faciliter les imitations. Plus globalement, les capacités d'imitation nécessitent chez l'enfant un bon équipement neurologique et sensoriel. Ces équipements sont déterminés par l'hérédité.

Du sourire aux larmes

Le premier domaine d'expression que le nouveau-né va imiter est celui des expressions faciales. C'est la ou les personnes maternantes qui vont en être le support primordial. Les mimiques de sa mère vont entraîner chez le bébé, par mimétisme, des mimiques analogues. Le sourire occupe une place à part. Les parents lui accordent une grande importance dans l'interaction avec leur enfant. Il est pour eux le principal signe de reconnaissance. En réalité, il existe avant tout processus d'imitation. C'est un phénomène inné. Le Dr Spitz, pédiatre et psychanalyste du milieu du XXe siècle, considérait le sourire comme le premier organisateur de la construction de la personnalité de l'enfant. Il témoigne, selon lui, de la mise en place des premiers rudiments du moi. C'est au deuxième ou troisième mois que ce médecin notait son apparition. En fait, on peut constater que le bébé sourit dès la naissance en relevant ses lèvres durant le sommeil. Mais ce « premier » sourire n'est pas associé à des mouvements oculaires. Il correspond à un état de bien-être interne et n'est pas lié à une relation. Dès la deuxième semaine, la voix humaine peut le provoquer. C'est à deux mois qu'il s'allie aux plissements des yeux pour donner ce portrait typique qui est le propre de l'homme. Entre deux et trois mois, le bébé associe au sourire des mouvements corporels, il agite ses membres et sourit de tout son corps. De réaction de détente à l'origine, le sourire devient un médiateur essentiel de la relation. C'est donc un mécanisme inné, mais qui, entretenu et favorisé par les parents va, par l'imitation, se maintenir, se déployer, s'accorder aux émotions et remplir pleinement une fonction sociale.

D'autres composantes des expressions humaines vont naître : tirer la langue (dès un mois), froncement des sourcils, mouvement en avant des lèvres. L'équipement neurologique les rend possibles. Elles sont innées, mais ne s'étayent que par l'imitation. Tout cela s'intègre dans des compositions plus complexes et les traits animés de l'enfant se dessinent peu à peu.

Les expressions participent aux phénomènes de ressemblance avec les parents. Même quand les volumes (nez, bouche) ou les couleurs (cheveux, peau, yeux) diffèrent, l'enfant va ressembler à tel parent par le mimétisme de sa voix ou de ses expressions. Ce jeu des ressemblances va participer à la construction de l'identité sexuée, car parents et enfants vont plus ou moins se reconnaître comme semblables. Ainsi un père se reconnaissant davantage dans un enfant va avoir tendance (sauf s'il ne s'aime pas lui-même) à favoriser cette ressemblance, notamment dans les critères de masculinité ou de féminité qu'il possède.

C'est le cas de Tom :

> Tom est brun et mat de peau comme sa mère. Il lui ressemblait bébé. Mais à mesure qu'il a grandi, il a « pris », surtout après trois ans, les expressions du visage de son père, la mélodie de sa voix et a adopté nombre de ses comportements, toutes ces petites manies qui nous distinguent les uns des autres.

Les mécanismes neurologiques profonds de ces capacités d'imitation restent inconnus et sont du domaine de la recherche. Le bébé peut tirer sa langue en voyant celle de sa mère alors qu'il n'a jamais vu sa propre langue ! À une perception visuelle, il fait correspondre la motricité d'un organe qu'il ressent grâce à la sensibilité profonde, celle qui concerne aussi les muscles, les articulations et les os. Ces capacités extraordinaires d'imitation dites précoces du nouveau-né ne sont présentes que les quatre premiers mois. Elles disparaissent ensuite. Un reliquat de ces imitations inconscientes s'observe lorsque nous regardons, par exemple, un équilibriste et que, bien assis dans notre fauteuil, nos muscles se contractent comme pour adapter notre posture à celle de l'acrobate.

L'imitation volontaire

Plus tard, après un an, un autre type d'imitation devient possible. C'est alors, comme le psychologue Piaget l'a décrite, une imitation volontaire. L'enfant imite en premier lieu des mouvements connus puis il saura imiter des mouvements nouveaux. D'abord visibles tels les mouvements des membres, il pourra ensuite imiter volontairement les mouvements qu'il ne voit pas sur lui comme les mouvements du visage. C'est l'âge où l'enfant va imiter aussi des personnages imaginaires, héros de bande dessinée ou de film.

J'ai, pour des raisons de clarté didactique, séparé dans cet exposé les domaines de compétences innées comme l'imitation, et les champs affectifs. Mais on sait que les capacités imitatives sont meilleures à mesure que l'enfant est proche affectivement de son modèle.

La voix se construit aussi par imitation. C'est à partir de la huitième semaine que les premières vocalisations prennent la forme de voyelles puis de consonnes. L'adulte par ses réponses va sélectionner les sons, les enrichir, les renforcer ou les censurer. De cette terre glaise à l'état brut, l'enfant et l'adulte s'associent pour créer un langage. L'imitation permet aussi la synchronisation entre les paroles, les postures et les expressions de visage.

L'imitation différée

Vient ensuite l'imitation différée. Chaque comportement, chaque expression, chaque mouvement, chaque action, chaque séquence, chaque situation sont représentés en images dans la tête de l'enfant. Il peut ainsi se les évoquer en l'absence de la personne qui les incarne. L'imitation différée participe à l'élaboration d'une intelligence dite préopératoire (deuxième stade de l'intelligence après l'intelligence sensori-motrice). L'enfant devient apte à recréer une action sans que le modèle soit présent. C'est une des étapes de la représentation mentale qui est l'intériorisation de l'action sous la forme d'une image mentale. Le langage, le dessin, le jeu, l'image mentale sont d'autres moyens d'évocation, de représentations mentales. Ainsi l'imitation est le point de départ d'une relation avec l'autre, mais en même temps elle permet de se décoller de l'autre (de la mère en premier lieu). Car une fois que l'autre est en soi, on peut mieux supporter son absence physique.

L'imitation simultanée

D'autres modalités d'imitation existent. Nadel[1] a décrit ce qu'elle appelle l'imitation simultanée et qui est une donnée encore peu connue. Elle se met en place durant la troisième année. Elle est présente à deux ans, mais est plus rare. Elle existe encore à quatre ans puis décline en importance. Des enfants du même âge réunis, en l'absence d'enfants d'autres tranches d'âge et en l'absence d'adultes, vont s'imiter mutuellement dans leurs conduites. L'effet est maximal à trois ans. C'est particulièrement visible dans les choix d'objets, leurs modes d'utilisation, leur abandon pour un autre objet.

Mais, une fois encore, ce n'est pas qu'un comportement qui est imité. Dans le « je fais pareil que toi » il y a l'émotion qui est à la

1. Jacqueline Nadel, *Imitation et communication entre jeunes enfants*, PUF, Paris, 1988.

base du comportement. Faire pareil que l'autre, c'est lui montrer l'intérêt qu'on lui porte. C'est partager avec lui une situation et communier dans le ressenti commun, la même émotion.

L'imitation complémentaire

Au-delà de quatre ans, les enfants supportent de plus en plus mal ce type d'imitation. Ils préfèrent jouer en complémentarité : « Tu serais la maîtresse et je serais l'enfant », entend-on en cour de récréation. Mais cela est précédé d'une complicité dans la répétition, dans le « je fais pareil ». Faire pareil que l'autre en l'imitant, c'est être un peu l'autre. En effet, si le petit enfant vous voit dans le manteau de son père, il va vous demander où se trouve son père. Bien sûr, il ne vous confond pas avec lui, mais cet accessoire qu'est le manteau, c'est comme une partie de son père. Mettre le manteau de papa, c'est être papa. La nouveauté est que l'enfant se « défusionne » de sa mère pour fusionner avec un semblable en sexe et en âge.

Car, à partir de trois ans, c'est avec le partenaire de même sexe que lui que l'enfant va interagir de façon privilégiée. Cela se produit d'ailleurs plus tôt pour les filles, dès la deuxième année. Vers cinq ans, cela devient encore plus marqué, et cette fois surtout chez les garçons.

L'enfant va donc imiter au départ ses parents, sa fratrie, puis les autres enfants et en particulier ses pairs, et enfin les autres adultes. Ses imitations vont êtres sélectionnées par l'entourage selon tout un ensemble inconscient de renforcements positifs ou négatifs. Mais l'enfant va opérer ses choix parmi ses modèles en fonction de ses affiliations affectives. Il devient peu à peu apte à différencier des comportements communs aux hommes et aux femmes de son environnement. Il reconnaît, mémorise, catégorise et discrimine.

Mais il ne va absolument pas de soi que l'enfant imitera le modèle du même sexe que lui, même si on a vu qu'autour de trois ans il a tendance à imiter ses pairs. Il peut, dans ses choix de modèles à imiter, choisir des modèles de même sexe ou de sexe différent du sien.

Ce que tendent à montrer un certain nombre d'observations, c'est que le petit enfant va imiter préférentiellement le détenteur du pouvoir, le leader. Freud pourrait dire le « chef de la horde ». Que celui-ci soit un adulte, un enfant plus âgé ou un enfant du même âge s'imposant dans un groupe. De trois ans à cinq ans, c'est le modèle féminin qui domine pour l'enfant. Cela s'explique, selon moi, par le fait que l'éducation des premières années est confiée le plus souvent aux femmes. À partir de cinq ans, l'enfant imite majoritairement l'adulte de son sexe.

Cependant, dans ses imitations, l'enfant peut faire le choix d'adopter des comportements ou des expressions masculines d'une personne féminine et inversement. En effet, l'imitation peut se faire a contrario. C'est pourquoi un garçon élevé par une mère seule peut très bien grandir en imitant des comportements masculins chez elle et devenir un homme viril.

Le personnalisme

Vers trois ans apparaît le stade du personnalisme tel que le décrit Wallon. À cet âge, l'enfant se distingue bien des autres et différencie bien les rôles des parents et des enfants. Il parle de lui en disant « je » et non plus en se désignant par son prénom ou à la troisième personne du singulier. Il est très sensible aux regards qui se posent sur lui et commence à se mettre en scène. On observe des conduites théâtrales où l'enfant « fait son intéressant ». Il s'affirme et s'oppose à tout. Il refuse d'obéir, d'aider ou d'être aidé. Les parents connaissent bien cette période particulièrement pénible pour eux.

Léopoldine a présenté un stade du personnalisme particulièrement conséquent :

> Elle conteste, et va à l'encontre de tout ce que sa mère lui propose. C'est elle qui fait les frais de cette prise d'indépendance. Le père est relativement présent mais c'est un homme débonnaire. Il intervient moins dans les interdits et est globalement plus souple. Mère et fille se ressemblent dans leur esprit de contradiction et leur opiniâtreté. La maman de Léopoldine a une conception très arrêtée des rôles de chacun et de l'autorité. Cela va de pair avec une éducation sexuée

très discriminée. Les jouets, les vêtements, la décoration des chambres de sa fille et de son fils sont très différenciés. C'est le modèle de ce que l'on appelle une « femme forte ». Énergique, le verbe clair et haut, elle porte, comme une tenue militaire, tailleur et bijoux volumineux. Dans le cadre de son vaste mouvement de fronde, Léopoldine va s'inscrire en faux contre l'imitation d'un modèle féminin. Elle réalise une contre-imitation. Elle refuse les robes, se désintéresse des poupées et des dînettes pour les jeux de voitures de son frère, le tricycle ou les jeux de ballon. Indépendante, elle n'aime pas qu'on la coiffe. Cette tendance va persister et se structurer. À six ans, si elle a gagné en sagesse et en discipline, elle n'a rien d'une petite fille façon comtesse de Ségur. Léopoldine a fait le choix d'imiter un autre modèle que celui que sa mère tentait de lui imposer et a trouvé ainsi le moyen de marquer son individualité par rapport à elle. Cependant c'est avec une persévérance digne de sa mère qu'elle l'a fait. En s'identifiant en partie à sa mère, elle s'est dédouanée du désir consciemment exprimé de celle-ci.

Les capacités d'imitation du jeune enfant vont donc l'aider à ressembler aux adultes et aux enfants de même sexe que lui. Elles permettent au bébé d'acquérir des attitudes et un langage approprié. L'enfant va imiter l'adulte qui s'occupe de lui mais, quand il va prendre conscience de son identité sexuée, il va, sous la pression familiale, la pression sociale de son entourage, la pression des autres enfants et de son désir propre, imiter les personnes de son sexe. Ses choix personnels, pour des raisons diverses, peuvent aussi aller à l'encontre de ces modèles imposés et l'enfant peut imiter les personnes de l'autre sexe.

Donc l'imitation joue un rôle considérable dans l'aspect extérieur, dans la conduite externe mais pas tant dans la construction intime de l'identité sexuée. Cette notion est intéressante car on voit des adultes dont le comportement paraît contraire à leur sexe (quelle que soit leur orientation sexuelle) et qui n'ont pas de trouble identitaire. Tel homme peut avoir, enfant, imité un comportement féminin, apparaître « précieux » et pour autant n'avoir aucun doute et revendiquer son identité sexuée masculine.

Quand l'enfant s'identifie

L'identité sexuée de l'enfant se construit et s'individualise par une série d'identifications. L'identification est sans doute dans ce domaine le processus le plus important émanant de l'enfant. Ce qui est vrai pour l'identité sexuée le sera également pour la future orientation sexuelle (l'identité sexuelle), que je vous présenterai plus loin. En fait, c'est toute la personnalité qui s'échafaude par ce procédé. C'est l'environnement humain de l'enfant qui va lui fournir les supports à ses identifications. Cela se met en place très tôt dans la vie et se poursuit jusqu'à la mort. Mais ce sont les premières années qui sont les plus fécondes. Parmi les différentes capacités de l'enfant, les capacités d'identification sont les moins faciles à mesurer. Elles permettent l'élaboration du « sexe psychologique » par des mécanismes complexes et profonds que je vais essayer de vous détailler avec clarté.

L'identification est un processus psychique qui conduit l'enfant à intégrer une allure, une qualité, un sentiment, une faculté, un fantasme (c'est-à-dire un désir inconscient), un aspect, une propriété ou tout autre attribut conscient ou inconscient présent chez l'adulte qui sert de support à cette identification. Et l'enfant va se transformer totalement ou partiellement à partir de ce modèle. C'est un phénomène plus profond que l'imitation. En fait nous, adultes, continuons de nous identifier de temps à autre aux personnes de notre entourage ou à d'autres comme les acteurs de cinéma ou grands sportifs que l'on croit connaître grâce aux médias. Cette assimilation va interagir avec les autres assimilations antérieures, et donc l'ensemble va s'en trouver en permanence modifié comme ces jeux de construction en cubes emboîtables. En ce sens, la personnalité de l'enfant se modifie au cours de son développement. Mais les premières identifications régentent et conditionnent les identifications ultérieures. C'est pourquoi ce sont les identifications des premières années qui sont le creuset de l'identité sexuée.

L'identification, au contraire de l'imitation, n'est pas toujours visible. Elle est à chaque fois en totale résonance avec les émotions, ce qui n'est pas systématiquement le cas dans l'imitation. Elle est dirigée par le lien affectif qui relie l'enfant et l'adulte. C'est pourquoi les parents sont un support essentiel des identifications de l'enfant, mais c'est également le cas aussi de la nourrice par exemple.

Le fait de se rendre similaire à son modèle, c'est aussi une façon d'entrer en contact avec l'autre.

En s'identifiant on devient semblable dans la partie où l'identification opère. Mais, pour s'identifier, il faut auparavant identifier. Il faut reconnaître comme semblable. En fait, les deux processus sont contemporains. L'exemple de l'enfant sauvage de l'Aveyron, élevé par des animaux, est l'exemple d'un enfant qui s'est identifié partiellement à des animaux qu'il a considérés comme ses semblables.

L'enfant s'identifie à un autre. Il identifie sa personne à une autre mais aussi l'autre à sa propre personne. Avoir en commun avec l'adulte le même sexe favorise les mécanismes d'identification, mais ne les impose pas. Le petit garçon qui, élevé les premiers mois de son quotidien par sa mère, s'est beaucoup identifié à elle, va, secondairement, avoir envie de s'identifier à son père ou à un autre homme présent dans son entourage car il va repérer qu'il est de même sexe que lui. Cela s'opérera ainsi d'autant plus facilement qu'au fond d'elle-même, la mère, premier modèle d'identification, est favorable à ces autres identifications. Quand la mère offre à sa fille une poupée, cela signifie pour elle : « Tu peux t'identifier à moi. » Quand elle dit à son garçon d'aller jouer avec son père et de la laisser tranquille, elle l'invite à s'identifier à lui. Le désir de la mère est fondamental mais pas tout-puissant. Il arrive que les choix identificatoires de l'enfant passent outre, et qu'il choisisse de s'identifier à telle ou telle personne malgré le souhait contraire (conscient ou inconscient) de sa mère. C'est le cas d'Augustin :

> Ses parents se sont séparés de façon très conflictuelle quand il avait un an. Il a quatre ans actuellement, mais le différend judiciaire court toujours après de nombreuses procédures d'appel concernant droit de garde et pension alimentaire. La mère, qui a toujours la garde principale, n'a que des propos de haine à l'endroit du père de ses enfants (Augustin et sa sœur aînée, Clara). J'ai vu les deux enfants ainsi que leurs parents dans le cadre d'une expertise demandée par le juge. J'ai pu constater combien Augustin avait de traits de personnalité communs avec son père, bien qu'il le voie très peu et malgré l'hostilité de sa mère vis-à-vis de cet homme.

Le mécanisme d'identification évolue tout au long du développement de l'enfant.

Prenons l'exemple des différents stades de développement psychologique définis par Freud.

Freud a déterminé quatre stades qui se succèdent dans le temps : les stades oral (0 à 12 mois), anal (2 et 3 ans), phallique (3 à 4 ans) et génital ou œdipien (5 à 6 ans).

L'enfant a un certain potentiel libidinal à partir duquel il va se structurer grâce à son environnement. Freud décrit sous le terme de sexualité infantile tout ce qui concerne les activités du petit enfant qui offre une jouissance localisée, que telle ou telle partie du corps peut lui procurer. C'est, en partie, autour de cette jouissance que l'enfant va avoir envie de grandir et de se développer.

Je reviendrai sur ces notions essentielles pour comprendre la construction de l'identité et de l'orientation sexuelle future. Tout de suite, mon objet est, à partir de la description d'un des stades, d'expliquer comment se mettent en place les mécanismes d'identification.

Quand l'enfant dévore sa mère

La première année, période du stade oral, est consacrée en grande part à l'absorption des aliments, mais aussi à l'absorption d'information au sens large. La bouche, la cavité buccale, les tissus digestifs sont le lieu principalement investi par la pulsion libidinale. La satisfaction libidinale est procurée par l'alimentation qui répond par ailleurs à un besoin physiologique, celui d'être nourri. L'enfant en manque d'apport alimentaire va faire une hypoglycémie (baisse du taux de sucre dans le sang), sensation pénible physiquement pour lui. Il va réagir, comme tout mammifère, en sécrétant des hormones (catécholamines) visant à faire sortir le sucre présent dans les différents muscles. Ces hormones sont également les hormones du stress déclenchant mouvement, agitation, énervement, cris et pleurs. Ces signaux d'alerte, perçus par le parent, vont le conduire à le calmer en lui donnant de la nourriture. Cela va apaiser le besoin du corps et soulager l'enfant. Les régions du corps par où passe l'alimentation source de bien-être vont être particulièrement investies. Cette satisfaction physique va être mentalisée, comme toutes les expériences de l'enfant, et se transformer en satisfaction mentale tout en s'associant à des imageries (ex. : la pensée du biberon placé dans la bouche par une mère souriante). Le bien-être ou le mal-être physique autour de la satisfaction des besoins alimentaires va se traduire mentalement, sous différentes formes d'imageries de plus en plus élaborées à mesure du développement de l'enfant. Ainsi s'entrelacent, dans un pas de deux humanisant, les besoins et les désirs. La satisfaction orale organise la façon qu'a l'enfant de percevoir le monde : il dévore ou mange des yeux et boit les paroles. Un rythme s'établit avec les temps de satisfaction et les temps de manque. La mère est bonne quand elle nourrit bien et devient mauvaise quand elle tarde ou frustre. La fonction alimentaire médiatise la relation avec la mère. Elle abrite des éléments concrets (les aliments) sur lesquels s'accrochent l'affectivité, les représentations bonnes ou mauvaises, les symboles, bref tout ce qui fait la richesse de la pensée et des affects humains.

Ainsi c'est autour de la nutrition que les processus d'identification font leurs premiers pas. L'incorporation alimentaire est le support concret de l'incorporation psychique qu'est l'identification. C'est donc sous l'effet du plaisir libidinal que se fait cette assimilation inconsciente. Pour qu'il y ait identification, il faut qu'il y ait introjection, c'est-à-dire que l'on jette au-dedans de soi une partie de l'autre. Quand la mère nourrit le bébé, le bébé prend de l'aliment en soi et, ainsi, prend un bout de sa mère en soi. Il est alors « un peu » de cette mère. C'est le premier acte de l'identification. On peut l'appeler identification primaire. La mère en tant que premier objet d'amour est la personne la plus investie par l'enfant. L'identification est un mode de relation à sa mère. C'est donc plus globalement un mode de relation à l'autre et au monde. C'est par identification à elle que se fait l'apprentissage le plus précoce pour lui. Avec l'identification primaire, il devient comme elle ; il se prend pour elle. C'est la première étape de la perception de sa propre identité. Il se voit en elle et il va s'identifier à cette image. L'enfant va donc s'identifier à sa propre image. C'est ce que le psychiatre Jacques Lacan nomme le « stade du miroir ». Pour l'enfant, « je » est un autre auquel il va s'identifier. On voit d'emblée l'importance de l'image qui lui est renvoyée par sa mère pour sa propre conscience de soi. Ensuite, grâce au langage, il va s'identifier aux autres. Le fameux « Je pense donc je suis » de Descartes pourrait se réutiliser ici dans le sens du verbe suivre et non plus seulement du verbe être : « Je pense donc je vais suivre le modèle de quelqu'un. »

Être pour l'autre ou ne pas être

Plus tard, il y aura des processus d'identification dits secondaires. Je rappelle que tout cela se fait inconsciemment. Dans ces effets, s'identifier, pour l'enfant, ce n'est pas seulement s'approprier une qualité de l'adulte, ce n'est pas seulement l'avoir ; c'est aussi, comme le décrit J. Lacan, « être pour lui et être de lui ». Être pour lui, c'est aussi chercher à compléter ou à satisfaire ses désirs. C'est être comme lui ou être ce qu'il aurait aimé être.

> Ainsi Marion, qui se conduit comme un chef de bande à l'école et agresse qui ne lui obéit pas, s'est bien identifiée au désir de son père. Celui-ci, enfant, était un vrai bouc émissaire pour ses comparses qui le malmenaient sans cesse. L'entretien que j'ai avec ce père laisse apparaître, sous une allure affable, de profonds désirs de toute-puissance et de violence. Je les repère,

mais lui n'en a pas conscience. J'imagine qu'enfant, ces désirs étaient déjà présents mais étaient inacceptables pour sa volonté consciente (en raison d'interdits liés à son éducation). Il les a donc retournés contre lui et le comportement qu'il a adopté suite à ce retournement a contribué à faire de lui une victime. Sa fille, Marion, a perçu inconsciemment ces désirs premiers de bagarreur portés par son père et s'est identifiée à eux. De la sorte, également, elle « venge » les agressions subies par lui.

Nouveau-né, l'enfant, fille ou garçon, désire être sa mère. Puis il désire être tout pour sa mère. Chacun de nous a des manques. C'est le propre de l'homme. Un manque viendra prendre la place d'un autre quand il sera comblé. Nous sommes pleins d'espoirs déçus : manque à être (être une violoncelliste hors pair par exemple) ou manque à avoir (posséder la voiture de ses rêves). L'enfant va chercher à combler ce manque. Il va s'identifier à ce que sa mère désire inconsciemment. Freud puis Lacan utilisent le terme de « phallus » pour nommer le signifiant, le représentant des désirs fondamentaux de la mère. Ce terme a longtemps été et est encore mal compris et traduit par « pénis ». Le « phallus » au sens de la psychanalyse n'est pas un organe, c'est un symbole. Le « phallus » est, en quelque sorte, la représentation imaginaire de l'idéal pour la mère ; idéal à être ou à avoir. Chacun a son désir idéal, chacun a son « phallus », mais c'est cela auquel l'enfant va aussi chercher à s'identifier. Il va chercher à être le « phallus » de sa mère. L'enfant a envie d'être ou d'avoir ce qui fait envie à la mère. La mère, telle une girouette, lui indique l'orientation possible de son désir, comme si elle lui disait inconsciemment : « Vois et va là où me porte le vent de mes désirs. »

Les identifications qui vont participer à la construction de l'identité sexuée de l'enfant suivent aussi cette voie-là. Il arrive, mais c'est loin d'être le cas le plus fréquent, que, pour la mère, le père soit le support de ce « phallus ». Il représente pour elle son « totem ». C'est alors que la voix du père dicte la fameuse « loi du père » (J. Lacan) pour l'enfant. En ce cas, l'enfant va tourner vers lui ses identifications : être comme lui ou l'avoir en se construisant en complémentarité avec lui.

En fait ce « phallus » pour la mère peut se trouver ailleurs ; en son propre père, en sa mère, au sein de son entreprise, en Dieu, etc. L'enfant va, à partir de ce qu'il perçoit des désirs inconscients de ses parents, opérer des choix d'identification. La psychiatre pour enfants Françoise Dolto déclare : « L'ambition d'un enfant consiste à s'identifier aux personnes dont il sent qu'elles stimulent le désir des parents[1]. »

Mais les parents vont être plus ou moins consentants dans la liberté de choix chez l'enfant. Ils vont lui laisser, inconsciemment, plus ou moins la possibilité de suivre telle ou telle voie. Ils vont être aussi plus ou moins aliénants, ne laissant pas d'autre alternative à l'enfant que de suivre leur propre désir inconscient. L'enfant n'a alors pas d'autre choix que de s'identifier à ce désir ou bien ne pas compter, ne pas exister pour son parent. On peut observer, en effet, des parents autocrates. Très dirigistes, ils ne perçoivent pas l'enfant comme un être aux désirs autonomes. Je ne parle pas d'éducation et de laisser ou ne pas laisser l'enfant avoir telle conduite ; mais d'accepter l'idée que son enfant puisse avoir des désirs propres, une liberté de pensée, des goûts personnels différents des siens.

S'identifier au sexe de l'autre

Pour ce qui est des caractères de l'identité sexuée des modèles, il arrive que les parents soient sur ce plan très différenciés, le père étant très masculin et la mère très féminine (ou, plus rarement, exactement l'inverse). Dans ces situations, pour l'enfant, s'identifier à l'un, c'est se distinguer nettement de l'autre. L'identification sexuée à l'un des parents peut alors entraîner une limitation d'autres types d'identifications (non sexuées) auprès de l'autre parent.

> C'est le cas de Jean dont les parents sont très différenciés. La mère est très féminine. Le père a une présentation très virile.

1. Françoise Dolto, *Séminaire de psychanalyse d'enfants*, Le Seuil, Paris, 1991, tome I, p. 97.

Sans être macho, il est pour un partage des tâches bien défini entre hommes et femmes. Avec ses enfants, il a établi très précocement une différenciation dans l'éducation de son fils et de ses deux filles. Il n'aurait jamais supporté que son fils ait envie de jouer avec une poupée. C'est avec lui qu'il se bagarre et qu'il joue au ballon. D'une manière générale, il ne supporte pas l'entre-deux et l'ambiguïté. La mère de Jean, professeur de musique, a voulu inscrire Jean en cours de piano. Le père n'y voit pas d'inconvénient, en fait il y est indifférent, mais lui-même n'a pas d'intérêt pour la musique (au contraire de sa sœur, également professeur de piano). Ce projet échoue car Jean n'arrive pas, malgré une bonne oreille et le désir de faire plaisir à sa mère, à « s'accorder » avec la musique. Tout se passe comme si, pour lui, il ne fallait souscrire à aucun élément maternel au risque de nuire à la construction de son identité de garçon.

Quand la différenciation sexuée est moins marquée, des identifications croisées sont plus faciles. Elles vont être fonction chez l'enfant de son tempérament, de ses affinités avec tel ou tel parent, de ses facultés d'adaptation et de ses compétences.

Au total, l'identification est un mécanisme très complexe et qui est le principal facteur chez l'enfant dans la construction de son identité sexuée. Comme l'identification est le mécanisme essentiel pour la construction de tous les autres aspects de la personnalité, on voit qu'identité sexuée et identité globale sont indissociables.

Famille homoparentale

Des enfants sont parfois élevés par des parents de même sexe. Cela n'a rien de récent et existe depuis la nuit des temps, mais le terme de famille homoparentale n'a vu le jour que ces dernières années. Il peut s'agir d'un parent qui divorce et se met en ménage avec une personne de son sexe. Ou bien encore d'un couple de femmes dont l'une a choisi un « donneur » de passage.

Des études ont été conduites aux États-Unis et au Canada auprès d'enfants élevés par de tels couples. Les résultats ne montrent chez eux ni plus ni moins de troubles psychologiques que chez les enfants élevés par des couples hétérosexuels. Il n'y a pas non plus de troubles spécifiques observés. En particulier, et concernant notre champ d'étude, on n'observe pas chez ces enfants de différences significatives à propos de l'identité sexuée[1] ni quant à leur orientation sexuelle future[2].

Quant à l'installation de l'identité sexuée, il n'est guère surprenant de constater qu'il n'y a pas de différences. On savait que les enfants élevés par des parents célibataires n'en présentaient pas non plus. On a vu que ce qui importe, pour cette construction, est que l'enfant se sache garçon ou fille. Il repère ensuite les différences entre les sexes, et situe dans chacune des deux catégories les personnes qui l'entourent. En termes d'identité, il se modèlera généralement sur les individus de son sexe. Les parents de même sexe sont aussi conformistes que les autres dans leurs comportements face à des enfants de sexe différent. Leurs différences d'attitudes, de propos et de pensées selon que le bébé est une fille ou un garçon sont les mêmes. Ils sont soumis aux mêmes stéréotypes.

Les parents de même sexe, interrogés sur leurs désirs conscients relatifs à la future orientation sexuelle de leur enfant, répondent généralement qu'ils préféreraient qu'il soit hétérosexuel, ou bien déclarent y être indifférents. Ils justifient cela par la difficulté vécue par eux lors de la découverte de leur propre sexualité, en raison de l'homophobie dont ils ont été victimes au quotidien dans une société hétérocentriste. Il est exceptionnel qu'ils souhaitent consciemment que leur enfant soit homosexuel.

1. Green R., et al., *Lesbian Mother and their children : a comparison with solo parent heterosexual mothers and their children*, Archives of Sexual Behavior, 1986.
2. Jawaid G., « The children of homosexual and heterosexual single mother », *Child Psychiatry and Human Development*, 1993.

L'orientation sexuelle des enfants n'est pas calquée sur celle des parents. La preuve en est que la plupart des personnes homosexuelles ont des parents hétérosexuels.

Comme dans toutes les familles, il arrive que l'enfant élevé au sein d'une famille homoparentale s'inspire du type de désir de l'un de ses parents pour élaborer le sien.

Ainsi, pour résumer grossièrement (car la construction du désir est éminemment plus riche et complexe), un garçon élevé par deux femmes pourra choisir de se modeler sur le désir de l'une d'elles pour les femmes. Comme sa mère, il désirera majoritairement les femmes. Une fillette élevée par deux hommes devra éventuellement son attirance future pour les hommes à son choix de s'identifier au désir de son père pour un homme. Cela ne signifiera pas qu'elle sera attirée uniquement par des hommes homosexuels (ni qu'elle ne le sera pas), car ce que son père désire chez un homme n'est pas nécessairement son orientation sexuelle mais toutes ses qualités d'homme.

L'enfant, on l'a vu, peut également s'identifier au désir inconscient de ses parents ou beaux-parents. Il en est de même dans les familles homoparentales.

> John est un Américain de cinquante-cinq ans. Il vit actuellement en couple depuis vingt ans avec Max. Il a toujours vécu amoureusement avec des hommes. Il a un fils de vingt-deux ans, Greg, qu'il a adopté nourrisson au Brésil. Greg vit en ménage avec une femme qui porte un enfant de lui. Il s'est toujours considéré comme hétérosexuel.
> En résumant la complexité de l'origine de son désir, on peut imaginer que Greg, enfant, ait décidé de s'identifier au désir refoulé de son père pour les femmes. John a toujours aimé la compagnie des femmes. Il n'éprouve pas d'attirance sexuelle à leur endroit. Il ne s'est jamais senti femme, n'a jamais souhaité l'être, et se satisfait très bien de son identité masculine. Comme toute personne équilibrée, il a oublié les désirs sexuels qu'il a pu ressentir, petit enfant, vis-à-vis de sa mère. Mais il se souvient très bien de son attachement pour

une petite voisine et des baisers sur la bouche qu'il lui faisait avec entrain du haut de ses cinq ans. Ses désirs « hétérosexuels », il les a refoulés ou les a sublimés, c'est-à-dire qu'il les a transformés en amitié et en complicité chaste avec les femmes en général. Greg a, peut-être, été sous l'influence du modèle des désirs récusés de son père.

Une mère peut aussi être attirée, en partie du moins, par ce qu'elle considère comme une dimension masculine chez sa compagne. Ou, à l'inverse, un père peut l'être par la dimension féminine de son partenaire. L'enfant pourra alors s'identifier à cet aspect du désir parental.

Katia est une femme adulte hétérosexuelle. Elle a été élevée par deux femmes, sa mère et la compagne de celle-ci. Elle n'a jamais connu son père biologique. Elle décrit sa « belle-mère » comme une femme très masculine de tempérament. Elle serait le portrait de son propre père. Katia a une affection filiale profonde pour cette femme. Il est possible qu'elle se soit notamment, dans la construction de son orientation sexuelle, modelée sur le désir de sa mère pour les éléments masculins de sa belle-mère.

Au moment du complexe d'Œdipe, l'enfant d'une famille homoparentale sait qu'il n'a pas deux papas ou deux mamans. Il sait comment il a été conçu et qu'il n'est pas né de l'union physique de deux hommes ou de deux femmes. Il a un père et un beau-père, ou une mère et une belle-mère. Le père ou la mère est celui des deux parents qui a donné le nom, dans le cas d'un enfant adopté, ou bien la graine (plus neuf mois de grossesse dans le cas de la mère). L'autre parent est le beau-parent. L'intérêt de l'enfant d'avoir au moins deux parents est de lui offrir plus de choix d'identification et de transmissions possibles. Il est important de différencier les dénominations. S'entendre dire qu'on a deux papas ou deux mamans serait confusionnel. Les parents ne sont pas un même corps bicéphale. S'ils sont fusionnés dans le cœur de l'enfant, ils doivent cependant être défusionnés dans sa tête. Alors, l'enfant de famille homoparentale pourra bénéficier, comme les autres, de la triangulation œdipienne qui s'opère ici entre son parent et son beau-parent.

Garçon ou fille pour la vie

Les enfants qui prennent peu à peu conscience de leur identité sexuée n'intègrent pas tout de suite l'irréversibilité de celle-ci. Ils imaginent volontiers que l'on peut passer d'un sexe à l'autre. Cela procède du même sentiment, raisonnable cette fois, que le statut d'enfant est provisoire. Ils vont devenir grands comme papa et comme maman.

> Nicolas, trois ans, me dit : « Je serai grand comme maman. »

Devenir grand comme un parent ! Si un tel changement est possible, passer d'un sexe à l'autre paraît une opération bien modeste. Les psychanalystes d'adultes connaissent bien ce thème du changement possible de sexe, désiré ou craint inconsciemment, et qui apparaît dans les rêves de leurs patients.

Au Moyen Âge, le passage d'un sexe à l'autre pendant la grossesse, comme longtemps après la naissance, ne surprenait guère. Mais il ne pouvait se faire que dans un sens : une femme pouvait se transformer en homme mais pas l'inverse. Un homme très efféminé ou castré n'était pas considéré comme une femme. Car on considérait que la nature ne va que de l'imparfait vers le parfait et non l'inverse ! Ambroise Paré note : « La raison pourquoi les femmes peuvent dégénérer en hommes, c'est que les femmes ont autant de caché dedans le corps que les hommes découvrent au-dehors, reste seulement qu'elles n'ont pas tant de chaleur ni suffisance pour pousser dehors ce que par la froidure de leur température est tenu comme lié au-dedans[1]. » L'humidité de l'enfance qui empêchait la chaleur de faire son devoir

1. *Des monstres et prodiges, op. cit.*

s'en allant avec l'âge, associée à un choc physique, pouvait, selon Ambroise Paré, les organes masculins « cachés dedans ».

Le changement de sexe imaginé par l'enfant trouve différentes explications :

> Gilles, cinq ans, a remarqué que sa grande sœur n'avait pas de zizi, il a cru qu'on le lui avait ôté en guise de punition. La crainte d'une punition analogue à son encontre expliquait son comportement trop sage, totalement inhibé, pour lequel ses parents me l'ont adressé. Il avait banni de sa conduite la moindre parcelle d'agressivité de crainte d'être aussi puni.

À l'inverse j'ai reçu un enfant qui avait une crainte analogue mais qui, au contraire, réagissait par un état d'hyperactivité :

> « Docteur, je vous adresse mon fils Dylan car il est insupportable. Il bouge tout le temps. À l'école, il est plutôt calme, mais les résultats sont médiocres. À la maison, il est en agitation permanente. Il a aussi des difficultés à s'endormir, et n'écoute rien de ce que je lui dis. Vous ne pourriez pas lui donner ce médicament qui vient d'Amérique et qui empêche les enfants de s'exciter ? »
>
> La psychothérapie que je mène met en évidence chez cet enfant la crainte d'être passif un seul instant. Confronté à une mère vécue comme toute-puissante, face à un père effacé, il craint, en étant trop soumis à sa mère, de devenir comme elle, d'être « maternisé » et donc « féminisé ». Être hyperactif est alors pour lui le moyen de protéger sa masculinité naissante. Cela se fait malheureusement au prix d'une dépense d'énergie importante car l'enfant est toujours sur ses gardes. Cela nuit d'ailleurs à ses acquisitions scolaires. Ses difficultés à s'endormir sont liées à la crainte d'être passif pendant son sommeil (et d'être « maternisé » durant la nuit). Les cauchemars qu'il fait traduisent ce type de crainte ainsi que sa culpabilité d'être « embêtant » pour sa mère qu'il « aime beaucoup ».

Il retrouve après un suivi de un an une sérénité complète. Il a pu éviter une prescription médicamenteuse qui n'aurait eu qu'un effet symptomatique mais n'aurait rien résolu aux troubles de développement et donc aurait eu des conséquences fâcheuses plus tard.

Cette notion de réversibilité possible va de pair avec le sentiment chez le jeune garçon d'une apparente autonomie du pénis. Elle est liée à la nature même de cet organe. Sa forme, son volume et sa consistance se modifient à l'occasion des érections sans que l'enfant puisse le contrôler. Il a en outre une capacité de production puisqu'il « fabrique du pipi », ce qui lui donne un statut vivant. L'enfant apprend de surcroît qu'il peut donner la vie. Il semble vraiment avoir une vie propre et un sacré pouvoir ! Le fait de devoir le cacher sous les vêtements (apprentissage de la pudeur), la charge affective singulière qui entoure les mots qui le désignent, tout cela contribue à l'idée d'une valeur particulière qui peut susciter la convoitise. La crainte consciente ou non d'une perte ou d'un vol est repérable vers trois ou quatre ans. Elle transparaît dans les rêves d'enfants comme d'adultes où le pénis est généralement représenté sous un autre aspect et se retrouve séparé du reste du corps.

Ainsi Paul, six ans, rêve d'un oiseau qui, s'échappant de son pantalon où il le picorait, s'envole pour se poser sur le bureau de son papa.

C'est pourquoi le garçon à qui rien n'a été dit sur la différence des sexes va croire que la petite fille a été amputée soit avec les dents, soit avec des ciseaux puisque c'est ce que lui à cet âge utilise pour couper.

Cette prise de conscience de la différence des sexes et de sa propre identité apparaît dans les dessins dès l'âge de trois ans. Quand on lui demande de dessiner un monsieur ou une dame, l'enfant donne des versions différentes. Les modifications des modes et des critères esthétiques vont sans doute influencer les représentations graphiques, mais à l'heure actuelle (selon notre étude portant sur près de cinq cents dessins d'enfants), les enfants dessinent majoritairement les filles avec des cheveux longs et une bouche plus marquée, surtout quand c'est une fille qui dessine. J'ai constaté également que le corps des filles est dessiné triangulairement ; que celle-ci soit en robe ou en pantalon, la partie inférieure du tronc est évasée (à l'image d'un bassin élargi). Le garçon est dessiné avec un corps ovoïde ou rectangulaire. On pourrait, en ayant une lecture plus symbolique, et si des correspondances inconscientes avec le schéma des organes génitaux était imaginable, considérer que le corps masculin est dessiné comme pénien et le corps féminin comme utérin. Le nombril est souvent bien représenté comme élément central, comme pivot originel du « bonhomme ».

Dans les dessins d'enfants classiques, les organes sexuels n'apparaissent que rarement en termes de représentation de la réalité. Par contre, ces organes peuvent apparaître comme par « accident » : un trait se décroche et signe un pénis ou un gribouillis vient faire un mini tourbillon entre les jambes du personnage féminin.

La présence d'organes sexuels dessinés dans leur réalité doit poser question. Ils ne s'observent que dans 0,5 % de l'ensemble des dessins d'enfants alors qu'on les retrouve chez 15 % des enfants victimes d'agression sexuelle. Si leur présence ne signe pas une atteinte de ce type, elle est un indice important. Mais l'interprétation des dessins est très délicate et n'est réservée qu'au pédopsychiatre et au psychologue très expérimenté.

La prise de conscience de son identité sexuée n'implique pas obligatoirement son acceptation. Friedrich et ses collaborateurs (dans une enquête sur le comportement sexuel des enfants conduite auprès de mille cent mères de famille[1]) relèvent que 4 % des garçons et 10 % des filles avant l'âge de cinq ans et respectivement 6 % et 9 % entre six et neuf ans s'habillent comme le sexe opposé. Et avant cinq ans, 6 % des garçons et 8 % des filles veulent être du sexe opposé au leur. De six à neuf ans, ce pourcentage est de 4 % pour les deux sexes.

1. Friedrich W.N., et coll., « Normative sexual behavior in children : a contemporary sample », *Pediatrics*, 1993, n° 4.

Après dix ans, seuls 1 % des garçons veulent être des filles, mais 4 % des filles désirent être des garçons.

Un enfant se sentira d'autant mieux dans son sexe qu'il se sent aimé et apprécié pour les qualités inhérentes à son sexe mais aussi à sa personnalité.

Pourquoi les garçons se bagarrent-ils et jouent-ils au pistolet ?

L'identité sexuée est aussi un moyen d'autonomie pour le petit garçon. L'enfant mâle, pour grandir, va devoir se détacher de sa mère. Ce sont les parents, en tant qu'êtres remplis de désirs, qui vont communiquer (sans maîtriser cette transmission) l'élan vital à leur enfant. C'est cet élan qui lui donne envie de croître. Dès qu'il peut marcher, il va exprimer physiquement cette prise d'indépendance. Découvrant peu à peu qu'il est d'un sexe différent de celui de sa mère, il va être motivé d'autant plus dans cette voie. Je fais l'hypothèse que le comportement du petit garçon, dans ce qu'il aurait de typiquement masculin, prend sa source dans ce besoin de s'autonomiser de sa mère. Sa mère lui a servi de modèle pour devenir un être de langage (il a appris la langue « maternelle » pour parler). Elle a servi de support à ses premiers élans amoureux, elle est son premier objet d'amour. Mais rester collé à elle, dans une relation fusionnelle, c'est risquer de rester bébé, voire d'être néantisé, dissous en elle. La mère pour le tout-petit est un « tout » car elle satisfait à la fois les besoins et les désirs. Mais en tant que « tout » elle est menaçante car elle est toute-puissante. L'enfant, découvrant l'autonomie, se sent comme une goutte d'eau détachée de l'immensité de la mer. Aucune goutte d'eau ne ressemble à une autre. Il a une identité propre, mais il craint inconsciemment d'être dilué, comme une goutte, dans la mère dont il provient.

Les très jeunes enfants psychotiques (ayant des troubles graves de la personnalité) ne sont pas parvenus, pour des raisons diverses, à définir des limites cohérentes de leur identité. Ils sont souvent restés, dans leur tête, fusionnés avec leur mère. La représentation qu'ils ont d'eux-mêmes est celle d'un être morcelé. Ils sont soumis de ce fait à des angoisses très vives.

La phase d'opposition de l'enfant vers l'âge de trois ans, dont tous les parents ont fait l'expérience, va de pair avec la période où il prend bien conscience de son identité sexuée. En ce sens également l'identité sexuée est intimement liée à l'identité globale d'être humain. D'ailleurs les enfants psychotiques intègrent généralement mal leur identité sexuée. Ils ne se savent pas solidement fille ou garçon.

Dans les cours de récréation à l'école maternelle, les garçons sont plus combatifs et offensifs que les filles. Mêmes ceux qui contestent toute différence entre garçons et filles se doivent bien de l'admettre. J'ai constaté que dans les dessins, au-delà de trois ans, les garçons ont plus tendance que les filles à dessiner des scènes de combat ou de guerre. Les filles font des dessins aux thèmes plus casaniers. De même les dessins de véhicules (voitures, avions) sont davantage le fait des garçons qui expriment ainsi, je pense, une volonté plus manifeste de détachement vis-à-vis de leur mère ou de son substitut. Les choses se répéteront une dizaine d'années plus tard quand ils réclameront leur première mobylette, mais nous n'en sommes pas encore là.

En dehors de l'explication hormonale (le garçon a sécrété, nouveau-né, pendant quelques semaines, des hormones mâles connues pour développer l'agressivité), de l'explication éducative (le regard de la société favoriserait ces traits chez le garçon et les inhiberait chez les filles), on peut trouver d'autres modèles explicatifs annexes. Bien sûr il y a la rivalité œdipienne, et le garçon qui s'affronte avec ses pairs le fait imaginairement avec son père. Mais cet aspect ne vient que dans un second temps. Sa mère, avant d'être vécue comme femme, est vécue comme mère et c'est contre elle qu'il va s'imposer en tant que garçon. S'opposer, se bagarrer, ce peut être une affirmation de soi pour le garçon. La mère est celle qui donne la vie et la maintient. Il sait vite qu'il n'a pas ce pouvoir-là et qu'il ne l'aura pas puisqu'il n'est pas une fille et ne sera pas une femme. Alors il va en découvrir un autre qui, à la fois, complète et domine ce pouvoir maternel : donner la mort ! Je fais l'hypothèse avec d'autres que combattre pour le garçonnet c'est, imaginairement, donner la mort. En étant combatif le garçon se distingue donc de sa mère ; il s'individualise en la maintenant à distance. Il joue parfois à la tuer de son pistolet en plastique. Mais, ce faisant, il reste lié à elle puisque son pouvoir complète le sien. Il part en guerre contre sa mère mais en reste amoureux. C'est la raison pour laquelle, je pense, les vocabulaires amoureux, sexuel et guerrier ont tant de mots en commun (ex. : offensive amoureuse, conquête, feux de l'amour, déclaration). N'ayant pas le pouvoir de donner la vie, il peut à défaut la reprendre à un autre. Sa mère crée, lui va détruire :

> À la plage, Floriane se plaint que les garçons n'arrêtent pas d'écraser son château de sable.

Démolir, surtout entre un et deux ans, fait partie du développement normal et concerne les enfants des deux sexes. Mais après deux ans, j'ai constaté, et les professionnels de l'enfance que j'ai interrogés le confirment, que les garçons démolissent beaucoup plus que les filles. On ne peut interpréter cela uniquement par une agressivité plus importante. Car l'agressivité féminine existe aussi mais s'exprime différemment. Les jeux chez le petit enfant sont en grande partie l'expression de son corps sexué, l'allégorie de ses pulsions sexuelles. Le petit garçon a plus de sept érections nocturnes, c'est-à-dire de pénis érigé puis ramolli. Il vit une partie de son corps comme un état permanent d'alternance d'édification et de démolition.

Bien sûr, il va créer aussi. D'ailleurs ce n'est pas d'emblée qu'il va renoncer à l'idée d'engendrer. Vers deux ans, lors de la phase anale, toute consacrée à l'apprentissage de la maîtrise et de l'emprise sur les choses et les êtres, il imaginera parfois faire des bébés. Les enfants tout-petits pensent en effet le monde à partir de leur vécu propre ; et ils imaginent que les mères font les enfants par les fesses. C'est l'âge où il s'intéresse (en commun avec la fille) au modelage, au dessin, autre moyen plus symbolique de créer. Puis il va comprendre, intuitivement ou par explication, que même s'il ne porte pas le bébé, son père (donc les hommes en général) peuvent donner aussi la vie en projetant la « petite graine » grâce à son sexe. Raison de plus de s'identifier à cet homme, garçon comme lui. Raison de plus d'être dans l'expulsion, la projection. On retrouve tout cela dans ses jeux. Le garçon intègre tous ses jeux dans sa sexualité. Ce n'est qu'un des aspects des jeux qui ont de multiples fonctions au carrefour de ses désirs et des apprentissages. Il pousse, il lance la balle, le caillou, l'avion, il arrose, il tire au pistolet, il attaque, il conquiert, il pénètre. Il jette et il répand, en particulier ses affaires, au grand dam de ses parents. J'ai remarqué qu'au même âge les filles rangent plus volontiers leurs affaires que les garçons. Plus sensibles aux formes (ce sont les formes dites féminines, comme les seins, qui représentent pour elles l'apparence externe de leur sexe), elles expriment cela par un intérêt marqué pour l'agencement dans la maison. Mais les garçons supportent très mal de ne pas retrouver leurs affaires. Cela les angoisse, me semble-t-il, beaucoup plus que les filles au même âge. Craignent-ils (métaphoriquement) de ne pas retrouver leur érection ? Quoi qu'il en soit, cette peur de perdre les motive au rangement.

Certes, les garçons dans leurs jeux donnent la mort, mais ces jeux sont aussi le symbole de leurs capacités projectives, capacités à l'origine du pouvoir de semer des graines de vie. Avant de savoir que ses futures capacités pourront lui permettre de donner la vie (pulsion dite génitale), le garçon prend conscience, en se représentant son corps, des capacités projectives de son pénis qui projette du pipi (pulsion urétrale). La prise de conscience des relations unissant ses parents va toujours continuer de se vivre au travers de ces jeux. Quand il est un pompier, il est muni d'une lance qui projette, mais aussi qui éteint le feu de ses propres désirs interdits. Quand il joue au soldat, il détruit en imagination ses ennemis, mais aussi son père, ce rival auprès de sa mère.

Cela ne veut pas dire que dans ses jeux la petite fille ne va jamais tuer. Mais elle le fera avec des méthodes différentes. D'une manière générale, les garçons, si on les laisse faire, jouent aussi avec les jeux de filles mais ils y jouent de façon différente, en raison de l'image différente qu'ils ont d'eux-mêmes. Le garçon est particulièrement concerné par le projet de se séparer d'un projectile tout en en maîtrisant le parcours et l'impact, en écho à sa fonction urinaire. La petite fille est davantage dans la réceptivité, l'attraction, le contenant, la protection, le recel ; et cela en écho, je pense, avec l'intériorité de ses organes génitaux et avec ses futures compétences génitrices.

Les garçons, autour de cinq à six ans, veulent pour la plupart devenir pompier, gendarme ou policier. Le domaine de la bagarre, de la bataille, de la guerre est l'unique domaine où la mère leur semble absente. C'est donc là que le garçonnet se sent le plus à l'abri d'une mère toute-puissante et qu'il se sent le plus proche de son père. Si les garçons cassent, c'est aussi, selon moi, pour laisser une trace. Ces pulsions destructives vont se transformer en pulsions constructrices et réparatrices (bricolage). Les garçons ont besoin de laisser une trace davantage que les filles car ils savent qu'ils n'auront pas de possibilité de donner naissance à un enfant.

Tous les garçons ne jouent pas au pistolet

En général, la phase d'opposition vis-à-vis de la mère, la fameuse période du « non », concerne tous les enfants. Mais après ce stade de développement, beaucoup de garçons ne s'expriment pas dans ces comportements d'affirmation de soi que sont les comportements projectifs (le lancer, l'arrosage, la bousculade, l'agressivité). Il y a bien sûr des raisons liées aux interdits éducatifs ou à l'influence des désirs parentaux qui viennent contrecarrer ces conduites. Mais existe-t-il des garçons qui n'auraient pas ces capacités expulsives que j'ai décrites plus haut ? J'ai rencontré des enfants qui n'étaient pas éclairés de la fonction paternelle dans sa fonction de donner la vie. Même si le père se contente d'offrir une « graine » à la mère et qu'il n'a pas élevé l'enfant, le garçon a besoin de se savoir issu de cette graine d'homme, pour le devenir lui-même. Il arrive que le père ne soit pas présent mais ce n'est pas la seule explication de l'inhibition de certains garçons, puisque des enfants élevés par leur mère seule ne se distinguent pas toujours à ce niveau. Ce n'est pas tant l'absence physique qui importe que la place que ce père occupe dans le discours de la mère. Certains de ces garçons ont une mère qui leur laisse entendre que leur petit pénis est plus important que celui qui leur a donné le jour. En d'autres termes le garçon a le sentiment de combler tous les désirs de sa mère. Cette façon de ressentir peut être à l'origine d'un sentiment de toute-puissance poussant l'enfant à être toujours plus dans des comportements projectifs et d'opposition ou au contraire risque de l'inhiber totalement.

Dans d'autres cas, le garçon va s'affirmer par une opposition passive. Il sera davantage dans la rétention que dans l'expulsion. Son agressivité dirigée vers les autres sera une agressivité passive. Il tiendra tête, résistera, se taira. Il conservera. Conscient de ses capacités projectives, il se gardera de les utiliser pour ne pas parsemer son bien identitaire. Sa force sera dans le frein. Respecter cela, c'est respecter son développement.

Pourquoi les petites filles modèles sont-elles coquettes ?

Toutes les fillettes ne le sont pas. Mais l'image de celle qui fait tourner sa robe à volants et veut mettre des chaussures à talons hauts n'est pas seulement d'Épinal. Pourtant, je pense que ces éléments vestimentaires sont loin d'être pour elle des éléments de soumission à une image stéréotypée de la femme. Il s'agit, au contraire, d'accessoires exprimant un pouvoir. En tournant sur elle-même, elle est en imagination autant une violente tornade qu'une délicate fleur. L'image du personnage de bande dessinée américain *Wonder Woman*, qui tourbillonne sur elle-même pour devenir une super-héroïne, illustre parfaitement cet idéal de puissance. Les talons hauts sont pour elle l'équivalent de bottes de sept lieues et non de frêles escarpins. Toutes ces fillettes n'ont pas une mère « sexy » ou raffinée sur laquelle elles prendraient modèle. Et toutes ne font pas partie d'un milieu où la femme doit être coquette pour être femme. Je me souviens d'une mère de famille qui a été très engagée dans le mouvement féministe et qui fut très désarçonnée par la coquetterie exacerbée d'une de ses trois filles. Ces fillettes se présentent parfois comme délurées et ouvertes. La coquetterie est pour elles une façon de s'afficher ; comme si elles voulaient exprimer à l'extérieur l'existence de leur sexe invisible car interne.

La coquetterie est aussi, je crois, dès le plus jeune âge le moyen d'exprimer son désir. En sachant, comme nous le verrons, que le désir participe à l'élaboration de l'identité. De son côté, le garçon, par son érection, peut pointer son désir. La fillette le pointe par son comportement.

Au sein d'une fratrie où il y a plus d'une fille, souvent on assiste à un partage des rôles. Quand l'aînée est d'un caractère hardi et naturel, voire masculin, la seconde pour se différencier peut adopter le registre de la coquetterie. C'est alors une façon de s'inscrire en complémentarité par rapport à sa sœur aînée, évitant ainsi une relation hiérarchique. Si elle choisissait une personnalité similaire à celle de sa sœur, elle serait de fait inférieure en termes de performances comparées puisqu'elle est plus jeune. Étant donné qu'elle ne sera jamais chef en habits d'Athéna, elle choisit ceux d'Aphrodite. La fillette coquette n'a pas moins de volonté de pouvoir ou de puissance que la « garçon manqué » ; simplement elle utilise d'autres attributs et d'autres armes. Contrairement aux idées reçues, la petite fille modèle n'est pas passive. Quand on la contrarie, elle pince ou tire les cheveux, affirmant ainsi sa puissance attractive. Elle « tire » là ou le garçon « lance ». Plus tard, dans ses jeux amoureux, elle attirera par « ce je ne sais quoi d'étourdi et de vif dans son geste, du nonchalant, du tendre, du mignard dans ses attitudes, des yeux fripons, une tête légère, le menton porté au vent et un certain ton, un certain langage finement relevé de saillies folles », comme l'écrivait Marivaux. Le garçon, plus souvent, passera à l'attaque, cherchant à conquérir et déclarant sa flamme. Mais la fillette coquette n'a pas moins d'agressivité que la fillette bagarreuse. L'agressivité s'exprime différemment. On a vu ce qu'était l'agressivité orale ; ici la fillette expulse des « gros mots », mord et dévore imaginairement ce qu'elle attire. La petite fille modèle sait affirmer son indépendance et être offensive en tirant la langue. C'est l'équivalent du « bras d'honneur » chez le garçon plus âgé. C'est une forme d'érection orale, à l'instar du souffle menaçant du chat ou de la langue saisissante du serpent. L'agressivité chez la fille est à l'image de ses organes génitaux, moins visibles que chez le garçon mais tout aussi vifs. La fameuse timidité de la petite fille modèle avec les hommes peut se lire, à mon sens et dans le cadre du sujet qui nous intéresse ici, comme la peur de son propre désir d'être assaillie par ces garçons.

Une autre caractéristique de la petite fille modèle est sa nature soignée qui contraste avec les mains sales et les pantalons troués des « bons petits diables ». C'est, sans doute, parce que les mères sont au fond d'elles-mêmes plus exigeantes vis-à-vis de leurs filles. Et ce d'autant plus que ces mères étaient d'une époque où les filles étaient sévèrement réprimandées si elle se salissaient. Enfin, la coquetterie chez la petite fille, mais aussi chez le petit garçon, exprime surtout le désir de s'identifier aux grands ; pour attirer mais surtout pour être. Se maquiller ou vouloir mettre de jolies robes, c'est pour rêver consciemment un rôle de future femme. Quand cette coquetterie est dirigée vers le père ou la personne qui partage la vie de sa mère, c'est pour l'enfant une façon de s'identifier à sa mère dans son rôle de femme amoureuse.

Enfin, la coquetterie n'est pas le propre de la fillette. Le garçonnet qui plaque à l'eau sa chevelure (dans un souci inconscient, je pense, de maîtrise de ses pulsions) et en marque bien la raie s'inscrit dans une coquetterie qui n'a rien de féminin.

Garçons manqués et « sissy-boys »

Une fillette dite « garçon manqué » ou bien un garçonnet très efféminé, chacun d'entre nous en a probablement connu ou peut-être l'a-t-il été. Ils appartiennent à toutes les cultures, tous les pays et tous les temps. Il arrive, quelquefois, qu'ils soient menés au cabinet d'un pédopsychiatre car les parents se questionnent sur la normalité du comportement de l'enfant. Le choix répété de vêtements considérés par la coutume comme de l'autre sexe interpelle particulièrement les parents. Cependant, un garçon voulant mettre des robes fait davantage réagir les adultes qu'une fille refusant les robes et mettant les pantalons de son frère. La mode vestimentaire est actuellement de répartition inégale. À ce propos, plusieurs petites filles, quand je leur demandais si elle étaient contentes d'être des filles, m'ont répondu : « Oui, car on peut mettre des robes ou des pantalons, tandis que les garçons ne peuvent pas porter de robes. » C'est plutôt par un refus total et obstiné de porter des vêtements typiquement féminins qu'une fille se démarque en ce domaine pour ses parents.

Un autre motif de consultation est un état de souffrance de l'enfant, conséquence apparente de son statut singulier. Tel serait le cas d'un garçonnet malmené constamment par d'autres enfants se moquant de sa sensibilité.

Enfin, les parents peuvent consulter pour un tout autre sujet d'inquiétude (ex. : des troubles du sommeil), la question de l'identité se posant alors secondairement lors du suivi.

En règle générale, le caractère très efféminé d'un garçon inquiète ou apostrophe davantage les adultes qu'une fillette masculine. D'ailleurs les femmes adultes n'ont aucune gêne à déclarer qu'elles ont été des garçons manqués (elles le disent même le plus souvent avec une certaine fierté) tandis qu'un homme reste réservé, et parfois honteux, sur le sujet. Comme si un caractère et un comportement dominateur, actif, combattant, leader chez une fille était jugé positivement et qu'une apparente passivité, une sensibilité, une délicatesse étaient déconsidérées chez un garçon. Le terme même de garçon manqué peut surprendre quand il est lu au pied de la lettre. Ne seraient-elles pas, au contraire, des « filles manquées » de par leur allure masculine ? En fait elles auraient tout d'un garçon auquel il ne manquerait que certaines caractéristiques anatomiques. C'est « manqué » comme si la volonté parentale était de « faire » un garçon. Comme si le caractère volontaire et actif, valorisé par la société, ne pouvait être qu'exclusivement du registre masculin.

Pour les garçons efféminés, on ne parle pas non plus de « fille manquée » comme si la question de vouloir une fille serait absurde, et que l'on ne pouvait souhaiter avoir qu'un garçon. Le terme de « garçon efféminé » est moins consensuel. Les enfants ne l'utilisent pas d'ailleurs, contrairement à celui de garçon manqué. Ils parlent plus volontiers de « vraie fille », de « fillette » ou parfois de « mauviette », et de « poule mouillée ». Ces deux dernières appellations marquent un caractère désigné comme non courageux. Le courage étant, pour les garçons qui utilisent ces termes, spécifiquement masculin. Le terme de « tapette » n'est utilisé que par les plus grands. Le suffixe « ette » fait écho au féminin et à la faiblesse. Il renvoie à la notion d'une force moins grande, d'un tempérament moins bagarreur : une tapette est une petite tape (le vrai garçon donnerait un coup de poing). Mais tapette (avoir une fière tapette) au XIXe siècle désignait un grand parleur, un bavard ; la parole à tort et à travers étant du registre féminin. En France, au XVIIe siècle, on parlait de « garçons fillettes ». Aux États-Unis le terme générique actuel est « sissi-boys ». Il est, là-bas, adopté communément.

On retrouve souvent chez les parents la crainte, rarement exprimée spontanément, de l'orientation sexuelle future de leur enfant. Sera-t-il, sera-t-elle homosexuel(le) ? Car l'identité sexuée et l'orientation sexuelle sont très souvent confondues. Alors qu'on sait que tous les adultes homosexuels n'ont pas été, loin s'en faut, des garçons efféminés ni des filles masculines. Et que les garçons efféminés comme les « garçons manqués » ne deviennent pas, pour la plupart, homosexuels. Nous verrons, dans les chapitres consacrés à la sexualité, que l'identité sexuée n'est qu'un facteur d'influence parmi beaucoup d'autres de la future orientation sexuelle de l'enfant.

Cette inquiétude parentale, relative à la sexualité future, concerne essentiellement les garçons. Une mère venue pour son fils très efféminé me dit qu'elle a « tout fait de travers ».

La consultation d'un garçon efféminé ou d'un « garçon manqué » est parfois motivée par un symptôme qui n'a (en apparence) aucun rapport avec les questions identitaires, que ce soit une insomnie, des troubles alimentaires ou une agitation. Il se peut cependant que ce symptôme soit en lien avec l'identité et cela par différentes voies. Ainsi Jimmy m'a été amené pour un syndrome dépressif ; et il s'est avéré que ces troubles étaient directement réactionnels au rejet par les autres écoliers, et parfois par des adultes, qui se moquaient de son allure efféminée. J'ai rencontré également des enfants dont le questionnement identitaire était le symptôme de scénarios familiaux. Nous reviendrons sur ces différentes possibilités.

Confrontés à des enfants qui se distinguent de cette manière, les adultes se demandent quelquefois : Est-ce pathologique ? Cela doit-il être traité ? La réponse n'est pas univoque, et celle qui revient habituellement quand j'interroge mes confrères est : « Ça dépend. » C'est du caractère plus ou moins marqué des traits identitaires, du contexte, que cela dépend et, essentiellement, des éventuels troubles qui y sont associés. Dans la majorité des situations, le garçon efféminé et la fillette masculine n'ont aucun trouble du développement, ni de souffrance liés à leur singularité identitaire. Il s'agit de l'évolution normale d'un enfant situé à l'intersection de son désir, de ses identifications, des désirs de ses parents, de l'organisation des liens familiaux et de son environnement. Mais il arrive que ces constructions soient associées à des situations familiales particulières. L'intervention d'un psychiatre ne se justifie que si l'enfant est bloqué dans sa dynamique d'évolution ou s'il y a souffrance.

La vie en rose

Certains garçons expriment le désir d'être des filles de façon permanente. Et tous n'apparaissent pas « efféminés ». Être une fille est alors avant tout le désir de limiter l'espace différentiel avec leur mère. Ils se sont défusionnés d'elle complètement durant la phase anale (deux ans). Ils savent la différence des sexes et connaissent leur identité de garçon, mais ils refusent de s'inscrire sur les rails de cette différence car elle les éloignerait trop de leur mère. Adopter le comportement d'une fille serait rester fidèle au modèle proposé par leur mère.

Mais à ce refus d'une séparation trop grande s'ajoute, je pense, une autre raison très différente. Chez ces garçons, il y a aussi le refus de renoncer au pouvoir de l'autre sexe. Ils se savent garçon, mais, pour eux, accepter dans sa totalité une identité sexuée serait renoncer à une autre. La différence des sexes n'offre qu'un choix binaire : fille ou garçon. Choisir, c'est renoncer. Se savoir garçon mais se sentir fille sera pour eux le moyen de trouver un aménagement possible. Ce qui les attire dans l'identité féminine, c'est parfois le pouvoir de porter un enfant. Ces garçonnets ne veulent pas renoncer à la possibilité d'avoir un ventre aussi puissant que celui de maman. Pour eux ce pouvoir dépasse largement les capacités projectives masculines si tant est qu'elles aient été bien intégrées par eux. J'ai constaté que ces petits garçons veulent être des femmes non pas par faiblesse, mais parce qu'ils sont désireux d'être des hommes de pouvoir. Ils veulent être des hommes aussi forts que des femmes ! D'ailleurs ces garçons, qui s'emplissent de puissance matricielle, deviennent souvent des hommes qui réussissent bien dans la vie. Il convient, bien sûr, d'éclairer ces enfants sur la réalité biologique, et sur l'impossibilité pour un homme de porter un enfant. Mais il ne faut pas, par une agressivité éducative, contrarier l'affirmation de soi virile d'un garçonnet portant les couleurs maternelles. Le risque serait de bloquer son développement affectif et cognitif.

Le fait qu'un garçonnet de quatre-cinq ans cherche à porter des vêtements féminins ne doit pas affoler ses parents. Cela ne signifie pas un trouble de l'identité sexuée. En règle générale, ai-je constaté, c'est un moyen de garder « de la mère » sur soi. C'est aussi une façon de se construire une personnalité à peu de frais. En effet, mettre les vêtements de maman, c'est être, pour un temps, une mère. L'éducation fera la part des choses entre la lecture des désirs masqués de l'enfant et l'apprentissage des codes sociaux en vigueur.

Les garçons « sissy-boys », c'est-à-dire présentés comme très efféminés, se caractérisent, pour certains, par le refus de pulsions actives par crainte qu'elles ne portent, en elles, des pulsions agressives. Les pulsions actives sont alors réprimées. Mais d'autres « sissy-boys » ont des pulsions passives dominantes de façon presque innée, sans que leurs pulsions actives ne soient, pour autant, réprimées. En l'absence de souffrance, il convient de respecter ce choix. Tous les garçonnets désignés comme « sissy-boys » ne souhaitent d'ailleurs pas être des filles. C'est souvent parce qu'on les « traite » de fille qu'ils finissent par penser qu'ils en sont une.

Quelques-uns de ces enfants adoptent cette façon d'être car ils refusent de faire un choix identitaire. Ils sont dans une mégalomanie qui associe les puissances paternelles et matricielles. La puissance matricielle étant la puissance maternelle et non pas simplement féminine ; puissance de mère qui donne la vie et qui « tient » la maison. À ces enfants, il est souvent difficile de poser des limites et ils se montrent insupportables. Dans les faits, cette position de refus d'un choix n'est pas l'exclusivité des « sissy-boys » ou des « garçons manqués ».

Voici pour illustrer ce fonctionnement le cas de Quentin, cinq ans, que j'ai suivi :

> Les parents me l'ont adressé pour encoprésie, c'est-à-dire qu'il « faisait » dans son slip la journée depuis plus d'un an alors qu'il avait été propre à trois ans. Les séances avec Quentin m'ont permis de lire ce symptôme comme sa difficulté à renoncer à la relation qu'il avait, bébé, avec sa mère, du temps où il faisait sur lui et que cette odeur la faisait venir. Quand, vers quatre ans, il a compris la relation spéciale qui unissait ses parents, il a brusquement senti que sa mère lui échappait. L'encoprésie a été alors un moyen inconscient de la retenir, de l'intéresser à nouveau à elle, même si elle est agacée par cela. Le suivi fait disparaître rapidement l'encoprésie. La mère me fait alors part de ses autres inquiétudes relatives au comportement de Quentin. Il se présente, me dit-elle, comme un petit diable. Elle le décrit comme intelligent, mais de cette intelligence qu'on désigne souvent par « maligne » car utilisée pour mettre l'autre en défaut et en particulier l'adulte. À l'école, il a de bons résultats, mais il est agité et embête les autres enfants. Il a peu de copains, mais toutes les filles de sa classe l'apprécient. Sa mère me dit également qu'il lui emprunte ses vêtements. Il sait bien qu'il est garçon mais me dit envier les filles. Il ne dessine en séance, avec un talent rare à cet âge, que des personnages féminins adultes, à type de femme fatale, avec un soin particulier accordé aux robes et aux coiffures. Il les nomme princesses ou sorcières. Les parents ne présentent aucune difficulté particulière, ni d'histoire évocatrice. Le père

est dessinateur. De ce point de vue, le fils possède avec sa plume un fort lien identificatoire avec lui. Le couple est uni. Quentin pour rivaliser avec son père auprès de sa mère a pris modèle sur une autre virilité, celle des femmes qu'on appelle (à juste titre) phalliques. Et quoi de plus phallique, de Marlène à Garbo, qu'une femme fatale ? Pour être plus fort que papa, il a choisi de s'adjoindre la force des femmes, de ne renoncer ni au masculin ni au féminin. J'appris en fin de suivi que la grand-mère maternelle, décédée peu après sa naissance, offrait le modèle d'une forte femme, autoritaire, qui menait son monde à la baguette. Son « esprit » se manifestait-il un peu en Quentin ?

Quoi qu'il en soit, le suivi permit, en plus de la disparition de l'encoprésie, l'assagissement de Quentin. Il laissa choir les vêtements de sa mère, mais resta très exigeant sur le choix de ses vêtements et conserva son talent de dessinateur de « mannequins » féminins.

On voit donc qu'il ne faut pas confondre l'œdipe d'un garçon très féminin avec celui d'une fille. Le garçon très féminin peut se savoir garçon mais emprunter son habit de virilité à la femme.

J'ai constaté que chez d'autres de ces garçonnets que l'on croit efféminés, il y a au contraire un refus des deux types d'identifications : masculine ou féminine. Ce refus peut entraîner une stagnation dans le développement. Ces enfants trouvent refuge dans une immaturité, comme de jeunes pousses qui refusent d'éclore, ni en rose, ni en chou. S'ils paraissent adopter une position féminine, c'est qu'ils trouvent ainsi le moyen de rester petits. J'ai remarqué que pour les garçons, le petit et le féminin sont intimement liés car quand ils étaient « petits », ils étaient collés à leur mère. Et aussi parce que les pulsions actives qui poussent à grandir sont réprimées.

Enfin, certains garçons efféminés ont bien conscience de leur identité sexuée, mais le rôle sexué masculin n'est pas soutenu chez eux par un modèle solide ou valable. Il peut s'agir d'un père ne s'occupant de son fils que de façon mécanique, ou bien encore brutal.

Ces enfants, en choisissant une autre voie d'identification que celles qui sont proposées par les adultes défaillants (du même sexe), sauvent ainsi leur développement d'une identification malsaine. Il existe, hélas, des pères ou des mères brutalisant un enfant qu'ils ne trouvent pas assez viril en souhaitant l'affermir.

L'enfant se sentant dévalorisé va alors se replier dans une immaturité dépressive suscitant encore plus d'agressivité parentale.

Un enfant blessé dans sa féminité infantile par un parent qui y voit un défaut de virilité peut aussi devenir un adulte rejetant toute image de féminité chez qui que ce soit, y compris chez une femme.

De Fifi Brindacier à Lara Croft

Fifi Brindacier et Lara Croft sont deux modèles de filles cataloguées de tempérament masculin.

Le personnage de Fifi Brindacier a été créé au milieu du XXe siècle par l'auteur suédoise Astrid Lindgren. Bien analysée par Nicole Nadeau, Fifi venait révolutionner l'orthodoxie de la littérature enfantine, où les fillettes étaient bien sages et les rôles entre garçons et filles préétablis. Fifi, aux dehors pas du tout féminins, enchanta garçons et filles par son caractère indépendant, sa force surhumaine (utilisée pour de justes causes), sa curiosité, et son imagination mise au service de son esprit d'initiative. Le rêve de Fifi est de devenir pirate quand elle sera grande. Elle a deux amis, Annika, petite fille modèle, et son frère Tommy. Grâce à Fifi, Annika apprendra à surmonter ses peurs tout en gardant sa sensibilité et Tommy réalisera ses souhaits d'aventures et de prouesses physiques.

Lara Croft est une héroïne très actuelle de jeux virtuels. Armée comme un membre de commando, musclée, elle est confrontée à d'insurmontables épreuves et fait preuve d'une indépendance et d'un courage sans faille.

Fifi et Lara sont aussi affranchies, déterminées et puissantes l'une que l'autre ; aussi solitaires également. Mais Lara, plus âgée, affiche ses formes féminines et sa beauté (expression de sa sexualité) qui s'allient sans gêne avec sa nature.

Voici la situation de Frédérique, dix ans, conduite par sa mère à mon cabinet :

> La mère a été conseillée par l'institutrice qui se plaint du caractère perturbateur de la fillette durant la classe et surtout lors des récréations. La mère apparaît douce et timide. Frédérique est sa seule fille et elle vit seule avec elle depuis sa séparation d'avec le père de l'enfant, il y a cinq ans. Frédérique est vêtue en tenue de sport, survêtement et chaussures de tennis de marque. « Elle refuse de s'habiller autrement », me confie sa mère. Ses cheveux blonds sont coupés court, à la « garçonne », selon une expression devenue surannée. « Elle a toujours été bagarreuse. En maternelle déjà elle menait sa petite bande de garçons et ça n'a pas cessé depuis. Sauf que ces derniers temps cela empire. C'est peut-être le début de sa formation. » Frédérique est en effet grande pour son âge. « J'ai accouché d'un vrai garçon manqué. Petite, elle préférait galoper dans le jardin que rester dans sa chambre à jouer tranquillement. C'est ainsi qu'elle plaît à son père. Il voulait un garçon. Elle est très attachée à lui et notre divorce a rendu Frédérique très triste. Elle me l'a reproché alors que c'est lui qui est parti », ajoute la maman d'un ton maussade. À côté de son comportement batailleur et de son indiscipline, elle présente des résultats scolaires honorables et n'a jamais eu de difficultés à passer de classe. J'apprends qu'elle fait pipi au lit certaines nuits et qu'elle n'a jamais vraiment eu de suivi psychologique pour cela. « Ce doit être héréditaire, son père a fait longtemps », me dit sa mère comme pour se justifier. Frédérique en entretien quitte peu à peu l'attitude de défiance manifestée en début de séance. Elle me dit qu'elle n'a pas de problème. Si elle se bat c'est qu'on l'embête, et qu'elle n'est pas une « meuf » à se laisser faire par les « keums ». Son aspect général et sa façon de parler la feraient rapidement cataloguer comme masculine. D'ailleurs elle me déclare qu'« avant » elle voulait être un garçon mais que maintenant

> elle s'« en fiche ». Plus jeune elle ne jouait qu'avec les garçons mais cette année (elle est en CM2) elle a créé autour d'elle une petite bande de filles dont elle est la chef. Elles se font appeler les « spice girls », du nom du groupe aujourd'hui dissous de chanteuses anglaises provocantes et revendiquant le « girl power ». Je lui demande si elle a un souci pour lequel je pourrais l'aider. La seule chose qui l'embête, c'est son « pipi au lit ».

Les petites filles qui sont dénommées garçons manqués dès la maternelle le sont car elles participent activement aux jeux de garçons et souvent les conduisent. Parmi elles, certaines passent des jeux de filles aux jeux de garçons, en refusant de se limiter à un domaine. D'autres refusent nettement les jeux de poupée et ne se plaisent qu'en poursuites et autres attaques d'ennemis interstellaires. À l'image de Lara Croft, elles ont toujours le pistolet au poing. La majorité de ces enfants ne présentent pas de signes de souffrance et connaissent un développement harmonieux, pour peu que leur environnement ne leur porte pas atteinte par des interventions éducatives inopportunes visant à une supposée normalisation. Ma mère, qui a élevé six enfants et qui me ravit par son bon sens, répondit à ma question sur ce qu'elle pensait des garçons manqués : « Les garçons manqués ? Elles font d'excellentes mères de famille ! » Allusion probable au sens des responsabilités qui les caractérise.

Il est d'autres situations où le choix (totalement inconscient) fait par la fillette « garçon manqué » dans ses identifications s'inscrit dans des histoires singulières.

Ainsi, il arrive que cette façon d'être, en totalité ou en partie, soit une revendication masculine, pour faire plaisir par exemple à un parent qui voulait un garçon. Mais cette revendication peut avoir des sources multiples, comme le montrent Marine et Victoire.

> Marine est fascinée par son frère aîné. Lui ressembler c'est à la fois se rapprocher de lui et s'inscrire en rivalité afin de se détacher d'un lien qui l'emprisonne.

> Victoire aime diriger, c'est une « leader » dans l'âme. Pour satisfaire ce désir, elle a dû renoncer à ses identifications féminines. En effet, elle est issue d'une famille où, depuis plusieurs générations, le patriarcat est de mise et où la femme est très dévalorisée. Elle s'est identifiée, à tous niveaux, à ses ascendants masculins pour satisfaire ses désirs de meneuse.

Le positionnement de l'enfant au sein de la famille peut également favoriser des identifications spécifiques :

> Les parents d'Hortense ont divorcé peu de temps après sa naissance. Sa mère n'a alors vécu que pour sa fille, qui s'est peut-être masculinisée à la fois pour se différencier de sa mère omniprésente mais aussi pour occuper imaginairement la place du « mari » de sa mère ou encore représenter son père absent (façon imaginaire de le rendre présent auprès d'elle).

C'est aussi parfois, en partie, un refus de la féminité vécue comme mineure par l'enfant. J'ai constaté que, pour la majorité des petits garçons, la féminité est associée à la puérilité. Ceux qui pleurent sont « comme des bébés » ou « comme des filles ». Pour eux homme masculin et adulte sont synonymes, et donc être un homme, c'est ne plus être un bébé. Bébés, ils étaient collés dans leurs identifications à leur mère, donc se voyaient en féminin. S'ils restent fixés à ces croyances, ils deviendront des hommes qui considéreront les femmes comme immatures, et n'aimeront que les femmes enfants. Certaines fillettes, pour des raisons diverses, adhèrent à ces présuppositions et vont rejeter la féminité pour repousser la puérilité, pour être des grandes. Elles veulent être responsables, actives, constructives mais croient que le féminin n'est pas compatible avec cela.

Dans certaines situations familiales, la place occupée par la femme est dangereuse :

> Le père de Barbara est violent contre la mère. Les menaces et les coups s'égrènent au quotidien. Pour Barbara, être une

> femme est dangereux. Adopter des identifications exclusivement masculines serait la voie du salut.
> Chez Lou, dont la sœur aînée a été victime d'atteintes sexuelles par le beau-père, le refus inconscient du modèle de comportement féminin peut s'entendre comme la crainte de susciter un désir prohibé.

Ce peut être aussi, en partie, une façon de tourner le dos à la maternité. J'ai déjà observé chez une enfant un rejet de la mère si vif qu'il s'exprimait par le refus d'être une mère.

Mais le refus de la maternité ne s'inscrit pas systématiquement en opposition. Il peut s'agir d'un choix positif.

Ainsi, Maurène a sept ans, et me confie ne pas vouloir se marier ni avoir d'enfants, des propos rares chez les fillettes de cet âge. Dans ce cas, ce n'est pas le fait de devenir femme qui est refusé mais celui d'être une mère. D'ailleurs Maurène a été très rassurée d'apprendre qu'elle n'était pas obligée de devenir une mère pour devenir une femme. Ces filles ne veulent pas devenir pour autant des garçons. La difficulté c'est que, pour elles, féminité et maternité sont intimement liées, puisqu'elles n'ont jamais connu (et n'imaginent pas) leur mère comme une femme sans enfant. Elles trouvent parfois des modèles rassurants dans leur entourage parmi les jeunes femmes ou des femmes plus âgées sans enfant. Mais si elles n'ont pas la possibilité de se projeter femme sans être mère, elles vont n'avoir d'autre choix que de s'identifier aux capacités masculines. La mythologie gréco-romaine proposait aux enfants des illustrations à toutes ces situations. Ainsi les déesses Athéna et Diane (déesse de la chasteté) sont toutes deux des femmes très combatives et n'ayant pas eu d'enfants.

La majorité des filles dites « masculines » ou des garçons dits « efféminés » ne sont heureusement pas conduits chez le pédopsychiatre. La présentation de « garçon manqué » ou de « sissy-boy » n'est habituellement pas le symptôme d'un dérèglement quelconque. Si un enfant évolue ainsi, c'est que c'est la voie qui convient le mieux à son développement affectif et cognitif. Et l'intérêt de l'enfant impose qu'on le respecte. Une prise en charge doit être proposée quand il existe un mal-être qui est en réaction ou qui s'ajoute, mais aussi quand le questionnement identitaire est le produit (en partie ou en totalité) d'un dysfonctionnement psychologique, que ce dysfonctionnement soit personnel ou familial. Pour résumer d'une litote, disons que ce n'est pas anormal, mais quand c'est associé à une pathologie cela doit être traité.

L'identité est un tout. L'identité sexuée ne peut être dissociée totalement des autres fragments identitaires. Intervenir rigidement sous une forme rééducative ou corrective sur le comportement de ces enfants, comme certains ont pu le proposer, ferait courir le risque d'un déséquilibre et de perturbations du développement psychologique et affectif. Si une intervention est nécessaire, elle doit avoir pour but de soulager l'enfant d'une souffrance néfaste à sa croissance, de le protéger d'un environnement agressif, de lever les obstacles à son émancipation, et de l'accompagner dans son développement au carrefour de ses désirs et de ses besoins.

4

Fille ou garçon ? Les voies physiques de la différenciation sexuelle

On a vu que dans la construction de son identité sexuée, c'est-à-dire dans sa façon de devenir garçon ou fille, l'enfant est soumis à des influences multiples. La société avec les facteurs culturels, politiques et religieux, les rôles et les devoirs propres à chaque sexe, l'influence des enfants entre eux représentent le cadre commun. Les parents et les autres membres de la famille, avec les désirs conscients et inconscients de chacun et leurs convergences qui forment les mythes familiaux, constituent un autre réseau d'influence. Ce dernier ensemble est lui-même soumis au cadre commun, mais possède des règles propres qui, les premières années, ont force de loi pour l'enfant. Enfin, l'enfant lui-même, par son aspect, son comportement, ses imitations et identifications participe activement (mais inconsciemment) à sa propre construction.

Mais au commencement de tout cela il y a le sexe donné à la naissance. Et cette dénomination résulte d'une apparence physique particulière. C'est l'aspect masculin ou féminin des organes génitaux externes à la naissance qui ouvre la voie à une identité sexuée déterminée.

Comment est-on arrivé là ? Comment le fœtus se différencie-t-il ? Comment naît-on fille ou garçon ? Et qu'en est-il des contrefaçons : des garçons qui naissent filles et vice versa ?

Voici, écrites pour vous, la préhistoire de l'identité sexuée et la façon dont le fœtus devient garçon ou fille.

Les routes anciennes

Au Moyen Âge puis à la Renaissance, les penseurs et les savants s'inspirent largement des conceptions de l'Antiquité gréco-romaine.

Les théories de l'époque attribuent à l'univers une organisation particulière. À cet ordre correspond toute une classification qui permet aux hommes du temps jadis de tenter de comprendre le monde, la vie, et d'y trouver une cohérence et un sens. La symétrie et les opposés sont des mécanismes de base de ce grand système explicatif. Brièvement en voici le modèle :

Tout corps est constitué à partir des quatre éléments fondamentaux que sont l'air, le feu, la terre et l'eau.

À chacun de ces éléments est associée une humeur : pour l'air c'est le sang ; pour la terre, la mélancolie ; pour l'eau, le phlegme ; et pour le feu, la bile. Chaque corps vivant est constitué de ces quatre humeurs. Leurs proportions respectives expliquent les différences entre les êtres. Leurs variations permettent de comprendre les modifications chez un même être. Par exemple, une personne devient nerveuse et anxieuse par un excès de bile.

Les éléments et les humeurs sont également définis à partir des quatre principes de qualité que sont le froid, le chaud, le sec et l'humide. Le froid et le sec sont des principes de vie. Le chaud et l'humide sont des principes de mort.

Dans ce système, qui n'est que résumé ici, l'homme et la femme ont une place bien précise.

L'homme a comme principes le chaud et le sec. Il est associé au soleil et au côté droit. Son humeur fondamentale est la bile. Le feu est son élément de base.

La femme détient le froid et l'humide. Elle est associée à la lune et au côté gauche. Son humeur principale est le phlegme. L'eau est son élément de base.

De ces classifications moyenâgeuses des tempéraments, il existe de nos jours des reliquats dans le vocabulaire courant. On qualifie parfois une personne de bilieuse, de flegmatique, de lunatique, de gauche, de droite ou encore de tempérament de feu. Mais ces représentations archaïques, transmises de génération en génération et composant l'inconscient collectif, semblent conserver une place au fond de nous-mêmes. Ainsi, dans les dessins d'enfants actuels, le soleil exprime généralement le père, et les flots (humidité) comme la lune représentent souvent la mère.

Dans ce système, on voit que l'homme et la femme s'opposent et sont complémentaires. Ils regroupent à eux deux les quatre principes. Chacun d'eux possède un principe de vie et un principe de mort. Leur union a un sens dans la mesure où elle réunit les quatre principes essentiels. Un point notable est que cette opposition et ce caractère complémentaire rendent la femme et l'homme égaux. Il n'y a pas de hiérarchie entre les différents principes, les éléments de base ou les humeurs. Les historiens contemporains présentent d'ailleurs souvent le Moyen Âge comme un temps où l'inégalité entre les sexes était moins importante que lors des époques ultérieures. Paradoxalement, cela n'empêche pas les écrits de religieux ou d'érudits de l'époque de présenter la femme comme imparfaite, déviante et comme la face négative de l'homme. Le côté gauche est le côté funeste, celui de la féminité comme celui de la maladie.

Au Moyen Âge, on considère que la femme a deux « chambres » dans son ventre. Une droite où sont faits les garçons (rappelant l'association du masculin au côté droit) et une gauche où sont faites les filles. Quand le principe masculin l'emporte, l'enfant sera mâle et inversement. En outre, l'utérus est plus ou moins décrit comme le pénis renversé et deux testicules internes lui sont associés. La femme aurait donc pratiquement les mêmes organes génitaux que l'homme mais à l'intérieur et en inversé. On retrouve ici l'idée d'égalité et de complémentarité. Les femmes ne sont pas celles qui « n'en ont pas » et les hommes « ceux qui en ont ». La différence fondamentale entre garçon et fille ne porte donc pas sur les organes génitaux. C'est plus une question d'humeurs et de qualités en température ou en humidité.

Au Moyen Âge, on pense que le sang porte la maladie et la mort. C'est pourquoi les saignées seront longtemps le traitement de nombreuses maladies. La saignée élimine le toxique mais aussi le féminin. Le féminin est en tout homme, mais se « digère » en permanence. L'homme, au contraire de la femme, peut digérer le sang de par sa nature chaude. La femme, trop froide et humide, ne le peut pas et les règles ont fonction de l'évacuer. Le sang menstruel est donc chargé de malsain et de nuisances. La différenciation sexuelle du bébé dans le ventre maternel est un combat entre le sperme et le chaud contre le sang menstruel et le froid. Le sperme porte l'élément mâle, mais s'il perd le combat, vaincu, il se transforme automatiquement en élément femelle.

La symétrie fondamentale fait que chaque être a un côté droit, masculin, et un côté gauche, féminin. Une femme enceinte d'un garçon verra son côté droit dominer : sa main droite sera plus habile, son pied droit plus stable, et son oreille droite plus aiguisée. En outre elle ira, globalement, bien mieux que si elle portait une fille. Les méthodes pour orienter le sexe du futur enfant sont légion. Elles concernent la femme enceinte et non le père. Ainsi, l'une d'entre elles consiste pour la mère à placer dans son lit le pantalon d'un moine pour avoir un garçon !

Maintenant je vous invite à sauter quelques siècles pour voir comment se fait la différenciation sexuelle physique à l'aube du troisième millénaire.

La route principale

Dis maman, pourquoi je ne suis pas un garçon ?

Cette demande est d'une petite fille de quatre ans à sa maman. Sa mère, sûre de son pouvoir, répond : « J'ai toujours voulu une fille. » Le père, très cartésien, donne son avis à sa fillette : « C'est le hasard. » Françoise Dolto aurait sans doute répliqué à l'enfant : « C'est toi qui l'as voulu ! » Au même titre qu'elle disait aux enfants qu'ils étaient nés de leur propre volonté, élégante façon de leur donner le sens de la responsabilité de leur vie.

Il est vrai que la différenciation sexuelle (l'orientation vers le sexe physique masculin ou féminin) est partie prenante de l'identité de l'enfant. C'est un long chemin qui présente plusieurs étapes débutant lors de la conception et s'achevant à l'âge adulte. Et le futur nouveau-né joue un rôle actif dans son élaboration physique de fille ou de garçon.

Comme tous les mammifères et la plupart des êtres vivants, l'espèce humaine est constituée de mâles et de femelles, appelés couramment chez elle hommes et femmes.

À l'âge adulte, ils et elles ont terminé leur développement génital. Ils sont alors capables de procréer. Pourtant, c'est à la naissance qu'on déclare (au registre de l'état civil en France) le sexe de l'individu. C'est d'ailleurs la première question qu'on pose lors de l'échographie ou à l'accouchement. Le sexe de l'état civil c'est le sexe génital externe. En effet, c'est la vision des organes génitaux externes : pénis avec bourses ou fente vulvaire, qui conduit le parent ou le témoin à déclarer aux côtés du nom et du prénom le sexe de cette nouvelle personne. Bien sûr, si ce procédé est communément admis, c'est que dans la grande majorité des situations, le sexe génital externe est compatible avec les autres sous-catégories qui définissent le sexe d'un individu. Et que le devenir de l'enfant à l'âge adulte sera presque toujours concordant avec ce sexe génital.

Je développerai plus loin ces sous-catégories dont l'ensemble définit la normalité quand elles sont concordantes. En attendant je vous propose un voyage que nous avons, adultes, tous entrepris mais dont je doute que vous, comme moi, vous souveniez de tous les détails. Le voyage qui mène à notre état physique de femme ou d'homme est jalonné d'escales. Plus la route est longue et plus elle est enrichissante ; cependant des accidents, des haltes ou des modifications de parcours sont d'autant plus possibles. Voilà comment se construit respectivement le corps d'une fille et d'un garçon. Voici leurs origines communes et leurs évolutions distinctes. Voyons l'odyssée de la différenciation sexuelle.

Les « petites graines »

Par galanterie, je débuterai par l'ovule. C'est une des deux fameuses « petites graines » qui permettent de « fabriquer » un bébé. Cette notion a son importance. Les enfants que je rencontre savent généralement que les bébés ne naissent pas dans les choux ou les roses. Par contre, s'ils sont informés que le futur nouveau-né grandit dans le ventre de leur mère, ils ignorent souvent comment il y est entré... et comment il en sortira. Certains croient que c'est par les fesses et qu'il est alors, à l'image des selles, pur produit de sa mère. Les autres, plus savants, connaissent le rôle du père qui « met la petite graine », assimilant la mère à une terre où le futur bébé poussera. Il est bon (car il est vrai) de rappeler que la femme aussi « donne sa petite graine » qui vaut autant que la masculine, et qui en est le complément comme ces deux moitiés de médaillon qui s'unissent lors des retrouvailles dans les histoires mythiques.

Les ovules nichent dans des glandes situées dans l'abdomen et nommées ovaires. Ces glandes, au contraire des testicules, sont donc invisibles. Leur taille n'est inférieure que d'un tiers de celle des testicules. Il importe que les enfants, auxquels on apprend les caractéristiques de leur corps sexué et la différence des sexes, soient tenus au courant de leur existence. Trop souvent encore, les garçons sont présentés comme étant ceux qui ont (un zizi, des bourses) et les filles comme celles qui n'ont pas. De plus en plus fréquemment, on accorde à ces dernières quelque chose (une zézette, une chouchoute, et, dans les meilleurs des cas, un « nid à enfant » [utérus]), mais on oublie de leur parler de leur « sac à graines » que sont les ovaires.

> Je me souviens d'Aurore, six ans, élevée par sa mère seule et qui paraissait bien au fait de la conception. Elle me dit lors d'une consultation : « C'est la mère qui porte le bébé mais c'est le père qui donne la petite graine. » Quand je lui ai parlé des ovaires et de leur rôle elle sauta alors véritablement de joie

dans le cabinet et voulut (par reconnaissance ?) m'embrasser en fin de séance.

Des ébauches d'ovules existent dès la huitième semaine de vie du fœtus féminin ! Mais ce n'est qu'à la puberté que ce qui n'était qu'« ovocyte » devient ovule, prêt à la fécondation.

Le spermatozoïde est la « petite graine » des garçons. Il est fabriqué au sein des testicules à partir de la puberté, mais ses ascendants, ses aïeux, sont créés dès la septième semaine de la vie fœtale. Il baigne dans un liquide qui le maintient en vie, appelé le liquide spermatique ou sperme.

Ovaires et testicules fabriquent ovules et spermatozoïdes, mais également sécrètent des hormones respectivement féminines (œstrogènes et progestérone) et masculines (androgènes). Ces hormones produites essentiellement à partir de la puberté sont à l'origine des modifications corporelles lors de cette période différenciant les filles et les garçons.

À l'occasion d'une relation sexuelle, du sperme riche en spermatozoïdes quitte son logis (au cœur des testicules) et emprunte différents petits canaux pour gagner le tunnel central du pénis appelé urètre.

Si le sperme est libéré dans le vagin, les spermatozoïdes, mobiles comme des têtards, gagnent l'utérus en franchissant (habiles explorateurs) le col utérin. De là, ils s'introduisent dans les deux trompes qui relient les ovaires à l'utérus. C'est le lieu de rencontre de l'ovule avec ses nombreux prétendants spermatozoïdes. C'est en moyenne tous les vingt-huit jours qu'un ovule est « autorisé » à sortir d'un des deux ovaires pour une hypothétique rencontre. Mais souvent ovaire varie et les cycles ne sont pas toujours réguliers. Les spermatozoïdes tournoient comme des satellites autour de l'astre plein et volumineux (riche en réserve nutritive) que forme l'ovule. Est-ce une danse de séduction dont il s'agit ? Pourquoi tel spermatozoïde pénètre-t-il l'ovule plutôt que tel autre ? C'est le mystère de l'amour qui réunit ovules et spermatozoïdes depuis la nuit des temps. Sentimentale, c'est la tête du spermatozoïde et non la queue qui intéresse l'ovule. Dans cette union, il perd sa queue, qui lui permettait de se déplacer et qui, sans utilité désormais, est éliminée. Unis, ils ne forment plus qu'un, ou plutôt une puisque c'est la première cellule du futur nouveau-né qui apparaît.

La première cellule et les quarante-six chromosomes

Une cellule est la plus petite unité d'organisme vivant. Elle est trop petite pour être visible à l'œil nu. Il existe des êtres unicellulaires, constitués d'une seule cellule, comme les bactéries. Ce sont probablement les premiers habitants de notre planète. Les êtres multicellulaires sont par définition composés de nombreuses cellules. C'est en milliards que se comptent les cellules chez l'humain. Elles diffèrent beaucoup les unes des autres ; tant par leur forme, leur taille que par leurs fonctions. Que de variétés entre les cellules qui tapissent le fond de l'estomac et qui produisent de l'acide utile à la digestion, les cellules nerveuses du cerveau qui permettent la pensée, les globules rouges (hématies) qui transportent l'oxygène dans tout l'organisme et celles qui fabriquent les ongles ! Pourtant elles ont toutes la même ancêtre, cette première cellule née de la fusion de ces deux gamètes sexuelles qu'on appelle l'ovule et le spermatozoïde.

Ces différentes cellules constituant notre être ont toutes un point commun essentiel, un trésor collectif : leurs chromosomes. C'est le trésor public car tous les êtres humains en sont pourvus. C'est le trésor de l'humanité car il permet le maintien de l'espèce humaine. Chaque cellule d'un être possède en son sein, inscrit dans ses chromosomes, le plan de montage de l'être tout entier. Pour les férus d'informatique, c'est comme si chaque cellule possédait un disque dur dans lequel seraient programmés la fabrication et le fonctionnement de l'organisme tout entier. Ces informations sont stockées sous la forme de filaments (appelés ADN), constitués d'une série de sous-unités que sont les gènes. Le capital génétique c'est cela. Ces filaments, ces sortes de cartes à puce, sont regroupés sous la forme de chromosomes.

Il y a quarante-six chromosomes dans toutes les cellules humaines. Le nombre est différent dans les autres espèces animales. Ils sont regroupés par paires analogues. En fait une paire unique se distingue et est constituée de deux chromosomes de forme différente. C'est celle qui détermine le sexe de l'individu. Leur forme explique leur nom. Elle évoque les lettres de l'alphabet : XX chez la femme et XY chez l'homme. Le garçon a donc un chromosome singulier, le chromosome Y, absent chez la fille. C'est ce chromosome qui entraîne une différence physique. Entraîne-t-il une différence psychologique ? La réponse ne peut à l'heure actuelle être nette.

Certains individus « mutants » ont un chromosome en moins ou un chromosome supplémentaire. Ainsi, en l'absence du chromosome Y, alors qu'un seul chromosome X est présent, on a une personne X0. L'individu est une femme. Celle-ci présente alors certes des anomalies (en particulier une stérilité) mais est cependant une femme. Il n'y a pas de genre neutre dans l'espèce humaine.

Les ovules et les spermatozoïdes sont des gamètes, c'est-à-dire des cellules particulières. Elles ont moitié moins de chromosomes : soient vingt-deux chromosomes auxquels s'ajoute un chromosome dit sexuel. Les ovules n'ont que des X (car la femme n'a pas de Y). Les spermatozoïdes ont soit un X (cadeau de la mère du porteur) soit un Y (cadeau du père du porteur). Si c'est un spermatozoïde ayant un X qui s'unit à l'ovule, la cellule résultante donnera une fille. Si c'est un spermatozoïde détenteur d'un Y, la cellule donnera un garçon. C'est le spermatozoïde porteur d'un X ou d'un Y, donc le père, qui détermine le sexe du futur enfant. C'est pourquoi, aux recettes de « bonnes femmes » proposées aux femmes enceintes pour orienter le sexe de l'enfant devraient, logiquement, être associées des recettes destinées aux futurs pères...

La cellule née de l'union de ces deux gamètes va se diviser rapidement et donc (paradoxe mathématique) se multiplier. Le nom de l'assemblage de cellules va prendre des noms différents selon sa taille (son stade de développement) : morula puis blastula. Sans domicile fixe à l'origine, il va vite se nicher dans l'utérus (préparé dès la sortie de l'ovule à l'accueillir) et y trouver de quoi se nourrir en se greffant sur les vaisseaux sanguins pour croître et multiplier. Il peut arriver (très rarement) que l'œuf se divise en deux parties distinctes et qui évoluent chacune pour leur propre compte. Ils donneront, s'ils arrivent à terme, deux enfants vrais jumeaux, semblables car issus du même œuf originel.

De la cellule à l'œuf, de l'œuf à la femme, de la femme à l'homme

Les cellules commencent rapidement à se différencier et à se spécifier dans certains domaines. Ainsi tout ce qui constituera le système nerveux se distingue de ce qui formera le tube digestif, selon le plan de montage inscrit dans les chromosomes et grâce aux conditions d'environnement adéquates que représente l'utérus.

Dès la troisième semaine de vie du futur enfant, les premières cellules, ébauches des futurs ovules et spermatozoïdes, s'individualisent. À la cinquième semaine, elles migrent dans l'embryon et se regroupent en glande. Une glande par définition sécrète des hormones. L'ovaire sécrète des hormones femelles (œstrogènes et progestérone) et les testicules des hormones mâles (androgènes). C'est sous l'influence du chromosome Y que le fœtus mâle fabrique des hormones mâles. La sécrétion se met en place d'emblée et permet l'évolution mâle ou femelle du fœtus.

La différenciation entre évolution féminine et masculine démarre à partir de la septième semaine. Au troisième mois, les ovaires commencent à se constituer. Les testicules se forment dès la septième semaine et migrent peu à peu dans l'embryon pour gagner les bourses au huitième mois.

Quand le fœtus a entre un mois et un mois et demi, apparaissent deux types de canaux dans ce qui deviendra son abdomen. Ils jouent, tous deux, un rôle fondamental dans la différenciation sexuelle corporelle. Ce sont, du nom de ceux qui les ont décrits, les canaux de Wolf et de Muller. Ces deux canaux sont communs aux filles et aux garçons. Mais leur évolution diffère en fonction du sexe du fœtus.

Les canaux de Wolf donneront chez le garçon les différents canaux situés dans les testicules qui permettent l'éjaculation. Chez la future femme, du fait de l'absence d'hormones mâles (androgènes), ils vont régresser et ne laisser que des reliquats de tissus.

Les canaux de Muller apparaissent un peu après les canaux de Wolf car ils ont besoin de ces derniers pour se développer. Ils donnent naissance à la partie supérieure du vagin, à l'utérus et aux trompes. Cela se produirait également chez le garçon s'il ne sécrétait pas une hormone mâle (l'hormone antimulérienne) qui empêche le développement de ces canaux et les fait régresser. Il ne reste chez l'homme que des reliquats de tissus situés au niveau de la prostate.

Donc à l'origine, le fœtus, mâle et femelle, a ce qu'il faut pour donner des appareils reproducteurs masculin et féminin. C'est la sécrétion ou non d'hormones mâles (androgènes et hormone antimulérienne) qui conditionne la différence d'évolution, le garçon utilisant les canaux de Wolf et la fille ceux de Muller.

Pendant ce temps la cloison qui séparera le rectum de la vessie et des organes génitaux se met en place ; et, à deux mois, la zone urinaire (vessie et urètre) se sépare de la zone génitale. Chez le mâle, toujours sous l'influence des hormones, c'est le même tissu d'où viennent vessie et urètre qui donne la prostate. En l'absence d'hormone mâle, chez le fœtus féminin ce tissu évolue en une toute petite glande méconnue (glande de Ster).

Quand le fœtus a deux mois, ce qui n'est qu'un « bourrelet » devient les grandes lèvres chez la fille, et le sac qui enveloppe les testicules chez le garçon. Ce qui n'est qu'un « tubercule » devient chez le fœtus fille le clitoris, mais sous l'influence des hormones mâles, il se transforme en pénis chez le garçon.

À la fin du deuxième mois, le fœtus a déjà des signes de différenciation sexuelle évidents :

— ses chromosomes XX ou bien XY ;
— ses glandes : ovaires ou testicules sécrétant des hormones ;
— ses organes génitaux externes ;
— ses organes génitaux internes.

Les organes génitaux externes sont chez la fille la vulve et le vestibule. La vulve comprend les grandes lèvres, le mont de Vénus, les nymphes et le clitoris. Le vestibule comprend l'orifice du vagin et l'orifice urinaire. Chez le garçon, ce sont la verge et les bourses.

Les organes génitaux internes sont, chez la fille, le vagin, l'utérus, les trompes et les ovaires. Chez le garçon, ce sont les canaux éjaculateurs, les vésicules spermatiques (lieu de stockage provisoire de sperme) et la prostate.

Les organes génitaux internes et externes constituent les caractères sexuels morphologiques dits primaires.

On voit bien dans cette évolution qu'Élisabeth Badinter, dans son livre *XY*[1], avait raison d'écrire que le sexe de base est le sexe féminin. L'évolution spontanée du fœtus, en l'absence d'action hormonale sexuelle, est féminine. Ce n'est que sous l'influence des hormones sexuelles dites mâles que se met en place une structure masculine sur les fondements féminins.

À la naissance

Les ovaires et les testicules sont, nous l'avons vu, le lieu de fabrication des « petites graines », ovules chez la femme et spermatozoïdes chez l'homme. Ce n'est qu'à la puberté que leur production se mettra en route.

Ovaires et testicules sont également des glandes, c'est-à-dire qu'elles sécrètent des hormones. Ce sont des hormones dites sexuelles. Ce sont la progestérone et les œstrogènes chez la femme, et les androgènes chez l'homme. Elles sont également produites à partir de la puberté. On a vu que les androgènes étaient fabriqués chez les fœtus mâles grâce au chromosome Y et que d'ailleurs, cela permettait l'évolution masculine.

Les sécrétions des ovaires et des testicules sont elles-mêmes sous la dépendance d'une autre petite glande située sous le cerveau et appelée hypophyse. Ce sont les sécrétions de celle-ci qui provoquent celles des ovaires et des testicules (comme celles d'autres types de glandes, ce qui fait de l'hypophyse le véritable chef d'orchestre de toutes les sécrétions d'hormones dans le corps). Sa sécrétion est soit cyclique (chez la femme), soit continue (chez l'homme). C'est pourquoi l'homme

1. Badinter E., *XY de l'identité masculine*, Paris, Odile Jacob, 1992.

sécrète des hormones mâles (androgènes) en continu, tandis que la sécrétion d'hormones femelles (œstrogènes et progestérone) est soumise à un cycle, ce qui entraîne le phénomène des règles. L'utérus se prépare à accueillir un œuf éventuel en voyant sa surface s'épaissir et se changer en sang nourricier. Au bout de vingt-huit jours, si aucun ovule n'est fécondé par un spermatozoïde, la variation cyclique de la quantité d'hormones sécrétées entraîne l'évacuation de ce « nid ». Ce sont les règles. Et un autre « nid » se met en place dès que les hormones varient dans l'autre sens. Pourquoi la sécrétion d'hormones sexuelles chez la femme est-elle cyclique et non chez l'homme ? C'est parce que, au-dessus de l'hypophyse, existe une autre glande, appelée hypothalamus. Cette glande gouverne l'hypophyse. Elle comprend deux parties qu'on appellera A et B. La partie A commande la sécrétion cyclique de l'hypophyse, la partie B l'activité continue. C'est A qui domine spontanément. Pourquoi, chez le garçon, l'activité est-elle continue ? Car, quelques jours après la naissance, l'hypophyse se met en marche pour durer quelques mois, et quelques mois seulement. Après, elle va s'éteindre jusqu'à ne se réveiller à nouveau qu'à partir de la puberté. Le nouveau-né mâle va sécréter en réaction des hormones mâles entre l'âge de deux semaines et de un mois et demi. Cette brève sécrétion va suffire pour empêcher le développement de la partie A. Seule la partie B va alors fonctionner chez l'homme ; et la sécrétion de l'hypophyse sera continue. Les hormones mâles agissent donc sur l'hypothalamus. L'hypothalamus est une partie du cerveau. Le cerveau du nouveau-né mâle va donc être imprégné durant un mois par les hormones mâles. Cela influence-t-il un développement particulier à d'autres niveaux qu'à celui de l'hypothalamus ? Cela influence-t-il par exemple le tempérament futur du nouveau-né ? Certains le croient, d'autres l'affirment, d'aucuns en doutent, la vérité est peut-être ailleurs. On voit également l'influence cérébrale majeure sur la différenciation sexuelle et les sécrétions hormonales. Cette « crise génitale » des deux premiers mois de la vie a été repérée dès l'Antiquité. Ainsi, au Moyen Âge (et encore après) on appelait « lait de sorcière » les écoulements mammaires du nouveau-né qui en étaient la conséquence. Ma grand-mère m'a raconté que, pour certains bébés, l'écoulement était si important qu'on bandait la poitrine de l'enfant afin de l'interrompre. Ce qui ne paraît pas très adapté et qui témoignait de la gêne que provoquent ces manifestations hormonales chez des nourrissons.

La métamorphose

La différenciation sexuelle qui débute dans l'utérus de la maman ne s'achève qu'à la fin de la puberté. C'est autour de la dixième année que s'amorce la puberté chez l'être humain. Ce déclenchement tardif est le propre de notre espèce.

Jusqu'à cinq ans, la croissance globale est importante, puis elle se ralentit jusqu'à la puberté. À l'occasion de celle-ci s'opère une nouvelle poussée de croissance globale à laquelle s'ajoute l'apparition des caractères sexuels dits secondaires.

Le démarrage est lancé par les sécrétions de l'hypothalamus et de l'hypophyse. Comment le signal du départ est-il donné ? On ne sait pas très bien. Il faudrait en tout cas que soit atteint un certain seuil de poids corporel pour que les centres nerveux libèrent l'activité sécrétoire. Les ovaires vont sécréter des œstrogènes et de la progestérone ; les testicules des androgènes.

Ces hormones vont agir sur différentes parties du corps et entraîner des modifications propres à chaque sexe. Ces modifications constituent les caractères sexuels dits secondaires. En voici le détail. Sont concernés la peau, les cheveux, la pilosité, la répartition des graisses, les muscles, la stature, le squelette, la voix et, bien sûr, les organes génitaux et les seins. Ces comparaisons ne tiennent pas compte des variations individuelles et ethniques.

Chez l'homme, la peau devient plus épaisse et plus rude. Les cheveux sont plus épais et l'implantation libère les golfes temporaux. Les poils poussent sur le pubis, les bourses, les fesses, le thorax, les membres, les doigts, les orteils, le visage, et les sourcils s'épaississent. Les muscles s'épaississent. La taille devient haute et les épaules se font plus larges que le bassin (on devient « carré » ou « taillé en V »). Les os s'épaississent, les reliefs sont marqués. La voix devient grave (c'est la mue) car le larynx s'allonge et saille (pomme d'Adam). Le pénis s'allonge et s'épaissit. Les testicules augmentent de volume et produisent du sperme.

Chez l'adolescente, la peau et les cheveux sont plus fins. La graisse se répartit au niveau des fesses, des cuisses et des seins. Le diamètre des hanches peut être supérieur à celui des épaules. Les muscles sont fins et allongés. La voix demeure plus aiguë car le larynx reste court.

La puberté s'étale en général entre treize et seize ans chez les filles et de quinze à vingt ans chez les garçons. Mais certains hommes grandissent encore jusqu'à vingt-cinq ans. De bonnes conditions de vie et de nutrition jouent un rôle favorable dans la précocité de survenue.

La nature n'aime pas les frontières étanches : il est intéressant de noter que les hommes fabriquent également un peu d'hormones dites femelles (œstrogènes), en particulier grâce à leur graisse. À l'inverse, les femmes fabriquent des androgènes à partir des glandes situées sur les reins (glandes surrénales). Cette sécrétion est à l'origine de la pilosité (pubienne ou sous les bras), de la maintenance du clitoris et participe à la sensibilité des zones de plaisir érogènes. Chez la femme ménopausée ne sécrétant plus d'hormones femelles, cette sécrétion d'androgène peut entraîner une masculinisation relative.

Les modifications corporelles de l'adolescence restent stables à l'âge adulte. Leur maintien ne nécessite qu'une faible sécrétion d'hormones sexuelles. Cependant celles-ci sont nécessaires pour maintenir en éveil la sexualité et assurer les mécanismes de reproduction.

À côté de la route principale que représente ce long parcours de la différenciation sexuelle, des chemins de traverse, plus ou moins tortueux, existent. Ils concernent les anomalies de la différenciation sexuelle.

Les chemins de traverse et les contre-allées

La nature a horreur de l'uniformité. Les variations de développement de la différenciation sexuelle peuvent trouver place à différents niveaux.

Elles sont présentes avant la naissance de l'enfant. Elles touchent soit les chromosomes (en nombre), soit le développement des organes génitaux.

Les caprices des chromosomes

Chez environ 4 ‰ humains, il existe des variations du nombre de chromosomes. Soit en excès (exemple : XXY), soit en moins (exemple : X0).

Certaines associations ne sont pas viables et l'embryon part en fausse couche. La plupart des fausses couches des premières semaines seraient d'ailleurs dues à des originalités chromosomiques.

Certaines constitutions portant sur les chromosomes sexuels sont tout à fait viables et sont bien connues. Elles sont certes très rares, mais elles fascinent d'autant plus.

La fille impaire

> Pamela a treize ans, mais paraît en avoir huit. Son niveau de développement intellectuel est inférieur à celui de la majorité des enfants de son âge. Son corps est féminin (avec notamment des organes génitaux externes et internes présents) mais il est ourlé de particularités. Ses cheveux sont bassement implantés ; ses coudes sont mal formés et une bande de peau relie chaque mâchoire à l'épaule sous-jacente, élargissant l'aspect du cou. Elle n'a pas encore de règles. Elle n'en aura jamais. Ses ovaires sont atrophiques. L'étude de ses chromosomes montre que ses cellules ne possèdent qu'un seul chromosome X. Celui-ci n'est associé ni à un autre chromosome X ni à un chromosome Y.

On est en présence d'un syndrome de Turner, du nom de celui qui le décrivit le premier, en 1938. On voit donc qu'un seul chromosome X suffit pour donner corps à une fille mais qu'il faut les deux pour assurer le développement des ovaires. On voit aussi que le chromosome X intervient sur d'autres niveaux de développement que purement sexuel.

> Pamela dit souffrir de son état car elle ne se sent pas comme les autres. Mais elle n'a pas de doute sur son identité sexuelle. À la naissance, le sexe et le prénom qui lui ont été attribués sont féminins. Elle se sait fille et se complaît ainsi. Ses intérêts et sa conduite n'ont rien d'original dans le domaine de ce qui est classiquement attribué aux filles.

Monsieur X

En 1942, Klinefelter a décrit la situation de ces hommes aux organes génitaux externes masculins mais aux caractères sexuels secondaires masculins très discrets. L'allure externe est peu marquée du côté de la masculinité. Les testicules sont atrophiés. Ils ne sont pas fonctionnels. La stérilité est définitive. Les seins sont un peu développés en raison de la sécrétion d'œstrogènes présente chez tout homme, mais qui n'est pas contrebalancée ici par la sécrétion d'hormones mâles par les testicules. Le niveau intellectuel serait réduit.

On sait dorénavant que ce tableau est dû à un chromosome X supplémentaire. Le sujet a donc deux chromosomes X et un chromosome Y. En fait, il existe différents degrés avec des formes mineures où le deuxième chromosome X n'est pas présent dans toutes les cellules.

X et Y en démesure

Les hommes ayant un X et deux Y sont plus grands que la moyenne. Leur niveau intellectuel, par contre, est souvent inférieur.

Les femmes ayant trois X, bien que qualifiées de « super-femelles » par les Américains, ont une allure plutôt masculine. Elles peuvent avoir des enfants. Elles sont déficientes intellectuellement.

Les hommes ayant trois X et un Y ont des testicules atrophiés et sont stériles. Ce sont également des individus déficients intellectuels profonds.

Parmi les criminels sexuels, on retrouvait plus de sujets porteurs d'un X ou d'un Y supplémentaires que parmi la population ordinaire. Cela avait fait dire, dans les années soixante-dix, qu'on était sur la piste du chromosome ou du gène du crime. Quoi qu'il en soit, la lourde carence intellectuelle et la non-accession aux règles sociales conséquentes facilitent sans doute des conduites pulsionnelles.

Les fantaisies des organes génitaux

Dans ces situations, c'est le sexe génital externe qui présente une anomalie. Le nombre et la forme des chromosomes ne présentent rien d'anormal. Les pseudo-hermaphrodismes en font partie, mais je leur consacre un chapitre distinct, étant donné leur célébrité. Il existe différentes malformations génito-urinaires, généralement très rares, comme l'absence de vagin, qui peuvent poser question à la naissance. Dans d'autres situations, il s'agit de déficit enzymatique ou de dysfonctionnement du système de régulation hormonale, comme dans le cas suivant.

L'homme de Vénus

> Chantal a trente-cinq ans. Elle est fleuriste en région parisienne. Elle est mariée. Elle est mère d'une petite fille, Maeva, qu'elle a adoptée. C'est une femme très coquette et vêtue avec goût. Elle a un visage avenant, un port altier et une voix chatoyante. Élancée et fine, elle a un physique de mannequin. Sa particularité a été découverte à la puberté. Ses règles ne venaient pas. Des examens ont mis en évidence l'absence d'utérus et de trompes. Des testicules restés internes ont été décelés et ôtés chirurgicalement. Un examen des chromosomes (caryotype) montre que Chantal est génétiquement un homme puisque ses cellules possèdent X et Y comme chromosomes

> sexuels. Elle présente le syndrome du testicule non masculinisant.

Génétiquement masculines, ces personnes produisent de la testostérone (hormone mâle) mais en vain puisque tous les tissus du corps y sont insensibles. Durant la vie fœtale, les testicules ne descendent pas dans les bourses et les organes génitaux externes masculins ne se développent pas. Un vagin et une vulve se réalisent par défaut car, en l'absence d'hormone mâle ou en cas d'insensibilité à cette hormone, le féminin l'emporte. L'apparence est totalement féminine, la désignation à la naissance est celle d'une fille ; et ces filles se sentent psychologiquement tout à fait femmes.

Les hermaphrodismes

En fait, l'hermaphrodisme vrai est un mythe qui fascine les hommes depuis la nuit des temps. En médecine actuelle, on ne parle que de pseudo-hermaphrodismes. Ces cas sont exceptionnels, mais ils frappent les esprits et réveillent les fantasmes de double identité sexuée. Ils relèvent de causes différentes.

Le pseudo-hermaphrodisme masculin

Il est lié à une insuffisance de sécrétion par les testicules de l'embryon. Les sujets sont génétiquement masculins (XY). Mais leur verge est atrophique et la fente uro-génitale reste ouverte. Les bourrelets génitaux sont pris pour les grandes lèvres et ces nouveau-nés sont considérés comme filles à la naissance. Les testicules ne sont pas descendus, ils sont restés au sein de l'abdomen. L'évolution spontanée se fait vers un non-développement de ces organes.

> Clara a été déclarée fille à sa naissance, sur l'île de la Réunion. Sa mère se souvient cependant avoir été surprise par le volume de son clitoris. Elle a ensuite été élevée en fille. À l'âge de

six ans, suite à un déménagement, le nouveau pédiatre a un doute et fait faire un caryotype (étude des chromosomes). Il revient masculin, avec XY. Les examens complémentaires mettent en évidence l'absence d'organes génitaux internes féminins et la présence de testicules dans l'aine. Il est alors décidé d'attendre la puberté avant toute intervention car il arrive que ces testicules ne soient pas fonctionnels. Finalement la puberté se déclencha vers douze ans sur un mode masculin (pilosité, voix grave, musculature). Après décision parentale, le choix se porta sur une intervention chirurgicale rétablissant un aspect physique féminin, malgré le sexe génétique masculin. Cela se fit donc en concordance avec l'identité sexuée de Clara, avec son sexe psychologique puisqu'elle se considérait totalement comme une fille. Le pénis fut réduit, des grandes lèvres aménagées, les testicules ôtés et un néo-vagin fut créé. Un traitement aux hormones féminines fut institué, à vie. Il permit l'apparition de caractères sexuels secondaires féminins comme la pousse de seins.

Le pseudo-hermaphrodisme féminin

Il est la forme la plus fréquente d'état intersexuel. Il concerne des femmes génétiquement XX, ayant des ovaires normaux. Il est dû habituellement à un excès de sécrétion d'androgènes par les glandes surrénales du fœtus. Ces glandes sont situées sur les reins. Elles fabriquent, normalement, différentes hormones nécessaires au développement (notamment du cortisol) et un peu d'androgènes autant chez les hommes que chez les femmes. Des anomalies au niveau de la régulation de ces sécrétions peuvent entraîner un excès de production de ces hormones mâles qui vont « viriliser » l'embryon de la petite fille. Celle-ci va naître avec un clitoris hypertrophié et des grandes lèvres soudées sur le bord interne. Elles sont alors généralement déclarées de sexe masculin à la naissance. L'intérêt d'un diagnostic précoce est d'intervenir chirurgicalement avant que l'identité sexuée ne s'établisse définitivement. Le plus facile étant d'intervenir dans le sens féminin avec enfouissement du clitoris et retrait de testicules qui se sont développés en intra-abdominal.

Il est arrivé que le diagnostic ne soit posé qu'au moment de la puberté, lorsque le « garçon » titulaire d'une « verge » et de bourses (vides de testicules) constate la pousse de seins et des rondeurs aux hanches. L'intervention chirurgicale le plus souvent proposée est alors le choix féminin car il est le moins difficile. Mais il pose de graves problèmes psychologiques car le sujet a une identité sexuée masculine, ayant été toujours été élevé en garçon jusqu'alors.

Le mythe des hermaphrodites

Le mythe de la double identité sexuée a fait florès dans l'Antiquité gréco-romaine. Il nourrit encore beaucoup la philosophie et les conceptions éthiques actuelles qui confondent identités sexuées et orientation sexuelle.

Le philosophe Platon rapporte dans son ouvrage *Le Banquet* le mythe tel qu'Aristophane le contait. Ce mythe, c'est celui de l'ancienne nature humaine qui présentait trois genres et non deux comme actuellement. Aux hommes et aux femmes, s'ajoutait un autre genre, qui était la synthèse des deux, appelé alors androgyne par Aristophane ; ce genre n'existe plus et seul le nom persiste. Ce terme d'androgyne en grec ancien se traduit aussi bien en homme très efféminé qu'en femme très masculine. Aristophane décrit l'antique nature humaine comme des personnes circulaires titulaires de quatre membres supérieurs et inférieurs, d'une seule tête avec deux visages semblables mais en position opposée et enfin de deux sexes, un de chaque côté. Trois appariements sont possibles : masculin-masculin fait l'homme, féminin-féminin forme la femme et masculin-féminin, l'androgyne. Dans la mythologie grecque, c'est le soleil qui crée le caractère mâle, la terre le caractère femelle et la lune le caractère bisexué. Ces symboles restent de mise en Occident. La lune, c'est l'intermédiaire. Elle est située d'ailleurs entre la terre et le soleil. C'est l'astre de référence des devins et de leurs analogues inversés que sont les fous. Les vieilles expressions signent ce lien séculaire entre la lune et la folie : « il tient de la lune », « avoir la lune dans la tête » ou encore « recevoir un coup de lune », c'est-à-dire être un peu fou ; « il a des lunes » signifie qu'il est imprévoyant. Fous et devins ne sont pas inscrits dans un couple ou une famille. Ce sont des médiateurs au sein du cercle social et ils peuvent, dans leur fonction et leur statut, occuper alternativement un rôle féminin ou masculin. Le terme de « folle » désignant les homosexuels très efféminés et considérés péjorativement comme distrayants mais peu sérieux dérive probablement de celui de fou.

Revenons à Aristophane. Les hommes antiques, plus puissants que les contemporains d'Aristophane, vont commettre un péché d'orgueil. Après avoir cessé de les honorer, ils vont s'attaquer aux dieux. Pour les punir et réduire à jamais leur puissance excessive, tout en maintenant leur existence servile, Zeus décide de couper ces êtres doubles. Le nombril est le lieu où la suture s'est opérée. Le nombril qui étymologiquement vient de « un » est le reliquat de l'ancienne nature humaine et de notre unité à jamais disparue. Depuis, pauvres hommes que nous sommes, nous errons à la recherche de notre moitié pour nous unir avec elle ; homme ou femme selon notre ancienne nature humaine. Aristophane nomme cette moitié notre *symbolon.* J'ai tendance à faire de ce terme l'équivalent de notre « manque à être ». Il est intéressant de noter que, pour l'auteur grec, ces mâles qui cherchent leur « morceau de mâle », et qui donc aiment les hommes, sont les plus virils des hommes puisqu'ils sont nés d'un concentré pur de masculin.

Après cette sanction divine, nous sommes donc passés de trois genres à deux genres.

Ce mythe d'un ancêtre androgyne, on le trouve dans d'autres religions polythéistes, dans la Gnose et dans la Kabbale. On peut établir un parallèle avec la notion issue de la psychanalyse de la bisexualité « psychique » chez l'enfant (ancêtre de l'homme) et de son potentiel d'évoluer vers un sexe psychologique masculin ou féminin.

Dans la littérature gréco-romaine existent d'autres mythes de l'hermaphrodite et de l'androgyne. Ils illustrent autant ce chapitre sur les hermaphrodites actuels, particularités physiques très rares, que les chapitres relatifs aux variations psychologiques d'identité sexuelle. La fonction de ces mythes est d'expliquer, pour que soit accepté le monde tel qu'il est en l'inscrivant dans le passé et en lui donnant une histoire. Dans le cadre de notre sujet, ils témoignent que, dès l'Antiquité, la question de l'identité sexuée était d'actualité.

Deuxième partie

LA SEXUALITÉ DE L'ENFANCE À L'ADOLESCENCE

5

L'enfant et sa sexualité

À trois ans, l'enfant connaît l'existence des deux sexes et se sait garçon ou fille. Son identité sexuée est acquise de façon définitive.

Son identité de genre continue de se développer. Il s'agit du sentiment qu'il a de son propre sexe. Elle renvoie à la façon dont chacun considère ce qui est du registre de la masculinité ou de la féminité. La masculinité et la féminité sont toutes les qualités ressenties comme masculines ou féminines par leur possesseur. Chacun a sa propre vision de la masculinité et de la féminité, sa propre façon de se sentir masculin ou féminin. Entre six et douze ans, l'identité est en latence, en attendant les bouleversements de l'adolescence. L'identité de genre est donc, nous dit Robert J. Stoller, une croyance personnelle et non un fait indéniable.

À la fin de la période œdipienne, les comportements identitaires sont stabilisés. On constate, statistiquement, que des différences apparaissent entre le groupe de garçons et le groupe de filles. Une enquête transculturelle américaine a mis en évidence quatre différences essentielles entre garçons et filles qui se comprennent à la lueur de ce qui a été écrit plus haut :

— une agressivité musculairement exprimée plus importante chez les garçons ;

— des compétences mathématiques et visio-spatiales plus grandes chez les garçons ;

— une précocité dans l'apprentissage du langage chez les filles ;
— une supériorité dans les épreuves verbales chez les filles.

Mais l'enfant n'a pas attendu de connaître la différence entre les garçons et les filles, le masculin et le féminin pour avoir des besoins, des envies, des désirs qui vont le porter vers autrui. Quand Freud, au début du XXe siècle, désigna cela sous le terme de sexualité infantile, il fut raillé et vilipendé. Il heurtait la morale, les conceptions scientifiques et éducatives de l'époque et l'inconscient de chacun. De nos jours, le terme choque moins car les théories freudiennes ont diffusé et se sont popularisées, mais le sujet reste source de mystères, de questionnements et de malaises. Mettre côte à côte le péché de la sexualité et le sacré de l'enfance affole. Mais nier la sexualité infantile n'est ni respecter ni protéger l'enfance. La connaître et la reconnaître c'est, au contraire, considérer l'importance et la sensibilité (au sens photographique) de cette période de la vie pour le devenir affectif et sexuel, mais aussi, on le verra, intellectuel, tant ces différents champs de l'humain sont intimement liés. C'est parce que le développement psycho-sexuel débute dès la naissance et n'attend pas la puberté que les enfants doivent être protégés dans ce domaine. Les parents, globalement, protègent bien les enfants des dangers extérieurs. Ils apprennent aux enfants à se méfier des adultes qu'ils ne connaissent pas. Ils interviennent (de façon plus ou moins adaptée) quand ils surprennent leur enfant « découvrant » un ou une camarade. Ils mettent leur enfant à l'abri d'images pornographiques. Mais, parfois, ils laissent frères et sœurs se laver ensemble ou dormir dans le lit parental ; ils se promènent nus devant eux ou sont choqués que leur enfant manifeste de la pudeur vis-à-vis d'eux. La sexualité des enfants devrait-elle être protégée à l'extérieur des familles mais pas à l'intérieur ? On verra l'importance des règles intra-familiales dans le développement de l'enfant.

Notre sexualité d'adulte s'enracine dans ces tout premiers désirs de notre enfance. Elle s'élabore ensuite, au fil du temps, soumise à de nombreux facteurs d'influence, jusqu'à sa maturité. Une orientation sexuelle dominante est alors souvent définie, par exemple hétérosexuelle, homosexuelle, fétichiste. La façon dont l'individu se définit dans sa sexualité constitue son identité sexuelle.

Voici les fondements et les modalités de construction de la future identité sexuelle de l'enfant.

Les sources du désir

On revient toujours à ses premières amours

Le bébé, seul dans son berceau, initie sa sensualité future en parcourant son corps de ses mains et en découvrant les différentes gammes de sensations proposées par chacune de ses parties. Il suce son pouce, se balance, se frotte contre son animal en peluche. L'adulte qui le porte, l'embrasse et le caresse l'aide à développer plus avant cette sensualité. Quand un nouveau bébé arrive dans une crèche, les autres réagissent. Un vent d'excitation parcourt la jeune communauté. Ils réclament davantage de contacts, les biberons se vident plus rapidement. Quand ils se rencontrent à quatre pattes, ils se touchent, s'agrippent, se caressent, se pincent, tendent leur visage, leurs lèvres, essaient de s'embrasser ou de se croquer.

Nous sommes des êtres de désirs : désir d'avoir et d'être ; désir de rencontre, d'échange, de conquête, de conservation, de savoir, de possession... Dès la naissance, et peut-être auparavant, notre psychisme est envahi de pulsions innées, à l'état brut, que l'éducation va permettre de cultiver. Ces pulsions vont être l'énergie vitale qui sera la source de la croissance physique, intellectuelle et affective de l'enfant. La pulsion, définie par Freud, est un processus actif. Elle naît dans une région du corps chargée d'excitation nerveuse. Son objectif est la satisfaction, c'est-à-dire le soulagement de cette excitation. Elle sera apaisée de différentes façons possibles qui sont fonction de l'histoire de chacun. Ainsi la pulsion orale est soulagée par le sein maternel, puis plus tard par la succion de la langue, la tétine, le pouce, par une gomme à mâcher, une cigarette et bien sûr par le manger et le boire, mais aussi la parole et le baiser.

Les pulsions sont communes à tous. La façon dont elles sont satisfaites est propre à chacun et évoluent avec le temps et le développement. Des représentations mentales vont êtres associées par notre esprit à ces différentes pulsions. Ainsi, le nouveau-né va « mentaliser » le sein de sa mère pour satisfaire mentalement sa pulsion orale. Cette pensée va être associée à une sensation agréable, devenant une émotion particulière.

Le développement de ce que j'appelle la « capacité aimante » de l'enfant va s'organiser à partir de toutes ces pulsions. Freud a décrit différents stades selon la prégnance de telle ou telle pulsion au cours du développement de l'enfant.

Le plaisir oral

Le stade oral prend place lors de la première année. La source physique de cette pulsion est une large zone comprenant la bouche, la cavité buccale, le tube digestif, la zone respiratoire et les organes sensoriels (vue, audition, goût, odorat et toucher).

Les représentations mentales associées aux pulsions orales concernent les prises d'information. Le bébé avale des aliments ou sa salive comme plus tard il avalera des concepts et dévorera des livres. Le nourrisson incorpore ce qu'il perçoit. Les pulsions sont l'essence commune qui fait que l'abstrait est intégré à l'esprit comme le concret des aliments l'est au corps. L'enfant incorpore des sons, de la parole, mais aussi les émotions, les désirs conscients ou non, que lui communiquent ses parents et toutes les personnes de son environnement.

Mais les pulsions orales poussent aussi à la destruction, réveillées physiquement par l'apparition des dents. Ce sont les pulsions « agressives orales ». Le sein tété peut être mordu. Les mères signalent souvent que leur bébé prend du plaisir à mordre. Le nourrisson qui avale sa nourriture la voit disparaître en lui et il a l'impression de la détruire. Cette oralité reste présente quand l'enfant grandit. Lors des repas, l'enfant souvent se caresse différentes régions du corps. Il arrive qu'il s'étale de la nourriture sur le corps. L'oralité est alors le chemin vers d'autres types de plaisirs. Ces pulsions orales réapparaissent, plus tard, dans le comportement amoureux. C'est oralement, et donc sensoriellement, que le nourrisson s'initie à l'amour. Devenue adulte, cette « oralité » sera partie prenante de notre façon d'aimer. Il y a le plaisir du baiser, bien sûr, mais aussi du suçon ou du mordillement. Les mots doux, ou beaucoup plus salés, illustrent le discours amoureux. « Boire les paroles » de la personne qu'on aime, la « dévorer des yeux », croquer le fruit défendu, se nourrir d'elle ou vouloir en faire son « quatre-heures » illustrent la présence marquée de l'oralité dans l'amour et la sexualité adulte.

L'enfant a soif de rencontre. Dans la crèche, il va vers ses semblables. Il a faim d'identification. Mais cette pulsion peut être vécue comme angoissante quand elle est trop chargée de désir.

> Ainsi Émilie est une fillette de quatre ans, très délurée en famille, mais qui se mure dans un silence timide quand elle croise de nouvelles personnes susceptibles de l'intéresser (des messieurs notamment).

Le désir oral peut, en effet, être vécu dans la culpabilité.

Le plaisir anal

Le deuxième stade est dominé par les pulsions de maîtrise et d'emprise. Le stade est qualifié d'anal car la source physique de l'excitation des tensions pulsionnelles s'étend le long des intestins et du colon. C'est vers un à deux ans qu'elle se structure. L'enfant apprend à penser à partir du concret de son corps. Il va se représenter mentalement les relations avec les autres à partir des fonctions de son organisme et des rapports qu'il entretient avec lui. Ce type de pulsions pousse à conserver les « objets », c'est-à-dire les aliments comme les pensées ou les sentiments introduits à l'intérieur de soi-même. Il pousse également à les expulser, après les avoir digérés, c'est-à-dire détruits ou modelés. C'est l'âge où l'enfant intègre la frontière entre ce qui est en lui (le soi) et ce qui est étranger à lui. Mais aussi ce qui est à lui et ce qui est à autrui. La notion de propriété date de cette période. À l'origine, il y a le plaisir physique par stimulation locale de la rétention ou du passage des selles. Ce plaisir va se transformer psychologiquement en plaisir à posséder, à conserver, mais aussi à donner. Ce qui se passe dans la relation avec les objets s'étend aux personnes. Au même titre qu'il apprend, avec l'éducation de la propreté, à contrôler ses excrétions, il va en parallèle apprendre à exercer une maîtrise sur autrui et tout d'abord sur ses parents. Il fait l'apprentissage du pouvoir sur les êtres, de la manipulation « mentale ». C'est la période du « non ». Il s'oppose. C'est une période particulièrement pénible pour les parents qui ne doivent ni céder à la tyrannie ni répondre en miroir et en s'opposant pour montrer qu'ils sont les plus forts au risque de provoquer une mésestime de soi chez l'enfant. L'enfant découvre son pouvoir sur autrui. Il se croit tout-puissant. Ses relations futures avec les autres sur un plan familial, amical, professionnel et amoureux vont se structurer à partir de cette période. L'agressivité (qui nourrit toutes nos relations) est très présente. Elle se structure à ce stade. Elle s'exprime physiquement dans l'expulsion d'objets détruits (à l'origine les aliments digérés), mais aussi dans la conservation à l'intérieur de soi pour les contrôler ou les maîtriser. Concrètement, l'agressivité du petit vis-à-vis de sa mère peut se dire par des « accidents » dans la culotte ou par une constipation. Cette rétention peut d'ailleurs être responsable de perte par débordements. Les parents ressentent cette agressivité quand, confrontés à un enfant malpropre, ils disent : « Il le fait exprès ! » À l'inverse, dans le don que l'enfant croit faire de ses selles dans le pot à sa mère, il y a une dimension altruiste et de soumission passive dans l'obéissance à l'éducation de la propreté.

Le stade anal s'exprime aussi verbalement par les « gros mots », les « pipi caca » ou « caca boudin » dits par l'enfant avec un grand plaisir. Cette minitransgression témoigne de l'intégration des interdits. L'attitude des parents doit éviter le laxisme et la rigidité en sachant que l'éducation se fait sur la durée.

Les relations amoureuses sont largement sous-tendues par ces pulsions de maîtrise et d'emprise. On les retrouve dans toute la dimension de la possession en amour : « s'éprendre », « prendre », « posséder », « conquérir », « s'attacher », « créer des liens »... L'appartenance s'entend dans des propos tels que : « tu es mienne et je suis tien », « faire l'amour », « se donner ». À l'inverse, on « rejette » ou « exècre » celle ou celui qu'on a aimé. Les notions de fidélité, de règles voire de loi amoureuse s'élaborent aussi à ce stade. C'est également vrai pour la jalousie et l'envie. Je pense qu'aimer « oralement », c'est vouloir être l'autre ; aimer « analement », c'est vouloir posséder l'autre. Certains vont jouir davantage de la conquête qu'ils pourront répéter à l'envi (les don juans). D'autres jouiront plutôt de la « conservation », dans le fait d'avoir une compagne ou un compagnon pour soi seul. D'autres manifesteront leur attachement par une loyauté et une fidélité sans faille même s'ils apparaissent froids et peu expansifs.

Le plaisir génital

Vers deux ou trois ans, ce sont les organes génitaux qui deviennent le lieu prévalent des pulsions. L'enfant, à cette période, commence à contrôler ses mictions et à être propre. C'est l'âge aussi des masturbations volontaires ; mais aussi de l'intérêt porté aux organes sexuels d'autrui, de la curiosité sexuelle vis-à-vis de ses parents puis de son entourage. L'enfant exprime alors un certain exhibitionnisme et un voyeurisme. Il élabore des théories sexuelles très personnelles. Elles correspondent à une lecture des faits supposés à partir d'informations parcellaires et de son vécu psychoaffectif propre. Ainsi il peut imaginer la fécondation par ingestion d'aliments, par une exhibition mutuelle d'organes sexuels ou par la miction. Il peut aussi imaginer la naissance d'un bébé par les fesses ou l'ombilic. Ces fausses croyances vont influencer partiellement son érotisme futur.

À chaque type de pulsion, de nouveaux interdits se mettent en place. À ce stade, l'enfant va acquérir des interdits fondamentaux comme l'interdit de l'inceste et de la zoophilie. L'intégration des différents interdits constitue le surmoi. L'accession à la culpabilité remonte à cette période et va se lier aux pulsions sexuelles. Les pulsions antérieures (orales, anales) pouvaient se heurter à de la frustration. La culpabilité va dorénavant les colorer. Serge Tisseron[1] rappelle que la honte concerne une faute publiquement découverte mais que la culpabilité est attachée à des fautes qui peuvent rester secrètes. Si la honte publique est une véritable désintégration sociale, la culpabilité en revanche est une forme d'intégration sociale.

La prévalence à cet âge de l'excitation des zones génitales va de pair avec la prise de conscience de son identité sexuée. On voit que cette identité et les prémices de l'orientation sexuelle future sont deux processus qui sont juxtaposés.

Les différentes pulsions (orale, anale, sadique, phallique, voyeurisme, exhibitionnisme) sont classiquement qualifiées de sexuelles. L'erreur serait de lire dans ce terme une sexualité de type adulte, celle qui consacre la forme définitive de la vie sexuelle, qui s'accompagne d'orgasme et qui permet la reproduction. Ces pulsions dites « prégénitales » nourriront partiellement la sexualité définitive comme elles nourriront les différents types de relation à l'autre mais elles ne les résumeront pas.

Les enfants ont-ils des fantasmes sexuels ?

La réalité du fantasme

Le nourrisson va attribuer à chaque nouveau sujet ou objet qu'il découvre une image mentale. Le langage, le dessin, le jeu symbolique et l'imitation sont des moyens d'évocation de ces représentations mentales. Comme eux, la pensée se sert de signes et de symboles comme moyens d'expression de ces objets, sujets ou situations, non perçus sur le moment.

La pensée se construit en parallèle au développement affectif et

1. Serge Tisseron, *La Honte*, Dunod, Paris, 1992.

libidinal (sexuel) de l'enfant. Les différentes expériences physiques agréables pour l'enfant sont représentées mentalement par lui, et ces représentations deviennent à leur tour sources de plaisir. Les expériences désagréables sont également représentées. Les différentes pulsions, plus ou moins présentes en fonction des stades de développement, vont colorer, voire nourrir des représentations mentales.

Lors de la première année (stade oral), les représentations mentales donnant du plaisir renvoient à des images d'absorption, de succion, de stimulation sensorielle (voix, caresses, parfum, vision agréable). Le nouveau-né se crée un cinéma privé à partir de ce qu'il reçoit et ressent dans la réalité. Il recrée en imagination les stimulations agréables dont il a bénéficié. C'est lors des périodes où l'on ne s'occupe pas agréablement de lui qu'il se livre à ses rêveries. Ces représentations imprégnées de pulsions sexuelles se nomment fantasmes. Le terme de fantasme dans le langage courant désigne essentiellement les désirs de la sexualité adulte. Ils circulent de façon déliée, métaphorique ou déplacée dans l'inconscient de l'adulte.

À partir du stade génital, des pensées mettant en scène les organes génitaux s'élaborent chez l'enfant. Cette élaboration se fait à partir des savoirs sexuels que l'enfant a acquis, par ce qu'il a pu voir ou entendre, mais aussi à partir de son imagination et des liens imagés qu'il établit entre ses différentes sources d'information et ses différents ressentis personnels.

Ces imageries inconscientes chez l'enfant apparaissent dans les propos qu'il tient, amusants ou choquants ; mais surtout dans ses jeux, ses dessins, ses modelages et dans l'évocation parcellaire de ses rêves. Je rappelle que les pulsions libidinales sont avant tout des pulsions de vie, de création et d'animation. Elles participent à l'élan vital de l'enfant. Parmi ces représentations mentales, le corps à corps sexuel de type adulte apparaît peu ou prou dans sa globalité. L'enfant peut s'imaginer avoir les mêmes organes que ses parents. C'est surtout vrai chez la petite fille car ils sont moins visibles que pour le garçon. Cette invisibilité donne d'ailleurs beaucoup d'importance à la poitrine, que la petite fille s'invente en tirant sur son maillot pour jouer à la dame. Les petites filles qui restent trop longtemps dans l'illusion que la seule différence entre une femme adulte et une petite fille ce sont les seins risquent, plus tard, d'investir outrancièrement cette partie du corps, au point de les confier à la chirurgie esthétique.

Dans les fantasmes de corps à corps sexuels, il s'agit avant tout d'illustrations parcellaires, morcelées ou débridées. Plus l'enfant est jeune et plus les scénarios sont sommaires. La métaphore est le trait dominant dans ces représentations. Ainsi le pénis peut être vécu non pas simplement comme un organe strictement génital, propre aux garçons et destiné à la conception, mais aussi comme un organe porteur de puissance.

> Nicolas, cinq ans, dessine sa maîtresse d'école, qui représente pour lui le savoir et l'autorité, avec une silhouette illustrant parfaitement le schéma d'organes génitaux masculin, la tête en guise de gland.

La curiosité sexuelle commence à être nette vers quatre ans. L'enfant cherche à surprendre ses parents ou ses frères et sœurs dénudés. À l'école, il observe ses camarades aux toilettes. Parfois, il va jusqu'à baisser pantalon et culotte des enfants de son âge. À cette curiosité, les parents doivent répondre en apportant des informations sur les ressemblances et les dissemblances entre les sexes, et en indiquant les règles de pudeur. La curiosité ne doit pas être blâmée. Mais le respect de la pudeur de l'autre doit être enseigné. Cette curiosité sexuelle se transformera en partie en curiosité intellectuelle lors de la période de latence, c'est pourquoi elle ne doit pas être condamnée.

> Édouard, mon neveu de cinq ans, a déjà sublimé sa curiosité sexuelle puisqu'il déclare vouloir être plus tard « docteur du sexe » comme un ami de son père qui est urologue.

Dans ses fantasmes, le petit enfant imagine, nous l'avons vu, la conception par ingestion orale, par le baiser, la miction ou encore l'exhibition mutuelle d'organes génitaux. Il imagine des naissances par les fesses ou l'ombilic. Le coït peut être interprété par lui comme un acte de violence sadique, comme dans le cas suivant :

> Edmond, quatre ans, m'est adressé car il est devenu, sans raison, très agressif vis-à-vis de sa mère. Il la frappait à n'importe quelle occasion et en particulier en l'absence de moments de conflit. La prise en charge permit de découvrir qu'il avait assisté à une scène de coït entre ses parents lors de vacances. Il s'était imaginé que son père violentait sa mère dont il avait interprété les râles de façon équivoque. Il agressait donc sa mère de façon sadique, croyant imiter son père et croyant faire plaisir à sa mère et tout à la fois questionnant ses parents par son acte sur ce qu'il avait vu.

Les différents modes d'accès au plaisir se combinent chez l'enfant :

> Ainsi Léon, à table, met toujours une main dans son pantalon pour se caresser.

La masturbation est aussi utilisée par l'enfant pour combler un ennui ou un creux affectif :

> « Quand elle ne fait rien, elle se touche », me dit une mère à propos de sa fille de six ans.

Tous ces comportements s'accompagnent peu à peu de fantaisies imaginaires plus ou moins structurées. Certaines d'entre elles sont peut-être communes à l'espèce humaine et quasiment inscrites dans les gènes. Le reste correspond à une élaboration très personnelle en fonction de l'histoire de chacun.

Je fantasme comme je pense

La construction des fantasmes est, bien sûr, en soumission directe au niveau de développement intellectuel (cognitif).

De deux à six ans, sur le plan de ce développement, on est au stade préopératoire. L'enfant ne peut pas encore élaborer des opérations concrètes (classifier, sérier, dénombrer). C'est la représentation symbolique qui prédomine. L'enfant est capable de se représenter mentalement ce qu'il évoque, mais les éléments de son environnement qui nourrissent sa pensée ne sont pas organisés de façon logique et générale. Par exemple, quand l'enfant pense « voiture », il pense « voiture de maman » ou « voiture de tonton » mais pas la classe générale des voitures. On peut parler d'égocentrisme intellectuel, qui va d'ailleurs de pair avec un égocentrisme affectif à cet âge.

Le raisonnement du petit enfant est marqué par l'animisme, le finalisme, l'artificialisme et le réalisme.

L'animisme se définit par la croyance que les choses ont une vie propre et ont des intentions. Ainsi l'enfant va taper la table sur laquelle il s'est cogné comme pour la punir. Il va imaginer une « maman table » et un « papa table ». C'est par ce mode de raisonnement que le petit garçon imagine que ses organes génitaux peuvent avoir une vie autonome.

Dans le finalisme, les actions se définissent par leurs résultats. C'est l'âge des « pourquoi », qui cherchent à donner une raison d'être à toute chose, une raison à la fois finaliste et causale.

L'artificialisme est la pensée que l'environnement, comme toutes choses, est créé par l'homme (les rivières comme le vent). Car ce qui est construit par l'homme pourrait l'être par lui. Désignant les choses qu'il découvre, il a le sentiment de les créer.

Avec le réalisme, les pensées sont considérées comme des objets. Au même titre qu'il imagine des objets comme vivants, il « objetise », matérialise ses pensées. Le monstre du cauchemar peut sortir du rêve et s'emparer de lui. C'est pourquoi l'enfant peut se sentir coupable de ses pensées et qu'il peut croire avoir fait ce qu'il a pensé. Et notamment les pensées sexuelles.

L'univers extérieur (physique) et l'univers intérieur (psychique) ne sont pas très étanches chez le petit enfant. Il va organiser ses pensées comme il se conduit manuellement avec les objets.

L'animisme fait que, pour lui, la sexualité n'est pas le propre de l'homme mais touche tout l'environnement : elle peut concerner les meubles ou les étoiles ! On comprend dès lors comment peut s'opérer le déplacement possible de l'énergie libidinale, par exemple sur le rangement de sa chambre ou dans l'intérêt pour l'astronomie. L'enfant peut placer du « libidinal » dans tout ce qu'il va avoir envie de faire.

Dans le finalisme, le pourquoi primordial de l'enfant est celui de sa raison d'être et de son origine. La curiosité sexuelle participe également à ce questionnement. Ainsi, l'enfant qui veut observer ses parents faire l'amour a le fantasme de vouloir assister à la scène d'amour primitive qui a donné lieu à sa conception.

Le fantasme chez le petit enfant est conscient et inconscient. Il circule entre ces deux niveaux, en l'attente de l'intégration des interdits fondamentaux transmis par les adultes qui s'occupent de lui et du sentiment de culpabilité conséquent. Les pensées chargées de culpabilité se retireront alors dans le champ inconscient. Ces fantasmes ne se révéleront plus que dans les jeux ou les rêveries diurnes.

Le fantasme est un bon moyen de contrôle des tensions pulsionnelles. Ces tensions en effet peuvent être à l'origine d'angoisses. Le fantasme libère la pression de la cocotte-minute pulsionnelle. En ce sens les fantasmes sont un moyen de défense contre l'angoisse. Ils sont aussi bien sûr l'expression de désirs. Le fantasme c'est l'accomplissement du désir sous forme d'hallucination.

Les fantasmes sexuels de l'enfant sont la partie la plus immergée des fantasmes de l'adulte qu'il sera. Ils constituent le substrat de ces derniers.

L'enfant à la découverte de ses organes de vie

Entre zéro et trois ans, l'enfant découvre, à mesure qu'il construit son identité sexuée, les caractéristiques physiques de son corps et, en particulier, celles de ses organes génitaux.

Plus tard, il verra que ces organes sont communs aux enfants de même sexe que lui et ne retrouvera pas les mêmes chez les enfants de l'autre sexe.

Le bébé, qui ne peut marcher, explore le monde de ses yeux et de ses mains. Il touche et agrippe tout ce qui est à sa portée, et cela surtout à partir du sixième mois. Il va ainsi de la main palper les différentes parcelles de son corps qui lui sont accessibles. Les sensations que cela lui procurera, associées à celles qui sont provoquées par les contacts physiques de ses parents, vont lui permettre de dessiner dans sa tête l'image de son corps.

Dès l'âge de deux-trois ans, l'enfant manipule son sexe. Ce qui était initialement dû au hasard de ses explorations devient peu à peu une activité volontaire, susceptible de lui prodiguer du plaisir.

C'est à partir de ces observations que Freud a basé ses théories sur la sexualité infantile qu'il définit comme étant « toutes les activités de la première enfance en quête de jouissance locale que tel ou tel organe est susceptible de procurer ».

Selon cette théorie, démontrée par l'observation au cours du développement psychoaffectif de l'enfant, certaines parties du corps sont plus ou moins en quête de satisfaction et sont donc plus ou moins investies. J'ai décrit plus haut les principaux stades de développement.

Lors du stade phallique, à partir de trois ans, la source de pulsion principale se déplace sur les organes génitaux.

La petite bête qui monte...

Le petit garçon, contrairement à la petite fille, ne considère pas son sexe comme totalement intégré à son corps. Pour beaucoup de petits garçons, leur « zizi » appartient à maman. Ce sont, par exemple, ai-je constaté, ceux qui demandent à leur mère, surprise par cette question, l'autorisation d'aller faire pipi. Cette croyance est favorisée par le caractère externe de cet organe. Mais je pense qu'elle est surtout due à son autonomie apparente en relation avec ses possibles érections. Le pénis change de volume et l'enfant ne peut contrôler ces modifications. Elles s'imposent à lui. Pour le jeune garçon, tout se passe comme si son pénis avait une vie propre. C'est ce qui singularise cet organe pour l'enfant. De ce fait, une relation spéciale s'établit entre l'enfant et son pénis. Cette relation est l'inverse de celle qu'il entretient avec les autres parties de son corps. Alors qu'il a fait l'acquisition de la maîtrise de son corps (mouvant ses membres à volonté, contrôlant ses mimiques et actionnant jusque ses muscles internes, en modifiant sa voix par exemple), il est confronté à ce pénis qui semble avoir une vie propre. Cet organe, décidément à part, peut en outre procurer un bien-être sans égal quand il est caressé, du fait d'une innervation particulièrement riche. Il est aussi parfois source de désagrément, comme peut l'être une érection qui dure trop longtemps.

Cette notion est à mon avis essentielle dans le rapport qu'ont les hommes vis-à-vis de leur propre sexe, et face à la sexualité en général. La fameuse angoisse de castration, décrite par Freud, et sur laquelle je reviendrai, renvoie à une crainte imaginaire de perte de ses organes génitaux en cas de non-respect des règles et des lois édictées par les parents. Elle a comme fondement, je pense, cette croyance que le sexe est moins dépendant du corps que les autres organes. C'est cette croyance enfantine qui fait, selon moi, que l'homme se sent plus facilement menacé dans son identité que la femme : un homme pris pour une femme accueille cela comme une insulte tandis qu'une femme prise pour un homme en sourit.

On retrouve cette indépendance présumée dans les synonymes de pénis comme la « petite bête » ou le « petit oiseau », toujours prêts à s'envoler.

Jeux de mains, jeux de bambins (les premières masturbations)

Les activités masturbatoires s'atténuent souvent vers quatre ans, pendant un ou deux ans, pour reprendre vers cinq-six ans. Il s'agit cette fois beaucoup moins de la découverte du corps que du plaisir alloué. Aux manipulations s'associent des balancements de corps ou des mouvements de cuisses. On peut se demander si les jeux de corde à sauter, chers aux petites filles, ne participent pas de ce besoin de ressentir leur voie génitale comme le garçon les ressent par l'érection. C'est l'âge des vaginites fréquentes chez la petite fille liées en partie, sans doute, à ces manipulations. C'est alors que les parents ou les autres adultes (professeurs des écoles) commencent à réagir. Ils le font d'ailleurs de façon plus ou moins adaptée. On entend trop souvent des remarques telles que : « Ne touche pas, tu vas la perdre ! » au garçon ; ou « Arrête ! tu vas te boucher ! », ou encore « C'est sale ! » à la fille. Alors qu'il suffit simplement d'expliquer à l'enfant que ce plaisir est normal, qu'adulte, il en aura d'autres sortes, mais que ce type de caresse ne se fait jamais en public. C'est dans la tranquillité solitaire que l'enfant y est autorisé. Si l'enfant en demande la raison, on peut lui répondre que cela fait partie des règles de vie car cela risque d'énerver ou de gêner les gens. On peut lui dire que ce plaisir est normal. Le rendre honteux ou coupable risquerait d'entraîner des difficultés d'accession au plaisir sexuel devenu adulte. Car quand on interdit un acte, l'enfant croit que c'est l'imaginaire qui accompagne l'acte qui est interdit, surtout quand on n'a pas laissé la parole à cet imaginaire. À l'enfant qui questionne, on lui dira qu'adulte, avec la personne qu'il aimera, il aura du plaisir encore plus fort. L'idée de cette dernière remarque étant de favoriser, pour après la puberté, une ouverture sexuelle vers autrui plutôt qu'un repli onanique sur soi-même. Le principe général des messages à adresser à l'enfant est de reconnaître comme humain ce plaisir, mais que sa puissance est telle qu'il doit être encadré pour permettre une vie sociale harmonieuse. Des réactions inadaptées de la part des adultes naît une culpabilité liée à ces auto-attouchements et donc au plaisir qu'ils procurent. D'autant plus que cela se mêle à l'apprentissage de la propreté. Ils ont appris que le pipi est sale et qu'en outre il n'est pas bon de se retenir (bien que cela donne parfois du plaisir). Les enfants ne font pas la part des différentes fonctions de ces organes. Des interdits s'organisent autour de cette zone, source de curiosité puis de plaisir et enfin de tourments. À cela s'ajoutent les rêveries plus ou moins conscientes relatives aux élans de tendresse vis-à-vis des parents, qui peuvent être associés à ces caresses. De nombreuses énurésies à cet âge qui surviennent après une phase de propreté s'expliquent, je crois, par cette confusion entre les différentes fonctions de ces organes et par les désirs et les interdits qu'ils sous-tendent.

À la découverte du corps de l'autre

Une bête curieuse

L'enfant qui découvre peu à peu son corps découvre aussi celui des autres. Il voit ses parents, mais il est particulièrement sensible aux autres enfants avec lesquels il repère plus de points communs. Les parents connaissent bien l'attirance qu'exercent entre eux les enfants, notamment à partir de deux ans. Les frères et les sœurs sont souvent les premiers modèles de comparaison. Les différences et les ressemblances sont observées avec attention. J'ai constaté que dans les dessins, les enfants associent des formes circulaires à la féminité et des formes carrées ou angulaires à la masculinité. Ceci entre en écho avec les différences morphologiques qui apparaissent entre les adultes de sexes différents. Ils reflètent aussi les différences de discours sociaux sur les deux sexes, qui instituent par exemple une femme gironde et un homme carré.

Bien sûr les paroles dites sur ces différences par les adultes jouent un rôle essentiel pour une bonne intégration des différences. Ces observations ne sont pas sans conséquences, comme c'est le cas avec Caroline :

> Caroline, cinq ans, supporte mal l'arrivée d'un petit frère, Charles, qui accapare l'intérêt de ses parents. La mère répète qu'elle est fière de ses « deux hommes » ou de ses « deux garçons », associant son fils et son mari. Pour Caroline, le défi est terrible à relever. Charles est un bébé et bénéficie, en tant que tel, de soins constants et de l'impunité du nouveau-né. Elle ne peut exprimer son agressivité vis-à-vis de lui comme elle le pourrait avec un enfant plus âgé. Mais de surcroît il est mis au rang d'« homme », sur le même plan que le père, autre rival par rapport à la mère mais autrement difficile à concurrencer. Ce bébé garçon est doté de tous les pouvoirs : à l'omnipotence d'un père s'ajoute le total protectorat lié à son statut de bébé. Cette situation en tant que telle n'est pas une impasse. Caroline aurait pu suivre différentes voies. Elle aurait pu, par exemple, ne faire aucun cas de cette différence, se satisfaire de sa position, soutenue dans sa féminité par sa mère et tendue par une séduction vers le père, qu'elle imaginerait délaissé par la mère. Une autre voie possible aurait été une identification au rôle de mère et une collaboration, éventuellement nourrie de saine rivalité, dans la prise en charge du bébé. Mais la personnalité de l'enfant et l'organisation inconsciente des liens familiaux en ont décidé autrement. Caroline va évoluer dans une revendication masculine. Peu après la naissance, elle adopta une conduite jugée exhibitionniste. Ayant découvert son clitoris, elle déclara devant sa mère qui langeait Charles : « Moi aussi j'ai un zizi. » Elle le refit devant son oncle qui lui dit que les filles n'avaient pas de zizi. Elle répondit : « J'en aurai un qui poussera quand je serai grande. » C'est après

qu'elle eut essayé à plusieurs reprises de faire pipi debout que ses parents me l'adressèrent. Elle a refusé du jour au lendemain de porter des robes. J'interprétai cela comme le désir de cacher qu'elle n'avait pas de pénis. Le suivi de Caroline, au-delà des éléments banals de jalousie à l'égard d'un puîné, mit en évidence chez elle le fantasme (croyance inconsciente) qu'elle était née garçon. Car pour elle, « garçon » et bébé étaient synonymes (le seul bébé qu'elle connaissait était Charles). Sachant qu'elle avait été bébé (grâce aux photos), elle pensait avoir été un garçon. Comment avait-elle pu devenir une fille ? Comment avait-elle pu perdre son pénis ? Ce ne pouvait être que le résultat d'une punition. Chez Caroline, la faute imaginaire était ses élans vis-à-vis de son père, chasse gardée de sa mère. D'ailleurs c'est cette culpabilité qui la retenait de se tourner vers lui. La thérapie avec moi dénoua tout cela et Caroline put poursuivre son développement.

L'intérêt visuel pour le corps de l'autre s'accompagne aussi du toucher pour « voir ». Ces étapes normales sont bien connues et qualifiées de « touche-pipi ». Dès l'âge de trois ans, parfois avant, les éducateurs de jeunes enfants assistent, lors du temps des toilettes, à des observations mutuelles. Dans les familles nombreuses, les parents surprennent également des explorations manuelles. Ce doit être l'occasion, de la part de l'adulte, d'une mise en mots autour de ces conduites normales. On nommera ces parties du corps par où passe le « pipi ». Un nom différent doit être donné pour le sexe des garçons et pour celui des filles afin de bien marquer la différence des sexes. Chemin faisant, on peut ajouter que, devenus adultes, ces organes servent à autre chose. Certains ne craignent pas d'expliquer qu'ils sont utiles pour faire des bébés. D'autres parents s'engagent plus avant et précisent à l'enfant que les amoureux adultes peuvent jouer avec entre eux. C'est alors l'occasion de lui dire que les adultes n'ont pas le droit de faire ces jeux avec des enfants, et qu'il devra avertir ses parents si un adulte cherche à jouer avec. Quand il sera grand, il pourra décider qui aura le droit de les toucher mais on n'a pas le droit de toucher le sexe d'un enfant pour son plaisir propre.

La curiosité sexuelle n'est pas un vilain défaut

Entre deux et six ans, c'est l'âge où l'enfant manifeste clairement dans son comportement à la fois une forme d'exhibitionnisme et un intérêt sur la nature amoureuse des relations qui unissent ses parents. On parle de curiosité sexuelle. Elle concerne tous les enfants et n'a rien d'anormal. C'est en fait la prise de conscience des forces qui gèrent les relations humaines et qui sont à l'origine de son existence. C'est l'âge où l'enfant commence à s'interroger sur l'origine et le pourquoi des choses. C'est l'âge des « pourquoi ? »

Quand l'enfant prend conscience de la différence des sexes, il va rechercher le sens de ces différences et chercher le sens des liens qui unissent les êtres entre eux et en particulier son père et sa mère. D'autant qu'en parallèle de ses recherches et de ses apprentissages, il est lui-même soumis à des élans affectifs vis-à-vis de ses parents et de sa fratrie.

Le corps des parents, et de l'adulte en général, a sur l'enfant un impact autrement plus marquant que le corps d'un autre enfant. Le parent pour l'enfant représente à la fois l'origine de soi et son devenir. En tant que tel, le corps d'un adulte pour un enfant est toujours beau et a un pouvoir de fascination extrême. L'enfant, au-delà de quatre ans, face au corps nu de ses parents, peut se sentir ridicule ou minable. C'est la raison d'une nécessaire pudeur parentale à la maison, espace étriqué surtout en ville.

En plus des différences de taille, les caractères sexuels secondaires que l'enfant ne retrouve ni chez lui ni chez ses pairs l'intriguent. Ils sont la marque des grands.

> Amandine, trois ans, s'étonne des « cheveux » que sa mère possède au bas-ventre. Elle tire sur sa robe pour avoir des seins

comme elle. Son frère de quatre ans fait la même chose. Déjà, lorsque sa mère était enceinte, il avait placé un ours sous son tee-shirt pour « avoir un gros ventre comme maman ».

J'ai constaté que, pour le jeune garçon, la mère n'est pas d'emblée considérée comme « fille », ni comme « féminine ». Cette notion est, à mon sens, fondamentale pour comprendre le développement de l'identité sexuée et ses variances. Le féminin, pour lui, ce sont les filles de son âge. Une mère comme un père, c'est ce qu'il veut devenir. En tant que telle, une mère est aussi « phallique » qu'un père. Le « phallus » pour un enfant est la puissance qui nous protège, sous laquelle on prend racine, à laquelle on se réfère, vers laquelle on tend ; c'est comme un totem (« toi-t'aime »). Les seins, comme le gros ventre d'une femme enceinte, sont investis de la même puissance imaginaire que le pénis du père. D'ailleurs, dans les croyances imaginaires du petit garçon, la mère est pourvue d'un pénis. Le fait de voir sa mère nue, très jeune, ne change rien à cette croyance. Car il y a l'image réelle de sa mère avec son anatomie et il y a l'image de sa mère, telle qu'il la perçoit, maquillée par son propre imaginaire et ses affects. Elle est « pénienne » pour lui. Quand la brume de la petite enfance se dissipe, et qu'il réalise vers trois-quatre ans au plus tôt qu'elle n'a pas les mêmes attributs que lui et son père, c'est une découverte majeure dans son développement. Mais certains enfants sont restés rivés sur cette croyance imaginaire pendant tant d'années que tout leur devenir d'hommes, dans leurs rapports avec les femmes, en est marqué.

La curiosité sexuelle, c'est aussi comprendre comment on fait les enfants. L'enfant est informé sur le sujet par les conversations entendues ici ou là, les informations données par la fratrie ou par les parents. Il fait aussi ses propres observations notamment grâce aux animaux, qu'ils soient familiers à la ville ou d'élevage à la campagne. Tout ce qu'il ne va pas apprendre ni comprendre il va l'imaginer. Il va élaborer ses propres théories sur la conception et sur la naissance. Ces théories vont évoluer à mesure de son niveau de développement intellectuel et affectif et des informations qu'il recueillera. L'enfant non informé n'établit pas d'emblée le lien entre l'intimité parentale du soir et la procréation. Mais lui-même étant sensible aux baisers et aux étreintes, il les repère très tôt entre ses parents. La chambre des parents est le lieu où il aimerait être quand chaque soir ses parents s'y retrouvent sans lui. Elle symbolise son sentiment d'exclusion. Qu'y font-ils ? Souvent les difficultés à dormir sont le prétexte pour venir partager cette intimité. L'enfant entend parfois les bruits que ses parents font « en jouant ». Il arrive aussi que les parents soient surpris en plein ébat. Leurs réactions de surprise montrent bien à l'enfant que ces rapports sont d'une qualité spéciale. D'ailleurs tout le mystère entretenu par les parents autour des questions de la sexualité, comme de tout ce qui est du domaine spécifique des adultes, va attiser la curiosité des enfants.

Que ce soit par des questions, une observation aux aguets, des attitudes particulières, la façon dont cette curiosité va s'exprimer diffère d'un enfant à l'autre : l'enfant peut jouer au papa et à la maman avec un frère ou une cousine, ou encore adopter une conduite exhibitionniste. Les réactions des parents confrontés à cette curiosité sont diverses. Elles sont liées à la façon dont ils vivent leur sexualité, c'est-à-dire aussi à la façon dont on a réagi à leur propre curiosité d'enfant. Certains sont plus à l'aise que d'autres et leurs réponses permettent à l'enfant de vivre la sexualité comme moins problématique. Des parents vont paraître aveugles et sourds à tous ces questionnements, entretenant le mystère et laissant l'enfant se débrouiller avec son imaginaire.

D'autres encore peuvent réagir par des fâcheries et des veto. L'enfant vivra alors le domaine de la sexualité comme menaçant ou comme un trésor qui ne se transmet pas mais s'arrache. J'ai suivi un enfant voleur dont le comportement délictueux prenait ses sources dans une situation de ce type. Confronté à ce qu'il vit comme une hostilité, il peut aussi entendre cela comme un interdit à grandir, à être autonome et à devenir parent.

C'est le cas de Brahim, huit ans, que je vois au dispensaire, adressé sur conseil de l'école où il n'apprend rien.

Brahim est un enfant petit et maigre pour son âge. Rcnfermé et timide, il faudra plusieurs séances pour qu'il perde de son appréhension, soit en confiance avec moi et parle. Ce que sa famille me transmet de son histoire montre un développement normal jusqu'à quatre ans. La mère se présente comme une femme très préoccupée par l'idée que ses enfants ne manquent de rien. Elle s'inquiète essentiellement du faible poids de son fils qu'elle mène souvent chez le médecin car il est tout le temps souffrant. Elle a de lui l'image d'un petit malade à protéger. Le père est plus difficile à rencontrer. C'est un homme rigide et autoritaire. Très à cheval sur les principes, il réduit la fonction paternelle à la mise en place d'interdits. Il parle peu à son fils, ne joue pas avec lui et ne l'associe pas à ses activités domestiques. Il le punit pour son échec scolaire. Il veut en faire un homme et se plaint d'avoir une « fillette ». Les tests psychologiques confirment l'impression clinique d'un enfant qui a bloqué son développement affectif et qui est dépendant et immature. Au niveau de l'identité, il a de lui une image floue. Son père lui apparaît comme très menaçant. La curiosité sexuelle est vécue comme dangereuse. Il a bloqué en parallèle toute curiosité intellectuelle qui est, par des liens subtils, associée à la précédente. C'est ce qui explique son échec scolaire.

La curiosité sexuelle des enfants est saine. Elle témoigne d'une curiosité plus large de l'enfant pour la vie et le monde qui l'entoure. Elle est sous-tendue par différentes pulsions aux noms savants. La pulsion « scotophile » est celle qui pousse à découvrir par la vue. La pulsion « épistémophilique » est celle qui pousse à apprendre. C'est la même curiosité qui le pousse, et qui continue de nous pousser, adultes, à apprendre et à aller à la rencontre des autres et de notre environnement.

Les premiers élans amoureux

Œdipe roi

Quand le premier élan amoureux naît-il ? Si l'on peut affirmer que c'est vers la mère qu'il se dirige, peut-on dire qu'il naît en même temps que l'enfant ? Quoi qu'il en soit, à partir de deux ans, l'enfant fait bien la différence entre lui et les autres et a accès au sentiment d'exister. Ses élans amoureux reposent bien sur la notion d'altérité. Les élans amoureux du jeune enfant diffèrent, bien sûr, de ceux des adultes, pour toutes les raisons qui font différer un enfant d'un adulte. Mais ces élans amoureux enfantins sont les fondements sur lesquels s'élaboreront les élans amoureux de l'adulte qu'il sera.

Les parents sont à l'origine de plaisirs de toutes sortes. Ils répondent à nos besoins comme à nos désirs. Ils sont sources de satisfactions diverses : apports alimentaires, caresses, odeurs, paroles. Ils sont sources aussi de frustrations et d'interdits. L'attachement et le sentiment d'amour du petit pour ses parents vont s'exprimer sous des aspects multiples au cours de son développement. Il va expérimenter sur eux toutes les facettes, toutes les nuances du mot aimer, du mot amour. Adulte, il puisera dans cet arc-en-ciel pour colorer chacune des relations spécifiques qu'il aura : s'éprendre, se livrer, adorer, se passionner, se prendre d'amitié, avoir de la sympathie, avoir le culte de, aimer comme un frère, faire la conquête de, avoir des accointances. Très tôt s'apprend la cordialité mais aussi le froid, la brouille, la jalousie, la rivalité, la haine... Plus l'éventail chez l'enfant sera large, plus le champ affectif de ses relations futures sera riche.

L'enfant, dans le meilleur des cas, fait l'expérience de toutes ces façons d'aimer, de toutes ces palettes de sentiments grâce à ses parents. Ils sont les supports essentiels de ses expérimentations affectives. De la même façon qu'il apprend à parler et à marcher avec l'aide principale de ses parents, il va apprendre à aimer en grande partie grâce à eux.

Au début, ces différents sentiments sont en pelote. L'enfant va peu à peu les démêler et organiser ses différents sentiments amoureux et hostiles vis-à-vis de ses parents. La mise en place de cette organisation s'appelle le complexe d'Œdipe. Sa partie visible débute vers deux ou trois ans et s'achève vers six ou sept ans. Cette organisation occupe une place importante dans la structure globale de la personnalité de l'enfant.

L'objectif principal de l'enfant, c'est de grandir. C'est pour devenir grand qu'il va prendre modèle sur ses parents et plus généralement sur les adultes. Il va se modeler sur eux jusque dans leur façon de s'aimer mutuellement.

Le petit garçon, comme la petite fille, a un attachement premier à sa mère car c'est généralement d'elle qu'il dépend principalement. Elle le nourrit, l'habille, le touche, le sent, échange avec lui au niveau du corps à corps, lui parle souvent, assure sa sécurité affective. Si c'était le père qui assumait ce rôle dès la naissance, ce serait lui le personnage maternant. Mais cet attachement n'est pas celui d'un garçon ou d'une fille à une femme. La mère n'est pas perçue en tant que femme (ni le père spécifiquement en tant qu'homme si c'est lui le personnage maternant). Elle est une entité qui englobe toutes les identités sexuées. Elle est tout à la fois car elle comble tout. Ce n'est que vers deux ans au plus tôt que la mère commence à devenir une femme pour l'enfant. C'est alors qu'il prend conscience de la différence des sexes et commence à se savoir garçon ou fille. C'est alors qu'il peut prendre modèle sur la moitié de l'espèce qui est de son sexe, et plus spécifiquement sur son père ou sur sa mère. C'est alors que le destin amoureux du garçonnet et de la fillette commencent à diverger.

Charles

Voici l'histoire de Charles. Vers deux ans, Charles va affirmer son indépendance par rapport à sa mère. Il se décolle d'elle, à la fois pour le plaisir de grandir, d'explorer le monde et pour préserver son identité masculine. Ayant pris un peu de distance vis-à-vis d'elle, il va commencer à la voir d'un autre œil. Bien-aimé et investi par ses parents, il se sent omnipotent jusqu'au jour où il découvre des limites.

Il réalise qu'il ne représente pas tout pour sa mère et que celle-ci partage avec d'autres un espace qui n'est pas le sien. Il a bien compris qu'il faut accepter de la partager. Il s'est fait à l'idée de ses absences toujours suivies d'un retour. Il doit laisser une part de sa mère aux autres : la grande sœur, ses amies et surtout ce personnage qui semble avoir une place bien spéciale auprès d'elle, son père. Ce père qui fait paire avec elle chaque soir. Ce père qui gronde et interdit. Ce père qui le sépare de sa mère quand il la colle trop ou qui la lui prend pour son plaisir à lui. Ce père qui bénéficie d'une attention si particulière de la part de la mère. Ce père, avec qui il faut apprendre à partager la mère, devient un rival. Mais un rival de poids car il a des atouts que Charles n'a pas. Ce pourrait être un simple ennemi, mais ce père est intéressant car il donne, joue et protège. Le garçon sent, puis sait, qu'il lui doit la vie. Et la mère le tend vers lui, le lui désigne comme modèle. Et c'est un garçon comme lui. Il peut être un allié quand la mère devient méchante ou bien absente physiquement comme moralement. Le petit garçon attaché à sa mère, pour garder son amour, va chercher à la satisfaire. Il répond à ses demandes et prévient ses attentes. Il va l'aider dans les travaux ménagers. Il va lui obéir pour lui faire plaisir. Il perçoit intuitivement que le père vient combler un manque auprès de sa mère. Il va chercher à combler ce manque-là également. Dans ce dessein, il va imiter son père aimant sa mère. Il va faire le petit homme auprès d'elle. Il va s'adresser à elle comme s'il était un adulte. Il va donner des ordres et mimer l'autorité d'un chef de famille sur sa mère. Il va aussi chercher à l'enlacer, la caresser volontairement et à l'embrasser sur la bouche. Il va repousser son père qui embrasse sa mère. Son père en sourit et lui dit qu'il aura aussi sa femme quand il sera grand comme lui. Un soir Charles, alors âgé de quatre ans, se met dans le lit de ses parents alors que sa mère s'apprête à se coucher :

« Sors de là, Charles ! » lui dit sa mère.

Charles, prenant sa voix la plus sourde, lui rétorque :

« Ce n'est pas Charles, c'est Olivier » (prénom du papa).

Charles s'est identifié dans une première période à sa mère. Celle-ci s'adressant régulièrement au père de Charles et Charles se découvrant le même sexe que lui, va s'identifier peu à peu à lui. Charles va s'identifier à son père pour au moins trois raisons :

— l'attachement qui s'est tissé entre eux depuis la naissance ;

— les désirs de sa mère (conscients ou inconscients) lui montrent la voie à suivre et le père vient combler une partie de ces désirs ;

— c'est le principal modèle masculin adulte qui s'offre à lui.

Mais ses sentiments pour lui restent contradictoires. Son père est la cible favorite de son pistolet. Il souhaite parfois son absence. Il rêve que son père a des accidents.

Mais parfois les rapports s'inversent et des élans amoureux de même nature, et de même force que ceux qui sont dirigés vers sa mère, le portent vers son père. Il va parfois s'identifier à sa mère telle qu'elle est avec son père. Il va jouer le rôle du partenaire du père. Il se fait doux et tendre avec lui. Il veut l'aider à se déshabiller le soir quand il rentre du travail, prenant son manteau pour le ranger. Il lui apporte son magazine. Il essaie de l'embrasser sur la bouche. Il critique sa maman en lui disant qu'elle a dépensé beaucoup d'argent en faisant les courses. Il l'enlace comme lui-même enlace sa mère ou au contraire se love en lui comme il voit sa mère le faire avec son homme. Charles, comme tous les petits garçons normaux au cours de son œdipe, passe par des phases où il conjugue toutes les possibilités amoureuses que propose le trio mère-père-fils.

À la fin de son parcours œdipien, Charles va découvrir le rôle de ses deux parents dans son existence, il va renoncer à épouser ses parents et en particulier sa mère, il va admettre l'idée de son immaturité sexuelle et accepter le pouvoir paternel. Plus tard, peut-être qu'il prendra femme pour créer une mère.

Floriane

Voyons maintenant la situation avec Floriane, la cousine de Charles, qui a le même âge que lui. Son attachement comme bébé à sa mère est de même nature que celui de Charles. Comme pour lui, sa mère est son premier objet d'amour. Elle représente tout, elle satisfait besoins et désirs, elle comble tous les manques. Mais Floriane, comme Charles, va s'émanciper d'elle. Cette prise de distance se fera plus en douceur. Elle est plus sereine car après s'être identifiée à sa mère comme premier amour, elle peut continuer à se modeler sur elle dans la construction de son identité sexuée. Il n'est pas indispensable pour elle de chercher ailleurs d'autres modèles pour se conformer à son sexe. En outre, elle est plus tranquille que son cousin dans son corps, car elle n'est pas soumise comme lui à la crainte de la perte de son organe de vie. Bien éclairée par son intuition, et bien informée par ses parents, elle sait que ses organes de vie sont à l'abri à l'intérieur, protégés. En réalisant, à trois ans, que son cousin avait un « fait pipi » qui avait un volume (les enfants de trois ans sont sensibles aux volumes), elle a été surprise. Elle a pensé qu'il avait un « plus » qu'elle. La mère de Charles lui aurait donc donné quelque chose que sa mère n'a pas pu lui donner ? Elle s'en est émue avec ses mots auprès de celle-ci qui l'a rassurée en lui disant qu'elle avait ses propres organes de vie en forme, à l'intérieur, et qu'elle était comme sa mère, ses tantes et ses grands-mères. Que comme elles, elle pourra, devenue grande, porter un enfant, ce qui n'est pas possible pour les garçons. La voilà heureuse de ressembler à la moitié de sa famille et de l'espèce humaine. Elle va pouvoir jouer à la petite femme de son père pour faire comme maman. Car elle commence à bien prendre conscience du rôle de son père auprès de sa mère. Elle avait déjà remarqué, bébé, que sa mère pouvait s'intéresser et s'adresser à d'autres qu'elle, et notamment à son père. Elle avait bien senti une émotion et une façon particulière quand sa mère parlait avec lui, ou quand elle lui parlait de lui. Mais à trois ans, elle découvre une autre différence. C'est un garçon comme Charles, et elle est une fille comme maman. Elle prend conscience de la relation très particulière qui unit ses deux parents, comme elle découvrira les liens qui unissent autour d'elle beaucoup d'hommes et de femmes. Peu à peu ouverte aux questions des origines, elle va aussi réaliser que son père lui a donné la vie. Le père, très tôt, s'est présenté, comme pour Charles, en rival. Il venait déranger la relation fusionnelle qu'elle espérait avoir avec sa mère. Mais aussi il représentait cet ailleurs vers lequel sa mère regardait, pensait, parlait. Et suivant le regard, les pensées et la voix de sa mère, c'est vers cet ailleurs qu'elle regarda aussi. Le père c'est le visage qu'elles regardaient ensemble et en ce sens ce père les unit.

Floriane a appris à connaître tous les points communs qu'elle avait avec sa mère. Sachant ce qui l'assemble à elle, là où elle lui ressemble en tant qu'être humain et en tant que fille, elle va désormais être attentive aux divergences. Les différences qu'elle relève sont dans les formes et dans l'allure. Les formes, ce sont les caractères sexuels secondaires. Et particulièrement les seins, auxquels les enfants sont très sensibles. L'allure, c'est ce qui fait la « dame ». Floriane qui, comme toutes les petites filles, désire être « grande », va jouer à la « dame ». Elle va imiter sa mère quand elle la voit en « dame » à l'extérieur ou avec des amies et non plus seulement en mère s'occupant de ses enfants et de son intérieur. C'est dans ce rôle social de la mère que Floriane voit la femme. Pour ces jeux de rôles, Floriane va emprunter les vêtements de sa mère, sa brosse à cheveux et son maquillage. Elle trouve ainsi les outils pour se faire dame. C'est pour elle à la fois devenir grande et s'installer sur les rails d'une identité féminine qu'elle continue de découvrir sienne.

Après avoir su qu'elle était fille, elle va peu à peu se « sentir » fille et donner un corps à ce savoir. Elle est toute à la joie de s'inscrire dans une filiation qui l'unit à sa mère, à sa tante, à sa grand-mère.

Elle voit aussi sa mère dans un autre rôle : celui de la femme de son père. Elle est à l'intérieur de la maison, inscrite dans le quotidien, mais elle n'est plus disponible comme mère et n'est pas dans un rôle social de dame. Et Floriane, comme Charles, découvre la relation spéciale qui unit ses parents. Cet homme n'est pas seulement son père, il est aussi l'amoureux de sa mère. Sur ce terrain également elle va imiter sa mère et s'imaginer être l'amoureuse de son papa. Il lui arrive de se métamorphoser en « femme de papa » pour le séduire. La mère devient alors une rivale. Floriane refuse de lui obéir, fait des caprices. Elle décrète : « Je vais être la nouvelle femme de papa. » « Mais c'est moi la femme de papa ! » lui dit sa mère. « Tu prendras un autre mari ! » lui répond-elle. Le sentiment de culpabilité lié à cette rivalité n'apparaît pas, en effet, d'emblée. C'est dans un second temps que Floriane s'en voudra de se conduire mal avec sa mère, et parfois de rêver qu'il lui arrive du mal. Le père a le beau rôle. C'est lui qu'elle réclame pour le bain et l'histoire du soir. Elle fait alliance avec lui, ravie des moments à deux qu'elle passe avec papa où elle se sent grande comme maman. Elle critique sa mère : « Tu sais, papa, maman a cassé un verre et elle a dit un gros mot. » Mais son père n'est pas dupe. Il la valorise, lui dit : « Je suis heureux d'avoir une fille qui veut être grande, mais je ne veux pas que tu critiques ma femme. » Alors quand Floriane aura bien compris que tout combat est vain, elle va se chercher un amoureux à elle. Elle choisit son cousin Charles, qu'elle connaît bien. « Je vais me marier avec Charles », déclare-t-elle à l'occasion d'un repas de famille. Mais sa grand-mère lui explique que ce n'est pas possible car elle est élevée avec lui comme un frère. Décidément, que de bâtons dans les roues ! Qu'à cela ne tienne, elle s'en trouvera un autre et Florian, qui est dans sa classe, et qui a un prénom si voisin du sien, si familier, fera un parti idéal.

Sa mère est donc un modèle et, comme tous les modèles, devient parfois une rivale quand, s'identifiant à elle, Floriane s'identifie aussi à son désir pour un homme.

Pour imiter maman totalement, il faut être soi-même maman. D'ailleurs son papa aime une maman, c'est donc qu'il faut être maman pour être aimée d'un papa. C'est pour cela, à mon sens, que les femmes veulent absolument des enfants avec les hommes qu'elles aiment, en tout cas celles dont le père aimait une mère. Elles n'ont jamais connu leur père aimant leur mère sans enfant ! Je pense que l'intérêt des petites filles pour les poupées vient de là. La poupée joue le rôle du bébé imaginaire qu'elle désire avoir inconsciemment avec papa pour être aussi complète que maman. Cette poupée sera aussi, mais dans un autre registre, la maman quand elles joueront à inverser les rôles. La poupée ou le baigneur sera aussi le petit frère. Ce garçon qui a les mêmes attributs que papa. Quand la petite fille l'a dans ses bras, c'est un peu comme si elle était aussi détentrice de ces attributs. Et elle peut alors, en imagination, aimer maman de la même façon que papa.

Charles parfois joue avec elle avec ces poupées. Cela n'inquiète pas ses parents qui savent que ces jeux ne gênent en rien, au contraire, son développement de garçon. Il est papa avec cette poupée quand papa s'occupe des bébés. Il est maman aussi quand maman est « mère totale » c'est-à-dire ni homme ni femme, ou les deux à la fois, c'est-à-dire dans une fonction où ce n'est pas sa féminité qui est utilisée mais son pouvoir phallique. Il peut aussi s'imaginer avoir ce bébé avec papa ou maman. Toutes ces fantaisies imaginaires tapissent sainement son univers affectif et le diversifient. Mais il sait qu'en « vrai », il ne portera jamais de bébé en lui.

La mère de Floriane comme celle de Charles a été leur premier objet d'amour. Elles l'ont été en tant que mère. Elles le deviennent en tant que femme. On l'a vu pour Charles. C'est vrai aussi pour Floriane. Au même titre que Charles s'imagine parfois être l'amoureux de son père, Floriane s'imagine en amoureuse de sa mère. Elle va d'ailleurs s'identifier à son père pour la séduire. Mais elle réalise qu'elle n'a pas ce qu'il faut pour combler sa mère. Elle n'a pas ces attributs qui différencient l'homme de la femme et qui suscitent l'intérêt de la femme. Limiter ces attributs au pénis serait caricatural. Il s'agit en fait symboliquement de tout ce qui fait la spécificité de l'homme, du père, au sein de la famille. Tout ce que le père en tant qu'homme représente pour la mère. C'est tout ce qu'il vient combler comme manque chez elle. En ce sens ces attributs que la fille pourrait envier différeraient d'une famille à une autre. Ayant bien enregistré cela, Floriane renonce à ce type de lien.

Ayant bien intégré l'interdit de l'inceste et les autres interdits fondamentaux, Floriane comme Charles vont écarter ces projets intrafamiliaux et se tourner vers les autres, enfants et adultes.

C'est la fin du complexe d'œdipe qui est l'organisation des liens affectifs (hostiles ou amoureux) vis-à-vis des parents. L'énergie qu'ils mettaient en œuvre dans toute cette agitation émotionnelle, dans ce travail d'organisation psychoaffective, va être désormais mise au service des relations avec leurs pairs et aux apprentissages divers (scolaire notamment). L'enfant va transposer sur la vie sociale les règles, et les limites de la vie intra-familiale. Un défaut de structuration de ces différents liens, une mauvaise intégration des interdits, porteraient préjudice notamment à un bon apprentissage scolaire.

Si les parents sont les premiers objets d'amour, les enfants n'attendent pas la fin de leur complexe d'œdipe pour avoir des amoureux(ses). Cet aspect de la sexualité infantile est socialement valorisé de nos jours. Les parents sont ravis d'annoncer que leur enfant a un ou plusieurs amoureux. Il y a rarement de la honte et, à l'inverse, parfois un peu d'exibitionnisme parental. Le bisou est le signifiant clé de la relation amoureuse jusqu'à la puberté. À ce moment-là, il laissera la place au baiser profond en termes de signifiant fondamental. Pour le petit amoureux, le bisou a autant d'importance que l'acte sexuel. D'ailleurs beaucoup croient que c'est une façon comme une autre de faire des enfants.

Les comportements sexuels de l'enfant de moins de sept ans

Les enfants de maternelle jouent au docteur ou au papa et à la maman. Les adultes qui confondent les deux jeux se trompent. Leurs fonctions sont différentes. Le jeu du docteur fait appel au savoir (docte) sur le corps. On joue à savoir comment est fait le corps de l'autre, et pour savoir, il faut voir. Le docteur voit si le corps est sain ou malsain. L'enfant docteur voit la différence des sexes (sein ou mâle-sein, alias féminin ou masculin). Le plaisir du docteur est lié au rapport de maîtrise, de pouvoir sur le corps de l'autre ; celui du patient est d'être manipulé comme il l'était bébé, par ses parents.

Le jeu de papa-maman est davantage l'imitation des parents en tant que couple, couple d'amoureux mais aussi duo dans la vie quotidienne avec le partage des tâches qui leur est propre.

Le développement de l'enfant suit un cours commun, mais chacun le descend à son rythme. Après Freud, les études sur le comportement et les intérêts sexuels des enfants sont rares. Citons Gesell (1949) et, plus récemment, les travaux de Friedrich et ses collaborateurs (1998) qui ont mené une enquête auprès de plus de mille mères de famille, relativement au comportement sexuel de leurs enfants âgés de deux à douze ans.

Voici le parcours sexuel de Mathieu et d'Arielle, nés sous la même étoile. On passe de la masturbation aux jeux sexuels à deux, à l'acquisition de la pudeur et aux secrets de la procréation. Vers dix-huit mois, Mathieu comme Arielle découvrent la possibilité de se procurer soi-même, manuellement, un plaisir localisé. Ce type de plaisir, obtenu jusque-là par le hasard des mouvements, est désormais pourvu volontairement. 60 % des parents d'enfants de deux à cinq ans interrogés par Friedrich ont observé que leur garçon se touchait les parties sexuelles à la maison et 44 % pour leur fille. Ce comportement se voit aussi dans les lieux publics à une moindre fréquence (respectivement 27 et 15 %). Une masturbation proprement dite est notifiée par 16 % des parents. Cette occupation va diminuer en fréquence après cinq ans, du fait de l'éducation et d'un meilleur contrôle pulsionnel. Mais elle connaîtra une poussée à l'entour des trois ans.

À partir de deux ans, Mathieu et Arielle distinguent bien les filles et les garçons, notamment grâce aux coiffures et aux habits. Ils appellent volontiers « papa » les hommes qu'ils croisent et les femmes sont pour eux des « mamans ». Les organes génitaux sont nommés comme les autres parties du corps. Quand les parents ne les ont pas dénommés, ils les désignent par le nom qu'ils donnent à la miction (ex. : « mon pipi »).

À deux ans et demi, ils ont bien conscience de leurs organes génitaux. Leur curiosité sexuelle prend corps. Ils s'observent mutuellement aux WC ou quand ils sont nus. Il arrive qu'ils cherchent à toucher les parties sexuelles d'autres enfants (signalé par 5 % des parents de garçons et 9 % pour les filles). Ils questionnent sur la différence qu'ils perçoivent, comme ils interrogent leur mère sur ses seins : « C'est pour qui ? » demande Mathieu en pointant de son index curieux la poitrine de sa mère. Ils utilisent les termes de garçons et de filles et se déclarent de tel ou tel sexe. Mathieu fait pipi debout.

À trois ans, leur curiosité sexuelle sur les ressemblances et les différences en termes d'organes génitaux s'aiguise. Arielle essaie de faire pipi debout en imitant Mathieu. Ils s'intéressent tous deux au corps de leurs parents qu'ils regardent, intrigués. 27 % des parents notent que leurs enfants de deux à cinq ans essaient de regarder des gens nus ou en train de se déshabiller. Ils cherchent souvent à toucher les adultes, notamment au niveau des parties sexuelles. Ainsi, 43 % des parents d'enfants âgés de deux à cinq ans notent qu'ils touchent ou essaient de toucher les seins de leur mère, 28 % qu'ils se tiennent trop près des autres et 8 % qu'ils (4 % pour les filles) touchent les parties sexuelles d'adultes. Ils posent les premières questions sur l'union de leurs parents, et veulent se marier avec l'un ou les deux.

À quatre ans, ils demandent d'où viennent les bébés. Ce sujet les préoccupe, et ils commencent à se poser la question pour eux-mêmes. Arielle, mais aussi Mathieu, s'amuse à mettre un coussin sous son tee-shirt pour jouer à porter un bébé. Ils imaginent que le bébé sort par le nombril ou les fesses. Ils s'intéressent d'ailleurs de près au nombril. Ils se l'examinent mutuellement et se divertissent en y logeant de petits objets ou des morceaux d'aliments. Ils ont un grand plaisir à nommer, en rigolant, les fonctions d'élimination (pipi caca). Ils aiment se livrer à un certain exhibitionnisme (15 % des parents signalent que leurs enfants montrent leurs parties sexuelles à des adultes) alors que, parallèlement, la pudeur commence à jeter son voile sur leur comportement.

À cinq ans, la pudeur gagne du terrain. L'intérêt pour les différences anatomiques entre les sexes se tarit. L'exhibitionnisme et les jeux sexuels commencent à décliner. Mais l'intérêt pour la conception et la procréation grandit. Mathieu et Arielle réclament d'ailleurs tous deux à leurs parents un bébé (du même sexe qu'eux pour pouvoir, disent-ils, jouer avec). Mais les parents leur répondent qu'on ne fait pas un bébé comme cadeau pour ses enfants, mais parce que les parents en ont envie. Alors, comme on n'est jamais aussi bien servi que par soi-même, ils parlent de se marier et de le faire eux-mêmes ce bébé...

À six ans, les différences sont acquises et la curiosité a laissé place à une dimension plus relationnelle. C'est en effet l'âge du jeu, élaboré, du « docteur ». Les gros mots sont devenus fleuris par la génitalité. Si la fonction de la mère, porteuse de l'enfant et le mettant au monde, est bien admise, c'est ce qui précède qui pose question à Mathieu et à Arielle ; et en particulier le rôle du père. Les enfants questionnent directement sur les rapports sexuels, en particulier entre les parents qu'ils entendent ou surprennent. Parfois, Arielle s'inquiète des douleurs de l'accouchement. Mathieu demande à son père à quoi servent les boules qui tiennent compagnie au zizi. La plupart de leurs comportements sexuels repérés par les parents diminuent nettement.

Entre deux et douze ans, les comportements sexuels des enfants vont décroissant. Certains sont particulièrement rares, même avant cinq ans, tels que : se masturber avec un objet, essayer d'avoir une relation sexuelle, poser sa bouche sur les parties sexuelles d'autrui, toucher les parties sexuelles d'animaux, prétendre que ses jouets font l'amour, parler d'actes sexuels, se servir de sa langue en embrassant, ou dessiner des organes sexuels. Leur présence doit interpeller. De même que la présence d'indices sexuels fréquents chez des enfants de plus de six ans. Surtout s'ils sont associés à l'utilisation de vocabulaire sexuel très cru ou à des commentaires très sexualisés de faits banals. Il peut s'agir alors d'un trouble, plus ou moins important, du développement psychosexuel ou bien être le signe d'agressions sexuelles par d'autres, enfants plus âgés ou adultes.

Naissance de la culpabilité

L'attachement de l'enfant aux personnes qui l'élèvent n'est pas exempt de sentiments d'agressivité. L'éducation parentale apporte des limites à l'enfant. Elle est un frein à son sentiment de toute-puissance. En ce sens, elle permet à l'adulte qu'il sera de vivre en société.

L'enfant va peu à peu intégrer et faire sien les interdits transmis par ses parents, auxquels il s'est identifié. Il va élaborer un « idéal du moi », c'est-à-dire un modèle idéal auquel il aimerait ressembler, et qui correspond à ce que l'enfant pense que ses parents voudraient qu'il soit. Il apprend à s'auto-observer ; et à voir la différence entre ce qu'il est et l'idéal de ce qu'il aimerait être, l'image des exigences et des interdits posés par ses parents. De cette auto-observation peuvent naître des sentiments d'infériorité (par rapport à l'idéal du moi) et de honte.

Plus le niveau d'exigence est élevé, moins les parents sont satisfaits, et plus l'enfant sera soumis à la honte. Il arrive souvent que l'enfant se défende de cette honte en étant toujours plus dans la transgression. C'est pourquoi un niveau d'exigence parentale trop élevé et trop rigide peut favoriser une mauvaise conduite. Dans le cadre d'une éducation ordinaire, l'enfant va prendre conscience que certaines actions sont plus ou moins interdites, et il va donc éviter de les mener ou bien il les fera en cachette. Dans le même temps, il va considérer que les pensées à l'origine ou accompagnant ces actions sont également prohibées, car pour l'enfant, l'action et la pensée de l'action ont une valeur intrinsèque très voisine. Il va alors, peu à peu, refouler certaines de ces pensées coupables par un processus psychique de censure. Le processus de refoulement permet à sa conscience d'oublier ces pensées. Ainsi, nous avons oublié que, petits, nous avons désiré notre mère ou notre père. Et c'est très bien ainsi ! C'est que nos parents ont réussi notre éducation et que nous avons réussi notre évolution psychologique. Ce processus de refoulement est à l'origine de sentiments de culpabilité. Car ce qui est oublié n'a pas disparu pour autant, et des pointes de l'iceberg refoulé restent émergées.

Les interdits sont souvent des freins aux pulsions. Le principe de plaisir vient s'échouer aux rives du principe de réalité. Les pulsions agressives et de destruction, notamment qui portent atteinte à l'entourage, sont mal tolérées. De même les pulsions orales de dépendance à l'origine de sollicitations affectives incessantes sont limitées. Les pulsions d'emprise, de possession, de conservation sont contrecarrées par les règles sociales d'échange et de solidarité.

Les pulsions génitales sont canalisées par les règles et les lois qui encadrent la sexualité humaine et qui la différencient de la sexualité animale. Il arrive que l'enfant se soumette de façon outrancière aux interdits qu'il perçoit. Craignant démesurément tous ses sentiments ou pensées porteurs d'une connotation sexuelle, culpabilisant à l'excès, il peut en les refoulant systématiquement se priver de leur force de vie créatrice. Car les pulsions génitales apportent l'essence au moteur de la création intellectuelle et artistique de l'enfant. Un enfant qui les refoule trop massivement se replie dans une timidité, un manque d'initiative et ralentit son développement physique.

À l'inverse, l'enfant peut réagir de façon paradoxale aux sentiments de culpabilité liés à l'émergence de ses pulsions génitales en déniant cette culpabilité. Il refuse alors les limitations à sa toute-puissance, et enjambe tout obstacle en relation avec les sentiments de culpabilité. Ces derniers vont alors s'exprimer la nuit, sous la forme de terreur nocturne, ou la journée sous la forme d'accidents à répétition (l'enfant se punissant inconsciemment).

La façon dont l'enfant va développer sa culpabilité est fonction de l'éducation que les parents et l'entourage donnent. Elle va aussi être fonction du rapport à la culpabilité de chacun des parents auquel l'enfant va s'identifier.

Les pulsions sexuelles le poussent à des comportements qui en apparence n'ont rien de sexuel. Une excitation sexuelle peut conduire Nicolas à bousculer sa sœur, ou Nicole à tirer la queue du chat. La limitation donnée, à bon escient, par l'adulte, est alors un frein salutaire à un comportement répréhensible, mais aussi à des éléments de pulsions sexuelles.

L'acquisition d'un sentiment de culpabilité est bénéfique. La sexualité humaine, libre dans les fantasmes, n'est pas celle des animaux. Elle doit s'inscrire dans un cadre, qui est le respect du désir et des besoins d'autrui, et des interdits fondamentaux (inceste, pédomanie, meurtre, viol, zoophilie).

> À l'école maternelle, Marin a baissé la culotte de Lola et lui a embrassé le sexe. Les parents de Lola se sont plaints à l'école et menacent d'en aviser la police. Marin a été sévèrement puni et ses parents me l'adressent. Si, à cet enfant, l'interdit a été clairement exprimé, manifestement aucune explication ne lui a été donnée.

La punition isolée, sans éclaircissement, risque d'être traumatisante, et de porter atteinte au développement psychoaffectif. Elle risque de cristalliser un mode de jouissance particulier. Ce qu'il convient de faire dans ce type de situation est de condamner le comportement mais non l'envie. Il faut déclarer que ce comportement est le privilège des plus grands quand ils sont amoureux l'un de l'autre. On peut même préciser que ce sont les plus de quinze ans qui ont le droit d'avoir ce type de jeux, puisqu'en France c'est l'âge de la majorité sexuelle. On précisera à l'enfant que les grands qui le font entre eux n'ont pas été élevés ensemble et ont envie l'un de l'autre ; et qu'on ne doit jamais forcer quelqu'un à jouer à cela s'il ne le souhaite pas.

La notion de culpabilité dans le développement affectif et sexuel de l'enfant est fondamentale. Elle est indispensable, et est un des fondements du complexe d'Œdipe.

La complexité de l'Œdipe

La période œdipienne est une étape fondamentale dans le développement affectif. La manière dont nous aimons, et plus globalement l'ensemble de nos comportements et sentiments qui permettent nos rapports sociaux individuels intimes, procèdent de la situation œdipienne.

C'est une période riche en rebondissements, souvent difficiles à vivre pour les familles. Ce n'est pas un hasard si un nombre important des consultations en psychiatrie de l'enfant sont demandées pour cette classe d'âge.

Beaucoup de nos traits de caractères, de nos petites névroses, de notre personnalité (avec ses atouts, ses potentialités et ses handicaps) germent en cette saison.

L'enfant est soumis à des vents contraires. Ses élans amoureux, ses désirs, ses rêves, ses illusions s'opposent à une réalité. Ses parents ne lui sont pas accessibles car son corps est immature, mais aussi du fait de l'interdit de l'inceste. L'enfant fait l'expérience (enrichissante pour son devenir) de satisfactions provisoires, de frustrations, de la rivalité, de la culpabilité quand il s'oppose à un parent, et de rêves qui se brisent aux murs de la réalité. Les parents ne comprennent pas souvent, et souvent ne supportent pas ces situations provoquées par l'enfant. Ils ne sont pas toujours disponibles physiquement ou affectivement pour accompagner leur enfant sur le chemin de cette mutation riche de périodes d'oppositions et de réconciliations. Car c'est une véritable mutation qui s'opérera, une fois le complexe d'Œdipe résolu. L'enfant en sortira différent. En attendant, c'est un véritable parcours du combattant, un voyage initiatique. J'ai constaté que l'intérêt que portent les enfants aux films type *Guerre des étoiles* se nourrit de leur propres « aventures » œdipiennes, pleine d'épreuves et de défis à surmonter. Si les parents sont aussi agités par ces mouvements, c'est qu'ils revivent, à leur insu, leur propre période œdipienne oubliée mais bien présente car constitutive de leur personnalité. Certains parents confrontés à des comportements perturbants de leur enfant perdent de leur hauteur de vue nécessaire et se laissent prendre au piège. Observons la situation d'un petit garçon qui se met en rivalité avec son père par rapport à sa mère en faisant des bêtises chaque fois que ses parents sont en conversation intime le soir. Tomber dans le piège serait que les parents culpabilisés cessent leur conversation pour s'occuper exclusivement de l'enfant. Un autre piège serait qu'en guise de réponse, l'enfant ait une fessée sans un mot d'explication, créant de toute façon un climat de tension telle qu'il nuirait à la reprise d'une conversation intime sereine entre les parents.

Durant la mise en place de l'organisation œdipienne, une multitude de situations sont possibles. En fait, l'enfant peut vivre plusieurs de ces situations en même temps ou bien chronologiquement. Ainsi il peut être tantôt en rivalité avec son père, tantôt avec sa mère.

Avec la maturation œdipienne, classiquement, on considère que le garçon va prendre ses distances avec sa mère et va s'identifier au père, ou à celui qui fait pair avec sa mère, grâce à la parole de la mère qui l'y invite. Cette parole est le lien qui unit le père et le fils. En s'attachant à son père, le fils se protège ainsi d'un retour au néant (un retour en arrière, du temps ou il était le bébé dépendant de sa mère) et consolide son identité sexuée.

Mais dans ce cheminement œdipien, l'enfant peut se trouver coincé dans des impasses. Ainsi, un garçon peut idéaliser exagérément la sexualité de son père et renoncer à la sienne propre. Devenu adulte, il restera dans une position infantile vis-à-vis de lui comme vis-à-vis de tout supérieur hiérarchique. Il sera partisan d'un clivage net et rigide entre le masculin et le féminin, afin de tenir ce dernier (qu'il méprise) à distance.

La difficulté pour l'enfant va être de négocier avec tous ces sentiments parfois contraires, et faire coincider ses désirs avec la réalité. Bien sûr, l'enfant n'a pas le contrôle sur ses sentiments. Il n'en a pas une connaissance consciente et lucide. Il est soumis à des pulsions. Il les subit et s'arrange avec. Il est à la recherche d'une satisfaction de ses pulsions, mais aussi à la recherche d'un équilibre. D'autant plus que, durant cette période de la vie, il continue de croître physiquement et intellectuellement, et que la construction de son identité sexuée se poursuit. C'est pourquoi l'organisation œdipienne va également influer sur la construction de cette dernière identité. Ces différents processus sont intimement liés. La façon dont l'enfant va s'organiser affectivement par rapport à ses parents jouera un rôle important dans l'image qu'il aura de son propre sexe. La réciproque est également vraie. La manière dont un enfant va se sentir garçon ou fille, masculin ou féminin, va participer à sa façon d'organiser son complexe d'Œdipe.

La leçon principale que doit retenir l'enfant d'un œdipe réussi (c'est-à-dire équilibrant et ouvrant vers le monde), c'est l'interdit de l'inceste. J'insiste sur ce point car une mauvaise intégration est retrouvée dans une consultation sur quatre dans ma pratique et celle de mes confrères. Cela doit lui être dit à la fois avec le verbe et dans le comportement que les parents doivent avoir : « Je ne pourrai pas faire comme papa avec maman ni comme maman avec papa car c'est mon père et c'est ma mère. Mais je pourrai les imiter et m'identifier à eux avec un, une ou des autres. Mes frères et sœurs me sont également interdits et à jamais pour une relation amoureuse de corps à corps. Jamais je ne les épouserai ni aurai d'enfants avec eux. »

La situation la plus facile, pour un enfant, est d'être en présence d'au moins deux adultes ayant une vie génitale qui les satisfasse, et que l'enfant désire être à l'image de ces adultes.

À la fin de l'œdipe, l'enfant va intégrer la règle fondamentale de l'interdit de l'inceste et va renoncer à l'idée de faire aussi bien que papa avec maman ou maman avec papa. Il va se tourner vers les autres, et utiliser l'énergie soutenant ses élans amoureux et sexuels pour l'apprentissage.

Il convient de noter qu'une situation œdipienne réussie ne conduit pas systématiquement vers la voie de l'hétérosexualité ni de la monogamie. Elle conduit à un équilibre affectif, une acceptation des règles sociales, des envies de rencontres, une curiosité et une fluidité intellectuelle.

La façon dont l'enfant va organiser ses sentiments amoureux et hostiles par rapport à ses parents est complexe. Chacun a sa propre voie. Les exemples de Floriane et de Charles signent des organisations réussies car épanouissantes ; mais il n'existe pas de modèle d'organisation idéale.

Des défauts dans cette organisation, pour des raisons diverses, peuvent engendrer des troubles dans notre monde interne. Ces troubles peuvent toucher des domaines variés : difficultés scolaires dans une ou plusieurs matières, trou de mémoire dans tel champ de la pensée, difficultés relationnelles plus ou moins spécifiques, difficultés sexuelles etc...

Si l'organisation psychoaffective résultante du complexe d'œdipe était une maison en guise de monde interne, celle de Floriane et de Charles serait habitable, solide et confortable à tous les niveaux. Dans le pire des cas, celui des enfants gravement psychotiques, il n'y a même pas accès à cette organisation. Le niveau affectif — et donc intellectuel qui lui est intimement lié — reste, chez ces enfants, en deçà du complexe d'Œdipe. Pour rester sur la métaphore de la bâtisse, la construction d'un œdipe défaillant est une maison faite de bric et de broc, aux pièces inadaptées, trop étroites ou trop spacieuses, au toit laissant passer la pluie, avec un escalier (menant au grenier des souvenirs) bringuebalant, ou avec une cave inaccessible. Toutes ces imperfections n'empêchent pas d'y vivre, mais rendent la vie inconfortable ou risquée, et favorisent l'angoisse ou la tristesse.

Les relations d'opposition et d'identification aux parents sont complexes. Leur mise en place, leur édification, leurs modalités d'expression sont fonctions de facteurs variés. Chaque enfant va avoir son organisation propre. La régularité des relations de l'enfant avec ses parents, la nature des relations qui lient père et mère, la présence d'un nouveau conjoint, la manière dont chaque parent a résolu ses propres conflits œdipiens, la fratrie, participent à cette élaboration.

Le plus souvent, la fille adopte les comportements de sa mère, soutenue par le corps social. Elle s'identifie aux désirs de sa mère. Mais elle peut aussi s'identifier aux désirs de son père. Son père peut désirer d'autres hommes même si ce désir n'a rien de sexuel : admiration, respect, amitié... La fillette peut désirer être cet homme que son père désire ou admire, ou bien désirer être avec cet homme, ou encore souhaiter être désirée par lui. La fillette comme le garçon vont comparer ce qui est du désir de la mère et du père, de la femme et de l'homme, et feront leur « recette » personnelle. Chacun va s'identifier en partie à l'un et à l'autre des adultes qui les élèvent, à tous ceux qui les entourent, comme à leurs désirs. Plus un enfant est entouré, plus la palette de modèles proposés est diversifiée, et plus sa liberté de choix est grande.

Premiers baisers

Les élans amoureux, tendus à l'origine vers les personnes qui s'occupent de lui (parents, mais aussi nourrice et fratrie), se dirigent vers les enfants du même âge. Les amitiés d'enfants s'élaborent peu à peu. Le mot d'« amoureux » apparaît dans le langage des petits dès quatre ans. Ce sont souvent les adultes qui baptisent de ce mot les amitiés naissantes et exclusives entre garçons et filles. Avant de poursuivre la lecture de ce chapitre, retenez que les histoires amoureuses des enfants ne sont plus des histoires d'enfants si les parents s'en occupent.

Ce sont parfois les enfants eux-mêmes, dans le secret de leur amour, qui s'identifient à l'amour unissant les plus grands autour d'eux :

> Stéphane, six ans, embrasse en cachette Catherine, quatre ans, et lui dit aussitôt, avec gravité : « Ça veut dire que maintenant, on est amoureux. »

Les enfants, dès la grande section de maternelle, repèrent les couples d'amoureux et s'en moquent : « Oh, les amoureux ! » Selon une enquête menée par le magazine *Les Enfants d'abord*[1], 40 % des six-douze ans déclarent avoir un amoureux ou une amoureuse. On relève que les sept-neuf ans sont davantage concernés (45 %) que les dix-douze ans, comme si le refoulement de la sexualité devenait plus massif à la veille de la puberté. Certains enfants proclament, fièrement, avoir plusieurs bien-aimés mais le, la ou les élus ne sont pas toujours informés de ces inclinaisons. Le favori du cœur n'est d'ailleurs pas celui avec lequel l'enfant joue le plus, contrairement au meilleur copain ou à la meilleure copine. L'amoureux est celui dont on parle entre filles. L'amoureuse est celle pour laquelle les garçons agissent. En fait, très tôt, toutes les combinaisons des jeux amoureux (jalousie, fidélité, triolisme...) sont expérimentées, de façon évidemment platonique. Marivaux se joue dès l'école élémentaire.

> Gabrielle, huit ans, est une leader qui mène tambour battant sa bande de filles. Elle a plusieurs amoureux. Elle en destitue certains pour en désigner d'autres, au gré de ses humeurs affectueuses.
> Lucien, neuf ans, est le garçon dont toutes les filles de la classe sont amoureuses ; mais il n'en aime aucune. L'élue de son cœur est Maïtena, qu'il retrouve chaque été lors de ses vacances au Pays basque.

Il y a des différences entre la maturité « amoureuse » des garçons et celle des filles. Ainsi, à six ans, les garçons sont plus nombreux à se déclarer être ou avoir été amoureux ; mais à huit ans, les filles sont majoritaires.

La moitié des six-douze ans (autant les garçons que les filles) qui ont un(e) amoureux(se) disent être toujours ensemble à l'école. 40 % déclarent se faire des bisous et se tenir par la main. Le baiser sur la bouche est plus rare et concerne moins de 2 % chez les sept-neuf ans.

1. Février 1992.

Il devient plus fréquent avec l'âge, et 30 % des dix-douze ans disent en avoir fait au moins un. Un tiers des enfants de six-douze ans interrogés sur ce qu'ils font avec leur amoureux(se) répondent qu'ils aiment jouer ou s'amuser ensemble. Un tiers également n'aiment pas être dérangés par d'autres copains quand ils (elles) sont avec leur élu(e) ; mais ce sont deux fois plus les garçons que les filles qui recherchent cette exclusivité. Les filles, souvent, ont besoin de la présence concomitante de leur meilleure copine et de leur amoureux. « Jouer au docteur » n'est cité que par 10 % des enfants questionnés sur ce qu'ils font avec leur amoureux(se). Comparativement aux enfants de maternelle, la pudeur s'est en effet installée ; mais il s'agit ici peut-être de la « pudeur » de ne pas tout dire à l'adulte qui mène le sondage. Jouer à la dînette ou se promener concernent aussi 10 % des enfants, tout comme la discussion. « On discute » est cité trois fois plus par les garçons, et essentiellement par ceux de plus de dix ans.

La chasteté entre six et douze ans est la règle. La vue des organes sexuels est taboue. Trois quarts se disent gênés si leurs copains les surprennent nus. C'est l'âge aussi, ai-je constaté, du type de rêve que presque tous les garçons ont fait de se retrouver nus à l'extérieur, soumis au regard des autres qui sont habillés. Par contre, le regard des frères et sœurs et des parents ne dérange pas la grande majorité (80 %) d'entre eux. La pudeur des sentiments n'est pas non plus de mise avec les parents puisque près de 60 % des enfants pensent que l'on doit dire à ces derniers si l'on est amoureux.

Les adultes servent de modèle pour les marivaudages des enfants. Observer les cinq-six ans jouer au papa et à la maman, c'est comme observer leurs parents dont ils caricaturent les dialogues et les attitudes.

Mais l'amour chez les enfants n'est pas qu'un jeu. Les chagrins d'amour existent et il n'y a aucune raison qu'ils soient moins douloureux que les nôtres.

> J'ai reçu Paul, six ans, car il présentait des difficultés à s'endormir, une tristesse prolongée, des difficultés d'acquisition à

l'école, et une baisse de l'appétit. J'ai posé le diagnostic de dépression. L'ensemble des symptômes a fait suite à un déménagement de la famille. Chaque déménagement est une somme de pertes, mais pour Paul la plus importante, celle qui se trouve à l'origine de son état dépressif, est celle de Célia, son amoureuse, qu'il connaissait depuis trois ans, et dans la classe de laquelle il avait toujours été. Trois années d'amour pour un enfant de six ans c'est l'équivalent de vingt ans de vie commune pour un couple de quarante ans.

Emma, vingt-six ans et le corps peu farouche, a collectionné les aventures amoureuses d'un été ou d'une nuit. Elle débuta, il y a un mois, une liaison avec Philippe, quand il dut partir pour le Burkina Faso y travailler. Cette séparation provoqua chez elle un syndrome dépressif sévère pour lequel je la vis en consultation. Elle a perdu huit kilos en deux mois, se réveillait chaque nuit malgré les somnifères prescrits par son généraliste, avait des idées noires et perdu le goût de vivre. Elle était presque surprise de l'intensité de sa réaction après le départ d'un garçon parmi d'autres. L'analyse de son histoire et de ses rêves révéla l'existence d'une rupture très ancienne. Elle avait sept ans quand le grand « amour » de sa vie qu'elle connaissait depuis l'école maternelle, également prénommé Philippe, a dû partir car son père venait d'être engagé sur un chantier en Afrique. Elle n'a plus revu ce garçon, avec lequel elle faisait des projets de mariage. À l'époque, autour d'elle, on n'a pas pris la chose très au sérieux. D'ailleurs Emma n'a rien manifesté. En fait, elle se souvint avoir été suivie pour une dyslexie apparue, avons-nous constaté ensemble, l'année de la séparation. Le carnet de santé indique également la survenue d'eczéma ainsi qu'une intervention pour suspicion d'appendicite à la même époque. Mais aucun lien n'avait alors été fait entre les différents évènements. Devenue adulte, Emma avait oublié cette histoire, mais son cœur en avait gardé une plaie

> non cicatrisée. La fin de cette aventure, avec cet autre Philippe, l'a réouverte brutalement. Emma a fait une dépression à retardement car sa souffrance de petite fille n'a pas été reconnue et mise en mots. Elle a dû attendre presque vingt ans pour se délivrer de sa peine et retrouver goût à la vie.
> Tout récemment, j'ai eu des nouvelles d'Emma qui, guérie de sa dépression, n'avait plus besoin de me voir. Elle m'écrit qu'elle a retrouvé la trace de son premier amour qui vit dans la région de Bordeaux. Il est marié, et a une fille qu'il a appelée Emma.

Les premiers baisers se font parfois entre frères et sœurs quand les parents omettent d'énoncer l'interdit des « actes amoureux » au sein de la fratrie ou que les enfants tardent à les accepter.

> Mikaël a six ans et se plaint : « Ma sœur veut m'embrasser ; moi je n'aime pas. Ses bisous sont pleins de bave. »

La cohabitation favorise bien sûr ces échanges. On a vu que les enfants sont beaucoup moins pudiques avec leur fratrie qu'avec leurs camarades. Leur pudeur au sein de la famille est souvent dévalorisée par les parents alors qu'elle est demandée vis-à-vis de l'extérieur. « Tu ne vas pas te cacher de moi. Je te connais, c'est moi qui t'ai fait », va déclarer telle mère confrontée à la pudeur naissante, et saine, de son petit. Il arrive qu'à l'occasion de la puberté, des échanges plus poussés se réalisent, que les deux soient consentants ou non. Ces actes incestueux perturbent le développement psycho-affectif. Dans les sociétés traditionnelles, où la sexualité des adolescents apparaît pourtant beaucoup plus libre, l'interdit des relations au sein des fratries est bien délimité. Ainsi en Mélanésie, aux îles Tobriand, frères et sœurs ont l'interdiction de jouer ensemble et, devenus adolescents, de se parler. En Nouvelle-Calédonie, au début du siècle, un rite établissait que les frères et sœurs s'insultent. Ces injures jouaient le rôle d'exutoire et soulageaient des frustrations liées à l'interdit de l'inceste tout en marquant sa bonne intégration. En Occident, de nos jours, les conflits entre frères et sœurs élevés ensemble ont, à mon sens, inconsciemment cette même fonction de mise à distance. Il faut que les parents ne s'en émeuvent pas trop, en l'absence bien sûr de violences physiques, et ne répètent pas sans cesse que : « Frères et sœurs doivent s'aimer »...

La sexualité en jachère

Identité en latence

Filles à la vanille et gars au chocolat

Entre six ans et la puberté, le sentiment identitaire, c'est-à-dire le fait de se sentir garçon ou fille, et tout ce que cela implique, ne subit guère de remaniement.

C'est l'âge où le clivage entre garçons et filles est le plus important. Malgré l'installation de la mixité dans les écoles publiques depuis les années soixante-dix, les enfants continuent de se regrouper dans leur fréquentation et dans leurs jeux en catégories de même sexe. Il y a les jeux de filles et les jeux de garçons. Les filles parlent de garçons en termes généraux et réciproquement. Selon elles, les garçons sont « bêtes » et « se battent tout le temps ». D'après les garçons, les filles sont « sages », « pleurent tout le temps », ou sont « moins fortes ». Filles et garçons se définissent aussi, mutuellement, par ce qu'ils aiment : les filles aiment les poupées et les garçons le football. Des différences entre sexes sont clairement exprimées par les enfants de cet âge quand on les interroge sur le sujet, même si le contenu des propos évolue avec les époques.

Certains enfants marquent plus que d'autres ce clivage et ont des propos très définitifs et habituellement hostiles vis-à-vis de l'autre sexe.

À l'autre extrémité, il y a des filles qui déclarent préférer jouer avec les garçons sans pour autant regretter d'être une fille.

> « Je n'aime pas être avec les filles. Elles sont trop chochottes. Elles ne font que parler et se moquer. Avec les garçons, on peut vraiment s'amuser », me confie Sabine, neuf ans.

D'autres filles, très « garçons manqués », critiquent les garçons, mais n'ont de cesse de les côtoyer pour se bagarrer avec eux, comme elles peuvent se battre avec leur frère à la maison.

> « J'attaque les garçons parce qu'ils embêtent les filles... J'adore me battre », me dit Axelle, huit ans, ravie que les garçons aient peur d'elle.

Certains garçons affirment leur différence, mais s'intéressent aux jeux relationnels avec les filles.

> Yves est un garçon de neuf ans qui parle avec aisance. Il a du plaisir aux jeux de garçons, mais est fasciné par Roxane qui est très séductrice et qui est la fille la plus populaire de la classe. « J'ai été amoureux d'elle, me dit-il, mais maintenant elle l'est de Pierre, mon meilleur copain. Elle a réussi à nous brouiller en lui disant de ne pas jouer avec moi. Elle a tous les garçons à ses pieds. » Yves aimerait posséder sa force séductrice.

Après sept ans, la conscience que l'enfant a de lui-même, en tant que garçon ou fille, est définitive. Elle s'accompagne d'une résonance émotive. Il est en effet plus ou moins satisfait de ce qu'il est mais dans la plupart des cas, il ne se pose plus la question consciemment. La fille supporte mal d'être prise pour un garçon et réciproquement. Son genre fait partie, comme son nom, de son identité. En règle générale, le garçon adopte des comportements spontanés de type masculin et joue avec des jeux reconnus comme jeux de garçons par le corps social. Il en est de même pour la fille. Leur préférence va nettement vers des compagnons de jeux du même sexe qu'eux. Cependant la normalité est riche de diversité.

Selon les comportements observés par les parents, 4 % des enfants âgés de six à neuf ans (ils étaient 7 % avant six ans) voudraient être du sexe opposé. De dix à douze ans, ces chiffres sont les mêmes pour les filles, mais chutent à 1 % pour les garçons. Il arrive à 6 % des garçons et 9 % des filles de s'habiller comme un enfant du sexe opposé entre sept et neuf ans. De dix à douze ans, les chiffres sont respectivement de 0 et 8 %. On note qu'en Occident, une fille qui s'habille en garçon est bien mieux tolérée par les parents, les autres enfants et le corps social qu'un garçon s'habillant en fille.

Entre garçons et filles qui sont en période de latence, on peut observer des différences, plus ou moins marquées selon les enfants, dans les gestes, la posture, et la démarche. En moyenne, les garçons sont plus actifs dans leurs jeux. Les jeux de bousculade leur plaisent davantage. Les filles préfèrent, dans leur majorité, les jeux de langage. Déjà au XVIe siècle, Gabriel Meurier notait : « Les paroles sont femelles et les faits sont mâles[1]. »

Écoles de filles, écoles de garçons

C'est en 1867 que la loi française a obligé les municipalités de plus de cinq cents habitants à créer une école primaire pour les filles. Le lycée leur est ouvert en 1880. Ce n'est qu'en 1930 qu'on doit leur apprendre à lire et à écrire et non plus seulement à savoir broder leur nom sur un canevas. Il faut attendre 1970 pour que soit accueillie la première étudiante à Polytechnique. À l'école, les résultats diffèrent selon les sexes. Les garçons sont meilleurs en mathématiques. Les filles en français. Mais les principales différences de sexe dans les fonctions intellectuelles semblent résider dans les schémas de compétences plutôt que dans le niveau général d'intelligence. Ainsi, contrairement à l'idée couramment répandue, les filles n'auraient pas un moins bon sens de l'orientation que les garçons mais s'appuieraient

1. Gabriel Meurier, *Trésor des sentences*, 1568.

davantage sur des repères ponctuels (arbre, bâtiment), tandis que les garçons se feraient davantage à la géométrie d'ensemble. Tout se passe comme si elles se reposaient plus sur l'expérience concrète qui est la leur. Ces différences sont, à mon sens, liées aux différences de stimulations parentales et de l'entourage selon le sexe du nouveau-né et à l'évolution affective différenciée tant le cognitif est étroitement imbriqué au domaine affectif. Dans les années cinquante les filles réussissaient moins bien que les garçons au test d'intelligence. On en a conclu à la supériorité masculine des hommes. On sait maintenant que ces différences de QI étaient simplement dues à une sous-stimulation des filles, auxquelles on transmettait moins de savoir. Au même titre que les résultats aux tests des QI sont supérieurs parmi les enfants de milieu favorisé. Actuellement les résultats aux différents tests cognitifs sont les mêmes pour les filles et les garçons.

Des tests ont démontré que les garçons avaient une meilleure vision dans l'espace. En fait des outils de mesure plus récents ont contredit ces résultats.

Les garçons sont plus mal notés en conduite. Les enseignants relèvent chez eux plus souvent des difficultés d'attention, de l'agitation et de l'impulsivité.

Tout se passe comme si le système scolaire en primaire, dans la passivité physique qu'il réclame, était moins adapté aux garçons qu'aux filles. On a vu que ces différences de comportements remontent à la petite enfance et sont liées, selon moi, au besoin plus prégnant de se détacher de la mère chez le garçon, aux pulsions actives liées à sa génitalité et aussi à l'imprégnation hormonale (testostérone) des six premiers mois de vie qui stimule chez les garçons les modalités pulsionnelles.

L'enseignement devrait s'adapter à ce besoin d'action physique chez la majorité des garçons. Il faudrait augmenter le temps d'activité physique ou manuelle. Mais aussi utiliser cette ardeur en développant de nouvelles méthodes pédagogiques qui solliciteraient davantage d'action chez l'enfant lors de la transmission d'un savoir par l'enseignant.

Le sexe des émotions

Les pédopsychiatres et les pédiatres ont constaté que les garçons étaient largement sur-représentés parmi les enfants ayant des tics, du bégaiement, de l'encoprésie ou de l'énurésie. Ces observations ont conduit à des recherches d'ordre génétique qui n'ont pas donné à ce jour de résultats. L'explication psychologique réside, selon moi, dans une retenue de pulsions actives, d'agressivité et de conquête. La parole (bégaiement), le geste (tic), la miction (énurésie), la défécation (encoprésie) sont autant de processus actifs, de projections, d'émissions qui peuvent être considérés comme agressifs. Le garçon en les retenant répond à ce qu'il comprend des interdits éducatifs. Je pense que cette retenue trop abrupte, trop complète et massive, est à l'origine de bégaiements, de tics et d'encoprésie par débordement (les selles trop retenues finissent par s'évacuer). L'énurésie est souvent chez le garçon une énurésie « par prudence » selon l'expression de Dolto. Si le zizi est un « fait pipi », il ne peut en même temps servir à autre chose. Faire pipi pour le petit garçon, c'est mettre à l'écart ses pulsions génitales qui se libèrent plus facilement la nuit venue, à l'occasion des rêves, tout en satisfaisant ses pulsions mictionnelles.

On constate aussi que les garçons expriment moins leurs émotions que les filles. On a vu que l'explication est en partie culturelle puisque socialement l'expression des émotions est plus admise chez les filles. Mais il ne s'agit pas que de cela. Je pense que les filles extériorisent davantage pour exprimer leur sexualité interne, masquée. Il y a une dimension de revendication. L'autre explication tient dans l'assurance plus forte qu'elles possèdent, en raison du caractère protégé de cette génitalité située à l'intérieur du corps, et qui fait qu'elles ont moins peur de s'exposer. On peut aussi penser que les garçons retiennent leurs émotions comme ils retiennent leurs pulsions actives, par souci de ne pas libérer trop d'agressivité.

Cela écrit, ces différences signalées entre garçons et filles dans leur comportement ou l'expression de leurs émotions ne sont que des moyennes statistiques. Beaucoup de filles d'âge primaire sont dans le mouvement, l'action et la bousculade. À l'inverse, des garçons, qui n'ont rien d'efféminé, sont à l'aise dans le verbe et la relation. Chez ces derniers, les pulsions actives ne sont pas moins fortes, mais elles diffusent et se réalisent dans les modalités relationnelles (la parole peut être un acte et une arme).

> Simon, dix ans, s'est fait élire chef de classe. C'est un garçon qui ne se bat jamais. Il possède l'art du compromis et s'il se mêle de tous les conflits c'est pour tenter de les résoudre. C'est le garçon du dialogue et ce futur diplomate a trouvé ainsi un pouvoir à la mesure de sa virilité.

L'identité bousculée

La façon dont le garçon et la fille vont, respectivement, vivre leur masculinité et leur féminité sera, bien sûr, également fonction des modèles sociaux et familiaux. Elle tiendra compte de la manière dont chaque parent vit sa propre identité sexuée, et des rôles conférés à chaque membre de la famille selon son sexe. Pour l'enfant en période de latence, les parents, comme les autres adultes ou adolescents, continuent d'être des modèles identitaires. Même si l'identité reste relativement stable entre six et douze ans, des événements de vie peuvent la bousculer. Ainsi à l'occasion de divorces ou de ruptures, les conflits entre les parents sont parfois si violents qu'ils portent atteinte au sentiment identitaire de l'enfant dans toutes les identifications qu'il a pu prendre avec le parent attaqué. Le garçon ou la fille peut ressentir les humiliations subies par un parent dans son rôle de femme ou d'homme.

> Christophe, trente-deux ans, se souvient des relations conflictuelles entre ses parents. Sa mère avait un amant et ne cessait de déconsidérer son mari aux yeux de tous. Au sein de la famille, également, elle le dévalorisait. Quand il donnait une consigne aux enfants, elle le reprenait et imposait une consigne inverse. Christophe se souvient du mélange de pitié et de

mépris qu'il a ressenti vis-à-vis de cet homme, et qui a nourri le manque de confiance qu'il a eu par la suite en lui-même et dans sa position d'homme.

Les conflits entre parents réveillent les questions œdipiennes, avant l'heure de la puberté. Les enfants sont parfois pris en otage par les parents en rupture. Trop souvent le père ou la mère va attendre d'eux un soutien affectif ou une complicité. L'enfant peut être « parentifié » par un des parents qui va lui confier son désarroi, lui livrer par ses confidences une intimité parentale, et lui donner ainsi ce que l'enfant prend comme la place de l'autre parent. Des études américaines (Kaltern *et al.*, 1985) ont montré, par exemple, que l'image des hommes et des femmes qu'ont les enfants de divorcés est différente des autres. Ainsi les filles ayant vécu seules avec leur mère divorcée décrivent les hommes comme moins forts et moins sensibles que les femmes.

Pulsions sous clé

Grâce à l'éducation et aux différents interdits parentaux, l'enfant a pu encadrer ses différentes pulsions, et notamment ses pulsions sexuelles. En général, après six-sept ans, son organisation œdipienne s'est mise en place et restera stable jusqu'à la puberté, en dehors d'événements majeurs bouleversants, comme pourrait l'être le divorce ou le décès des parents. L'enfant, une fois le complexe d'Œdipe résolu pour lui, entre en période de latence. Cette période s'achèvera avec l'entrée dans l'adolescence. Ses pulsions sexuelles vont devenir beaucoup moins visibles dans le comportement, les propos, les productions (dessins, modelage) et les pensées que lors de la petite enfance. Ce qui est latent est ce qui n'est pas apparent. Ces pulsions ne vont pas pour autant disparaître. Elles vont être déplacées de différentes façons, par différents mécanismes que je vais vous présenter. Elles vont ainsi rester quiescentes jusqu'à l'efflorescence pubertaire. Le psychisme de l'enfant va entrer dans les ordres pour environ six années. Libéré de la pression que ces pulsions exerçaient sur lui, il va pouvoir se consacrer à un certain nombre d'apprentissages, et développer tous les champs de la connaissance et du savoir-faire. Cette « retraite » prendra fin avec l'entrée dans l'adolescence. Voici les mécanismes utilisés à cette fin, dont certains d'ailleurs prennent parfois appui sur l'acquisition d'un savoir.

La digue et les canaux

La conscience de l'enfant va tenir compte des sentiments d'interdit, de désapprobation et de culpabilité élaborés à partir de l'éducation reçue. Aussi, un certain nombre de désirs et de représentations mentales nés des pulsions vont être refoulés du champ de la conscience. C'est-à-dire qu'ils vont être stockés dans la partie non consciente du psychisme, au prix d'une certaine dépense d'énergie. Ils n'apparaissent, désormais, qu'à l'insu de la volonté de l'enfant, dans ses rêves ou dans certains de ses jeux. Le peu de souvenirs qu'on a de sa petite enfance tient en partie à ce refoulement, car à l'affectif qui est refoulé est lié tout ce qui fait le quotidien de la vie et qui est refoulé avec. D'ailleurs quand j'interroge les enfants de sept à neuf ans, ils ont déjà peu de souvenirs de leur petite enfance.

Il importe que le refoulement soit présent car cela permet notamment l'acceptation des règles sociales et libère de la place pour les acquisitions. Mais il ne faut pas qu'il soit trop global, brutal et rigide car cela gênera aussi les acquisitions et la créativité, qui se nourrissent d'énergie sexuelle. Donc un juste équilibre entre le refoulement et les autres mécanismes qui permettent le maintien de la créativité est souhaitable ; ni complaisance, ni censure.

Les pulsions ou les désirs non refoulés sont transformés, et conduisent à des activités ou à des conduites acceptables par la partie consciente (le « moi » de l'enfant) car valorisées familialement et socialement. Ce sont les activités intellectuelles (apprentissage scolaire), artistiques, morales (pratiques religieuses) ou sportives. J'y ajoute les activités ludiques (chansons, télévision, Play Station) qui sont des ébats de l'imaginaire libérant indirectement des pulsions diverses. L'énergie de la pulsion sexuelle (ou agressive) est dérivée, sans être refoulée. Ce mécanisme de transformation est nommé, en psychanalyse, sublimation.

Le refoulement, c'est comme une digue qui contient le fleuve pulsionnel, et la sublimation est comme une dérivation en canaux multiples.

Quand la pulsion sexuelle est dirigée vers une personne qui aurait pu être désirée (ex. : mère ou père), elle est mutée en tendresse, amitié ou dévotion. L'objet (la personne) de la pulsion reste le même, mais il y a un renoncement à la satisfaction érotique. Avec le refoulement, la pulsion sexuelle est enfermée, telle quelle, dans la cave. Avec la sublimation, elle reste dans la maison, mais est transformée en autre chose. La sublimation touche de nombreux domaines. Ainsi l'intérêt du tout-petit pour les excréments manipulés se sublime-t-il en plaisir de faire du modelage, de la poterie, de la peinture et même de la cuisine. Ce mécanisme, qui est propre à l'être humain, est donc salutaire à son développement.

La socialisation

Un autre mécanisme de contrôle des pulsions, et qui est proche de la sublimation, est la socialisation. C'est une façon de rester au contact de ses pulsions, tout en ayant une activité reconnue et acceptée par la société. Les cas suivants illustrent bien ce mécanisme :

> Jérôme, qui a été un petit dur, toujours près aux quatre cents coups, s'est assagi. Il veut être, quand il sera grand, un policier. Il a ainsi trouvé une façon légale de fréquenter l'illégalité et la violence.

> Alexandre, comme beaucoup de camarades garçons de son âge (il a cinq ans), rêve d'être pompier plus tard. Il pourra, grâce à ce métier, rester à proximité du feu, fasciné par sa puissance de destruction et qui est aussi, métaphoriquement, celle de son désir.

Faire du karaté pour Jonathan est un dérivé autorisé de ses pulsions agressives.

Amandine a découvert dans la danse le moyen, socialement acceptable, de mise en branle et autres stimulations corporelles.

Dans tous ces exemples de socialisation des pulsions, le plaisir, auquel l'enfant a renoncé dans son accomplissement à l'état brut, est préservé dans son intensité.

La période de latence est l'époque de la vie où l'amitié et la tendresse sont les plus pures. C'est l'âge du meilleur copain et de la meilleure copine. L'enfant fait l'expérience de tout ce qui est commun à l'amour et à l'amitié, et qui a fait dire qu'il n'y a entre eux deux qu'un lit de différence : la fidélité, la jalousie, l'attente, le manque, le sentiment d'être seuls au monde à deux et d'être invincibles ensemble, la complicité, la trahison, la passion, la communion, la dévotion, l'ardeur, la ferveur...

L'intensité des liens à ces âges est telle qu'elle confère un statut sans nul autre pareil aux amis d'enfance. Ce n'est pas un hasard si, souvent, la puberté et l'efflorescence des désirs sexuels viennent sonner le glas à ces amitiés chastes de l'ère primaire. De nouvelles amitiés s'élaborent. On rompt avec ses amitiés d'enfant comme on cherche à rompre avec sa famille. C'est parfois une première liaison amoureuse qui sert de prétexte :

Lisa, quinze ans, évoque Samantha : « C'était ma meilleure amie depuis le CP, mais elle est sortie avec un garçon qui me plaisait terriblement. Depuis on ne se parle plus. »

Classiquement, l'enfant en période de latence se soumet aux règles, qu'elles soient intra-familiales ou scolaires. C'est l'âge où il « pose le moins de problèmes » à ses parents. D'ailleurs c'est avant, lors de la période œdipienne, ou après, lors de la puberté, que les consultations en pédopsychiatrie me sont le plus demandées.

Les parents sont respectés, et l'enfant ressent tendresse et dévotion à leur égard. Le désir et la rivalité œdipienne sont refoulés ou sublimés. L'enfant peut aussi se détacher affectivement du noyau familial et se déplacer vers les groupes, vers des activités sociales plus larges, des milieux relationnels nouveaux. L'enfant va choisir d'autres modèles parmi les personnes de son environnement, mais aussi au sein des personnages de fiction, de roman ou de cinéma. Il se détache des images parentales. Ce détachement peut être tel qu'il s'imagine parfois issu d'une autre famille. C'est une période d'équilibre. Les forces vives qui agitaient son psychisme n'ont pas disparu mais elles sont domptées, cultivées, canalisées, embrigadées ou enfermées. L'enfant accepte les règles de politesse. Les acquisitions scolaires sont vastes. Les instances éducatives et pédagogiques savent mettre à profit cette période.

Formations réactionnelles, isolation et rêverie

Aux côtés du refoulement, de la sublimation et de la socialisation, d'autres mécanismes opèrent, pour mettre le psychisme à l'abri des pulsions sexuelles.

Les formations réactionnelles en font partie. Elles sont la transformation, de façon permanente, des tendances et des désirs inacceptables par la conscience de l'enfant en tendances opposées. Ces nouvelles tendances sont-elles acceptables familialement et socialement. Ainsi les pulsions agressives sont-elles transmutées en courtoisie ; l'exhibitionnisme en pudeur ; l'attirance pour les selles et le pipi en dégoût. De même est transformée en dégoût l'attirance pour le corps à corps amoureux. « Faire l'amour » pour les enfants de six-onze ans, c'est « dégoûtant ». Certaines peurs sont le résultat de ces formations réactionnelles. Ainsi, chez Yvanne, la peur phobique des serpents est probablement née de sa curiosité pour le sexe masculin.

Les formations réactionnelles touchent autant les comportements que les sentiments. La jalousie (notamment vis-à-vis de la fratrie ou d'un parent perçu comme un rival par rapport à un autre) peut se muter en un sens aigu de la justice. Le raisonnement inconscient, sous-jacent à cette formation réactionnelle, étant : « Puisque je ne suis pas privilégié, que personne ne jouisse de traitement particulier. »

Il arrive que le « choix » d'une formation réactionnelle se fasse par identification à un parent, comme Julian qui a la phobie des araignées au même titre que sa mère. Chez lui, cette formation réactionnelle est née de la transformation d'une curiosité pour le sexe féminin. Il n'est pas indispensable, pour que l'enfant « choisisse » la phobie de sa mère ou de son père, que l'origine de la phobie soit la même.

Le trait commun de ces différentes formations réactionnelles est qu'elles sont toutes valorisées par la société. Le dégoût des déjections, la pudeur, le sens de la justice, la courtoisie vont en harmonie avec les règles sociales transmises aux enfants. Et même les phobies des insectes ou des reptiles sont communément admises. D'ailleurs, à l'inverse, on s'étonnerait qu'un enfant ait du plaisir à la compagnie de ce type d'animaux.

On repère une formation réactionnelle, comparativement à un trait de caractère, par sa rigidité. Un trait de caractère est plus souple et souffre davantage des exceptions.

Les formations réactionnelles sont permanentes durant la période de latence. Mais l'entrée dans l'adolescence vient modifier l'ensemble de l'organisation psychologique mis en place pour tenir à distance les pulsions sexuelles. Et un certain nombre de ces formations peuvent s'amender, s'atténuer ou disparaître.

Mme T., trente-huit ans, se souvient :

> « Quand j'étais enfant, je ne supportais pas que l'on m'embrasse. Mon cousin s'en amusait et me faisait des baisers volés sur la bouche. Je m'essuyais aussitôt la bouche en criant mon dégoût. Aujourd'hui je peux dire sans rougir que les baisers sont ce que je préfère en amour. »

Cette pudeur, chez les enfants d'âge primaire, est salutaire et doit être respectée. Elle est de bon aloi, sauf si elle devient trop handicapante : enfant refusant la vie en collectivité ou refusant violemment tout contact physique quelle qu'en soit la nature.

Aux côtés de la sublimation, du refoulement, des formations réactionnelles, l'enfant en période de latence va également utiliser l'isolation.

L'isolation est un mécanisme psychologique qui consiste à éliminer de la pensée consciente tous les sentiments et les émotions liés à une représentation mentale au caractère sexuel. La pensée d'un attribut ou d'un comportement sexuel est acceptée, mais elle est détachée de tout affect et de tout ressenti. L'enfant va pouvoir entendre parler de sexualité, voire assister à des scènes d'activité sexuelle sur l'écran de sa télévision, mais ne ressentira aucune émotion particulière. Le résultat étant alors qu'il s'en désintéressera.

Le refuge dans la rêverie s'observe chez certains enfants décrits comme rêveurs en classe ou à la maison, et qui sont repliés dans leurs pensées. Il témoigne parfois d'un échec des mécanismes précédents s'il persiste au-delà de six ans. Dans son monde intérieur, l'enfant est à l'abri des interdits de toutes sortes et notamment des interdits sociaux concernant la sexualité. Ainsi, pour échapper aux interdits d'épouser ses parents, il peut s'imaginer issu d'une autre famille. Il pourra donc épouser ses parents puisqu'il imaginera qu'ils ne le sont pas vraiment. Ces rêveries sont nourries d'énergie sexuelle. Si le refuge en elles se révèle excessif, cela peut provoquer un isolement, un abandon de la vie pratique et des acquisitions.

La période de latence est une véritable mise en jachère des pulsions sexuelles. Cette mise à distance des exigences pulsionnelles autorise une évolution cognitive plus facile. Une meilleure perception de la réalité se met en place. La règle prend le pas sur la fantaisie, la pensée devient catégorielle (sériation), réversible et moins égocentrique. Cette organisation psychoaffective se fait en parallèle avec une maturation neurologique. Les voies nerveuses terminent leur maturation progressivement dans les années qui suivent la naissance. Cette maturation apparaît notamment par une myélinisation (engainement des nerfs) progressive qui va conditionner le bon fonctionnement du système nerveux. Dans ce domaine, la période des cinq ans (celle qui correspond à la fin de l'œdipe) est cruciale.

De cinq à sept ans, la spécialisation hémisphérique va modifier les stratégies cognitives. Chaque hémisphère va se spécialiser dans certains domaines et il y aura un hémisphère dominant et un hémisphère mineur. L'asymétrie règne en l'humain. Dans l'hémisphère dominant vont résider les fonctions analytiques et le langage (aspects sémantiques et syntaxiques). Dans l'hémisphère mineur siègent les fonctions globales perceptives et spatio-temporelles. Socialement, l'enfant en latence prend goût aux jeux de règles, de groupe comme aux débats.

Mais la période de latence, bien que consacrée aux acquisitions, n'est pas totalement hermétique à toutes manifestations d'ordre sexuel. Si c'est bien le moment de la vie où la sexualité est le plus taboue pour la conscience de l'individu, elle peut cependant transparaître discrètement dans son comportement, notamment au début et à la fin de cette période.

Les comportements sexuels des enfants de six à douze ans

L'éducation familiale et sociale provoque chez l'enfant la mise sous contrôle des différentes pulsions, et notamment des pulsions sexuelles. On a vu par quels mécanismes psychologiques cela se fait. Cette mise à l'écart pulsionnel se traduit dans le comportement sexuel de l'enfant de six à douze ans, qui se désexualise. Tous les comportements sexuels vont diminuer nettement en fréquence jusqu'à la puberté.

L'exhibitionnisme devient rare. Seuls 5 % des parents interrogés par Friedrich et ses collaborateurs (1998) signalent que leur enfant de six à neuf ans a montré, au moins une fois, ses parties sexuelles à des adultes (contre 15 % chez ceux de deux à cinq ans). Les parents des enfants de neuf à douze ans concernés ne sont plus que 2 %.

Seuls 1 à 2 % vont embrasser des adultes qu'ils ne connaissent pas (ils sont dix fois plus nombreux chez les moins de six ans). Les baisers entre enfants après six ans ne concerneraient que 1 % d'entre eux, toujours selon les parents.

De même, ils ne touchent plus (moins de 2 %) les parties sexuelles d'adultes, qu'ils soient ou non leurs parents. 8 % des parents de garçons de six à neuf ans ont noté que leur fils avait touché les parties sexuelles d'autres enfants (1 % pour les filles). Mais après neuf ans, seulement 1 % des parents le relèvent.

La curiosité sexuelle reste présente. Entre six et neuf ans, 20 % des parents signalent qu'ils essaient de regarder les gens nus ou en train de se déshabiller, mais seulement 10 % s'intéressent aux images de nus. Ils ne sont plus que 5 % pour les neuf-douze ans. Dans les faits, c'est sous la forme du comique troupier que le plaisir lié à la sexualité pointe son nez, en témoigne le succès auprès de cette tranche d'âge des émissions télévisées de divertissement grand public considérées comme vulgaires (type celles animées par Lagaff').

La masturbation ne disparaît pas non plus, mais devient beaucoup moins fréquente. Les chiffres sont les suivants, toujours selon les comportements observés par les parents :

De six à neuf ans, 13 % (garçons) et 5 % (filles) se masturbent.

14 % (garçons) et 6 % (filles) se touchent les parties sexuelles en public, 40 % (garçons) et 21 % se touchent à la maison.

De dix à douze ans, ils sont 4 et 7 % à se masturber, 1 et 2 % se touchent en public, 9 et 12 % à la maison.

La physiologie retient aussi l'attention des enfants à partir du cours moyen. C'est l'âge notamment des questionnements sur la menstruation chez les filles. Les enfants des deux sexes commencent à échanger des informations sur les relations sexuelles.

À l'approche de la puberté, le discours amoureux se développe, même s'il n'est pas sous-tendu par une véritable génitalité.

Il en est de même du discours sexuel. Si seulement 2 % des parents constatent que leur enfant de moins de six ans parle d'actes sexuels, ils sont 7 % pour les six-neuf ans, et 9 % pour les neuf-douze ans. C'est le seul indice sexuel qui croît chez l'enfant de six à douze ans, par rapport à celui de moins de six ans. C'est souvent sous la forme de jurons, et dans ce cas, c'est lié au souci de paraître grand.

L'intérêt pour l'autre sexe prend son essor. Lui qui avait diminué jusqu'à neuf ans a tendance à réapparaître à l'aube de la puberté. 14 % des parents le relèvent parmi les six-neuf ans, et ils sont 30 % à l'observer chez les filles de neuf-douze ans, plus précoces que les garçons (24 %).

Le discours amoureux est très social, et met en scène les groupes. C'est le jeu du « je t'aime, moi non plus » mais l'intérêt du jeu est qu'il est collectif avec témoins, messagers et arbitre... Écoutons Édouard, onze ans, que les filles adorent fréquenter et qui se présente comme l'amoureux dépité :

> « Les filles en colonie, je les drague mais le lendemain c'est un copain qu'elles aiment. »

Pour les moins de douze ans, sortir avec une fille, c'est lui donner la main et, éventuellement, l'embrasser avec la langue.

Voici Julien, douze ans :

> « Une fois j'ai aimé deux copines en même temps. Elles m'ont demandé de choisir. J'ai réfléchi. Quand le lendemain j'en ai choisi une, c'était trop tard elle en aimait un autre qui ne l'aimait pas. »

Le grand amour de Victor, dix ans, date de la maternelle :

> « Je l'ai aimée jusqu'en CM2, mais je ne lui ai dit qu'une fois. »

On constate que les indices sexuels chez les six-douze ans restent rares. Une manifestation bruyante, l'association de plusieurs indices ou encore la présence d'indices normalement absents doit interpeller les adultes. Comme pour le petit enfant, ils peuvent témoigner de troubles du développement psycho-affectif, de carences éducatives ou bien d'agressions sexuelles.

6

La sexualité de l'adolescence

Le corps mouvant

Devenir adulte, c'est être socialement confirmé dans une identité sexuelle.

À l'adolescence, des remaniements identitaires vont s'opérer. Ils aboutissent, si tout se passe bien, à la constitution d'une identité stable. Freud considérait que ce n'était qu'à l'adolescence que l'identité sexuée se mettait en place. Ses successeurs, dont Stoller et de plus récents encore, estiment que c'est précocement, dans les premières années de vie, que l'identité sexuelle est définitivement acquise. Je pense qu'en effet le noyau de l'identité de genre s'installe bien dans les trois ou quatre premières années de vie (comme les autres aspects de l'identité). C'est d'ailleurs à cet âge que l'enfant a la conviction inébranlable, quelle que soit la façon dont il sera élevé par la suite et quel que soit ce qui lui sera dit, d'être un garçon ou une fille. Mais la période œdipienne qui fait suite, et se prolonge jusqu'à environ sept ans, est la période où se complète en surface cette structure identitaire. C'est également lors de la période œdipienne que s'organise le support de la future orientation sexuelle, à partir des sentiments amoureux ou hostiles que l'enfant éprouve vis-à-vis des adultes tutélaires. Cependant des remaniements profonds se réalisent à l'occasion de la puberté, qui vont entraîner une réorganisation de la structure œdipienne mise en place. Il y a aussi une réactivation des mouvements psychoaffectifs des trois premières années, mais qui se produit cette fois dans un corps sexué.

L'enfant devenant adolescent reste dans le même système familial, mais lui a changé. Les élans d'amour dirigés vers ses parents et les membres de sa famille prennent un aspect autrement inquiétant à l'intérieur d'un corps désormais mature sexuellement. Il est dans la crainte, inconsciente ou non, de dépasser les limites et les interdits. L'enfant devenu grand, pour se protéger du réveil de pulsions amoureuses et hostiles, va devoir se dégager des images parentales qui lui ont servi de modèle et trouver une voie plus personnelle. Les remaniements concernant la période œdipienne sont connus. Moins connus sont des remaniements plus profonds (car établis antérieurement) qui prennent racine dans la construction de la personnalité les trois premières années. Un certain nombre de troubles psychologiques à l'adolescence, comme l'anorexie mentale, se comprennent à la lueur de ces remaniements en profondeur. J'y reviendrai plus en détail. Retenez, si vous le souhaitez, que le développement de l'identité sexuée continue jusqu'à la fin de l'adolescence. Or le physique, chez l'adolescent, joue un rôle capital. Le corps est le porte-parole privilégié des changements qui se produisent. La transformation morphologique est, bien sûr, en relation avec la puberté, mais elle est aussi l'expression corporelle des transformations psychologiques, des mouvements affectifs, et des angoisses conséquentes à ces changements. Par le corps, l'adolescent établit des liens sociaux et des interactions avec les autres. C'est également l'âge, surtout chez le garçon, où l'individu a le plus recours à l'agir pour s'exprimer. Si c'est au cours de l'adolescence que le corps parle le plus fort, chez le nourrisson (dépourvu de langage structuré), tout en se montrant également bavard, le corps n'en joue pas moins un rôle tout aussi crucial. On retrouve ici le pont que j'ai établi en parlant des remaniements identitaires entre l'adolescence et les premières années de vie.

L'adolescence est donc une période de profond changement à la fois corporel et psychologique. Dans ce chapitre consacré au physique, je me limiterai au corps qui est le support concret autour duquel l'ado va revisiter son identité sexuée et poursuivre l'élaboration de son identité sexuelle. Physiquement, l'adolescent voit son corps se développer et vivre une poussée de croissance importante sur un temps relativement court. Ses traits se modifient, et l'adolescent est confronté à un changement de son image dans le miroir qui est souvent déconcertant. Ce changement explique les longs temps passés par les adolescents devant leur miroir. Ces changements ne se font pas toujours de façon homogène et harmonieuse. Et l'on observe, avant que l'œuvre ne soit achevée, des dissymétries qui sont une des caractéristiques physiques des adolescents. Un garçon aux longues jambes musclées cohabitant avec un torse court et des hanches étroites, ou bien une adolescente au long corps en liane mais à la poitrine peu constituée.

L'adolescent ne va pas, d'emblée, percevoir mentalement son corps comme un ensemble cohérent. Cette perception ne sera totale qu'en fin d'adolescence, une fois la croissance achevée et après l'accession à des relations sexuelles car c'est aussi grâce aux échanges avec les autres qu'il va construire cette image corporelle. On a tous une image de notre corps, ce que Dolto nomme l'image inconsciente du corps. Elle évolue au cours du développement. Elle est influencée notamment par les émotions, les sentiments, le discours porté sur nous, le regard des autres, la réalité du vécu de notre corps. Le corps est le porte-voix des remaniements psychologiques propre à l'adolescence, et donc en particulier de tous les remaniements concernant la construction de l'identité sexuelle. Mais en même temps, il est lui-même un acteur de cette élaboration. En effet, le corps, dans sa réalité physique et par l'impact qu'il exerce sur soi-même et sur les autres, va jouer un rôle dans la perception que l'on a de soi et donc dans sa propre perception identitaire. Ainsi à l'occasion de ses échanges relationnels avec les autres l'adolescent va-t-il regarder le corps de l'autre à partir de son propre corps. Il se compare. Et son intérêt pour telle partie du corps ou telle fonction corporelle chez l'autre va être régulé par son intérêt pour la même partie ou la même fonction chez lui-même. L'adolescence a en commun avec les deux premières année de vie l'importance des changements physiques en un espace-temps relativement court. La taille, le poids, l'apparition des caractères sexuels secondaires modifient grandement l'apparence physique. C'est l'âge où l'on observe le plus de variétés, de différences, entre individus au même âge. Pourtant c'est l'âge où l'individu souhaite le plus ressembler aux autres, être conforme à ses pairs. Il cherche à se distinguer des enfants et des adultes, mais veut être comme les autres adolescents. D'où l'intérêt pour une mode vestimentaire ou de coiffure qui à la fois différencie (des autres générations) et rassemble ceux de son âge. La question : « Est-ce normal ? » débute la plupart des questions que je recevais lors de l'émission télévisuelle hebdomadaire où je répondais aux questions d'adolescents. La place qu'occupe le groupe des pairs pour l'adolescent et le rapport à son corps dans sa relation de dépendance et d'influence avec ce groupe rappellent la relation qu'a le nourrisson avec sa mère. Comme lui, l'adolescent doit apprendre à se reconnaître dans un nouveau corps. Le nourrisson le fait grâce au regard de sa mère, l'ado grâce au regard de ses pairs.

La puberté correspond physiquement à l'apparition des caractères sexuels secondaires. Secondaires, car ils font suite à la mise en place des caractères sexuels primaires (organes génitaux internes et externes) pendant la période fœtale. En France, c'est en moyenne vers treize ans chez les filles et quinze ans chez les garçons qu'ils s'acquièrent. Le climat, l'environnement, l'alimentation jouent un rôle sur les dates d'apparition. Leur installation s'étale sur trois à cinq ans. Les différences physiques entre garçons et filles vont s'accentuer.

Chez le garçon, la taille va croître plus que chez la fille. Sa largeur d'épaules va devenir supérieure à celle de son bassin. Chez la fille, ces largeurs sont plus proches.

Les os du garçon sont plus épais et plus marqués au niveau des reliefs. Ceux des filles sont plus fins, en particulier au niveau des attaches. Le bassin est plus large.

Les muscles des garçons sont plus développés en épaisseur. Ceux des filles sont plus allongés et fins.

La peau des filles est plus lisse et fine. Elle repose sur un tissu cutané plus développé notamment au niveau des fesses, des seins et des cuisses. La peau masculine est plus épaisse, moins douce, et repose sur un tissu sous-cutané moins important et sans zone de localisation particulière.

La pilosité chez l'homme est plus importante sur tout le corps. Chez la femme, elle est nettement plus réduite. L'implantation et la nature des cheveux diffèrent. Chez l'homme, ils sont plus épais et, pour des raisons hormonales, se fragilisent au niveau des tempes et en haut du crâne.

Le larynx devient saillant chez l'homme (pomme d'Adam).

Et, *last but non least*, les seins se développent et deviennent fonctionnels chez la femme mais restent atrophiés chez l'homme.

Ces modifications morphologiques, l'adolescent les attend plus ou moins, les subit sans les maîtriser et les observe chez autrui. Elles viennent instituer une double ligne de partage : celle qui est entre le corps de l'enfance et celui du futur adulte, mais aussi et surtout, pour le sujet qui nous intéresse, celle qui est entre garçons et filles, entre féminin et masculin. C'est ici la mise en place d'une nouvelle frontière. À partir de quatre ans, garçons et filles se différencient bien selon leurs critères. Après sept ans, ils entrent en période de latence et s'assemblent en groupes de genre. Les filles et les garçons ont des activités communes mais aussi leurs codes de reconnaissance et leurs activités respectives. Avec l'apparition des caractères sexuels secondaires, de nouveaux éléments de discrimination entrent en scène. Cela vaut sur un plan individuel : je me reconnais garçon ou fille normale si j'acquière, à l'instar de mes semblables, ces caractères.

Parmi les adolescents présentant un retard d'apparition des caractères sexuels secondaires que j'ai pu rencontrer, beaucoup éprouvaient un malaise quant à leur identité.

> Sabrina qui, bien que de grande taille à seize ans, n'était toujours pas réglée, se demandait si elle était bien une femme comme les autres. Cela la freinait également dans sa quête amoureuse.

Écoutons le témoignage de Franck, trente et un ans :

> « Quand j'avais seize ans, j'avais un corps peu développé musculairement. J'étais mince, les membres graciles, et

presque totalement imberbe des jambes et du torse avec, en guise de moustache, un simple duvet transparent. Les traits fins, une peau claire et sans acné, le visage anguleux, de grands yeux aux longs cils, les cheveux soyeux, une voix de contralto me faisaient souvent prendre pour une fille involontairement ou par un entourage moqueur. D'autant plus que, sans être efféminé, j'étais un adolescent calme, doux, peu porté à la compétition et plutôt rêveur. Alors que mon enfance s'était déroulée sans souci, mon adolescence a rencontré le tourment. Je me suis inscrit au karaté sans goût particulier pour ce sport simplement dans l'espoir de muscler mon corps. Je rasais mon visage imberbe dans l'espoir d'y faire pousser des poils drus. Je maudissais ce corps qui ne collait pas à ce que je ressentais au-dedans de moi. Je consultais les livres de médecine en bibliothèque pour voir si je n'avais pas une maladie quelconque. Bien que les filles m'attirassent, je me croyais homosexuel. Je me repliais sur moi-même, craignant le contact avec les autres, et j'ai eu des envies d'en finir. Les choses se sont arrangées avec le temps, mais je garde de cette époque le souvenir effarant d'être dépossédé de mon identité et de mon sexe. »

Les questionnements sur l'identité sexuée se posent pour chaque adolescent. Ils se confondent dans leur tête avec les désirs et les orientations sexuelles qui prennent corps. Ainsi tel adolescent va se demander s'il est bien un garçon car il va éprouver des émois pour un autre garçon. Et le physique va jouer un rôle dans la manière dont il va se présenter aux autres et dans l'image que les autres vont lui renvoyer de lui-même.

L'accompagnement des ados implique de les rassurer sur leurs changements corporels.

Les remous de l'identité

La transformation que subit l'adolescent s'impose à lui. Il n'a choisi ni la date, ni les composantes de ce changement. Il génère une satisfaction, le plaisir de croître et de grandir, mais aussi des questionnements, des inquiétudes, des tensions, de la souffrance.

C'est un âge où l'identité au sens large est en métamorphose. Aux changements corporels s'associent une évolution des capacités intellectuelles et d'importants changements affectifs. La vision que l'adolescent a de lui-même, son image du corps vont être remaniées. L'identité sexuée, bien que solidement ancrée dans les premières années de la vie, va connaître quelques assauts.

La libération d'hormones sexuelles, en plus de l'influence sur les modifications corporelles, va jouer un rôle sur le tempérament. La testostérone chez le garçon peut être à l'origine d'une agressivité nouvelle. La croissance peut donner une confiance nouvelle à un enfant inhibé et peu confiant en lui. Les modifications corporelles vont aussi changer le regard de l'environnement sur l'enfant.

Ainsi tel garçonnet aux traits fins va prendre une apparence marquée de masculinité. Telle fillette ne jouant qu'avec des garçons et se prenant parfois pour l'un d'eux va être confrontée aux premières règles et à la pousse des seins, qu'elle pourra vivre comme des éléments contraignants. Les transformations physiques sont comme un nouveau costume qui impose un nouveau rôle.

Sur un plan intellectuel, il y a l'intégration de la différence des sexes. Les questions de masculinité et de féminité sont l'objet de réflexions, de raisonnements. L'adolescent ne se contente plus de les accepter comme allant de soi, comme un dogme. C'est l'âge des réflexions sur soi et des questions existentielles (la vie, la mort, l'amour).

Sur le plan affectif, c'est la reviviscence à la fois des expériences affectives, relationnelles et « sexuelles » de la petite enfance mais dans un corps sexué. Le sentiment amoureux existait en période de latence. Mais c'était l'amour au bois dormant. Il se développe à l'adolescence avec une émotivité remaniée et de nouvelles perceptions. C'est aussi l'âge des expériences nouvelles, originales, liées aux nouvelles possibilités de l'adolescence.

L'adolescent va devoir s'adapter psychologiquement aux changements physiques dont il fait l'objet. Il lui faudra les intégrer et se faire une représentation mentale de son nouveau corps. Ceux qui ont subi une opération de chirurgie esthétique savent qu'il faut un peu de temps pour « se faire » à un nouveau visage par exemple. À l'adolescence, ce sont toutes les parties du corps qui sont « opérées ». Dans la vie, seules les deux premières années connaissent un bouleversement aussi spectaculaire qu'à l'adolescence. Mais, à ces âges, on n'a pas les mêmes capacités de perception et d'appréhension. Imaginez qu'en deux ans vous preniez quinze centimètres, que des poils apparaissent un peu partout, que vous doubliez de volume et de poids, que du sang s'écoule de votre corps, que votre voix se transforme, ne seriez-vous pas épouvanté ? Et pourtant ce film d'horreur, nous l'avons tous vécu. C'est d'ailleurs pour cela, je pense, que les films fantastiques et d'horreur ont tant de succès auprès des ados. Nouveau corps, nouvelle façon de penser, de percevoir le monde et les autres, nouveaux désirs, nouveaux sentiments ; ces nouveaux pouvoirs non contrôlés fascinent l'adolescent et l'effraient. Il se vit comme un mutant. Comme dans la petite enfance, l'adolescent va être aidé dans l'intégration de sa représentation corporelle par le regard des autres. C'est pourquoi il est si sensible aux opinions et jugements portés sur lui.

Comme le nouveau-né, il est regardé différemment selon son sexe. Il va en outre susciter, pour les autres ados et adultes, des désirs. Ces désirs d'autrui, bien que non exprimés verbalement, vont influer sur la relation et donc sur l'image de lui-même qui va lui être renvoyée par les autres. Il ou elle ne va plus seulement être regardé(e) comme un enfant, sujet neutre, mais comme un homme ou une femme.

L'enfant s'était constitué dans sa tête une image de son propre corps. Entre six et onze ans, la croissance est suffisamment lente pour qu'il puisse « digérer » les différentes modifications (taille, poids). Mais à la puberté le changement acquiert un caractère expéditif. Aussi, pendant quelques années, l'ado ne va pas bien connaître l'image de son corps, ses limites, ses formes, son aspect. Il va se trouver plus gros ou plus maigre qu'il n'est en réalité. Cela se mêle avec les questionnements relatifs à l'identité sexuée. Le garçon va se trouver des hanches trop larges, se demander s'il n'a pas des seins (devant une infiltration graisseuse transitoire), et trouver son pénis trop petit. La fille s'inquiète du volume de sa poitrine, insuffisamment apparente ou au contraire trop volumineuse. Ils se confient rarement sur ces sujets en dehors de l'anonymat d'une consultation médicale ou d'une émission radiophonique. Mais les demandes d'interventions chirurgicales à l'adolescence, aux États-Unis mais aussi en Europe, vont croissantes. Elles concernent surtout les seins pour les filles et le pénis pour les garçons.

La fillette, ne voyant pas son « sexe », pouvait s'imaginer un être bisexué en devenir. Ses organes sont à l'intérieur mais le sait-elle ? Et si elle le sait, comment le croire ? N'ayant ni organes génitaux comme son père, ni seins comme sa mère (représentant pour elle les organes féminins), elle peut très bien imaginer que tout cela viendra plus tard. Devenues nubiles, certaines accueillent cela avec joie, d'autres avec désolation. Le sang qui coule, malodorant et sale, les dégoûte alors. Cet écoulement régulier est un obstacle à leur caractère actif et frondeur, à leur toute-puissance. Ces règles les forcent à rentrer dans le rang d'une identité unique. Cette réalité entre en résonance avec la réactivation de craintes inconscientes de petites filles liées à la pénétration forcée, au viol et en particulier à la sexualité prohibée car incestueuse. Elle réactualise ou renforce l'identification à la mère qui peut être ardemment refusée, notamment quand celle-ci est défaillante à différents niveaux (ex. : mère malade). Heureusement, la plupart des jeunes filles sont plutôt rassurées de devenir pubères et de prendre place ainsi dans la chaîne des femmes de sa lignée.

À nouveau, comme à la maternelle, les ados vont s'observer et se comparer. Ils vont exprimer un intérêt marqué pour telle partie du corps chez l'autre quand cette partie leur pose question chez eux-mêmes. Les notions de conformité, de normalité sont au cœur de leurs préoccupations. C'est la période de la vie où il y a le plus d'écart entre personnes du même âge, et où ils aimeraient le plus être semblables aux autres.

Savoir si son physique est concordant à son identité sexuée les soucie au plus haut point, c'est d'ailleurs pour cela qu'ils n'en parlent jamais, ou sporadiquement.

Écoutons Rosa :

> « Je suis trop brune. Brune comme mon père, mes frères et les autres hommes de ma famille qui sont tous très poilus. Ma mère et mes tantes sont blondes et ont la peau fine et claire. J'aimerais leur ressembler. »

La mode exprime ce besoin de se différencier des autres générations et d'être semblable aux membres de la sienne.

L'histoire de la mode montre qu'il a de tout temps existé une mode classique et une mode moderne portée par les plus jeunes. Les vêtements amples (type « baggis ») sont très appréciés des ados contemporains. Ils ont l'intérêt de masquer les formes. Gommer les différences avec les autres, c'est aussi gommer les différences entre filles et garçons. Cette mode, qui dure, va de pair avec l'« égalité » des sexes que les sociétés occidentales adoptent. Les années soixante-dix ont mêlé les ados de même sexe dans les mêmes lieux, marquant un changement révolutionnaire et fondamental par rapport aux siècles passés. Je pense que l'abrasion des différences, grâce à la mode, est une façon pour les adolescents d'apaiser l'attirance passionnelle suscitée par la différence des sexes. Les murs séparant les lycées de filles et de garçons ayant disparu, les ados diminuent le gradient qui les sépare afin d'éviter de trop fortes décharges de désirs. Car l'arrivée des potentialités sexuelles et les caractères physiques tracent plus profondément la différence entre garçons et filles. Cette différence peut être inconsciemment refusée comme c'est le cas chez beaucoup de jeunes filles anorexiques.

Elles expriment par leur amaigrissement et leur aménorrhée (arrêt des règles) un refus de la féminité. Pour autant elles ne recherchent pas un corps masculin. Il s'agit de la volonté du maintien d'un monomorphisme, celui de l'enfance. Ce sont les caractères sexuels secondaires qui sont réfutés, car ils évoquent une soumission, les différences primaires étant acceptées. J'ai constaté que la jeune fille anorexique s'identifie à la puissance maternelle telle qu'elle est perçue par le petit enfant. C'est une puissance ni féminine ni masculine, mais regroupant les deux. C'est une puissance phallique, celle de la « déesse mère » des premières sociétés humaines. Devenir femme, c'est renoncer à cette globalité. Ce type de refus est aussi le fait de garçons, comme c'est le cas avec Pascal.

> C'est un garçon qui a été toujours très proche de sa mère. À la puberté, il va prendre beaucoup de poids, étouffant sa virilité naissante, à la fois dans son aspect mais aussi biologiquement. En effet, les hormones mâles sont transformées en œstrogènes (hormones femelles) par la graisse (phénomène d'aromatisation). Pascal en refusant le changement cherche à éviter une prise de distance refusée avec sa mère. Il détourne ses pulsions génitales en pulsions orales. Il prend du plaisir à manger comme lorsque, bébé, il vivait en symbiose avec sa mère. Sa prise de poids est un moyen de s'affirmer puissant. Il n'est pas gros pour son inconscient, il est « fort ». C'est aussi une façon de s'affirmer d'une force à la fois masculine et féminine, comme chez la jeune anorexique, tout en étouffant ses désirs sexuels. Dans le groupe, il a une identité : le gros rigolo. Ni fille ni garçon, il est le gros. Son obésité le rend neutre.

À l'inverse, l'indifférenciation peut effrayer. Certains ados garçons peuvent craindre lors de la puberté, du fait des remaniements, une féminisation. Alors, dans leurs comportements, ils cherchent à se différencier de ce qu'ils imaginent comme féminin. Pour eux le féminin est passif, faible, sage et lascif. Ils vont donc s'astreindre à des tâches physiques dures, sortir sans se couvrir, éviter de sourire et de rire, pratiquer des sports de combat, se montrer désagréables. Pour eux, faire l'homme, c'est ne pas respecter les règles. Je dis les règles, pas la loi. Dans la plupart des sociétés humaines, depuis des siècles, la loi est édictée par des hommes et maintenue par eux. La loi est symboliquement souvent intégrée comme virile, masculine. Quand l'ado la transgresse, c'est dans le but d'être confronté à l'homme de loi.

J'ai constaté que les règles (les règles du logis, le règlement des lycées, les règles de bienséance) sont souvent maternelles, donc féminines pour ces garçons. Comme à deux ou trois ans, l'ado prend ses distances avec la « société mère » pour affirmer son identité masculine.

La nouvelle image de soi que l'ado va élaborer dépend aussi de son expérience sexuelle. On ne peut isoler, à cet âge, sexualité et identité sexuée. Ils sont intimement liés dans un pas de deux. Par rapport au temps jadis, la société semble exiger des ados une réalisation sexuelle très précoce. Les adultes imaginent avoir eu des relations beaucoup plus tôt qu'en réalité. Dans le même temps est niée leur parentalité potentielle comme nous le verrons plus loin.

La révolution à l'adolescence est autant sexuée que sexuelle. On observe parfois des attitudes de provocation, d'excès de maquillage chez les jeunes filles, qui portent des tenues jugées aguicheuses. Il s'agit, selon moi, autant d'un mauvais contrôle lié aux bouleversements pulsionnels que de la quête d'une identité féminine. C'est une façon aussi de solliciter l'autre, d'expérimenter le pouvoir attractif de ce nouveau corps. L'erreur de l'adulte serait de considérer ce comportement comme une demande de satisfaction sexuelle immédiate alors qu'il s'agit d'attente de rencontres, d'échanges, de transmissions ou de reconnaissances. Un corps qui s'offre en sacrifice pour accueillir une réponse affective.

On peut observer des crises transsexuelles transitoires. Elles sont liées à des circonstances existentielles pénibles chez des sujets dont l'identité sexuée, vulnérable (car mal mise en place dans la petite enfance), s'effondre à l'occasion d'un stress. Ce trouble est réversible. La demande de changement de sexe est, à ce moment-là, avant tout une demande de solution à des difficultés d'être ou relationnelles. On peut noter que les demandes d'intervention sont bien plus nombreuses dans les pays où l'homosexualité est illégale, comme si c'était alors le seul moyen d'aller à la rencontre de son sexe que d'en changer.

Ce type de demande s'inscrit parfois dans une identité sexuée élaborée en contradiction avec le sexe anatomique. C'est très rare. Il y a en France quatre mille transsexuels(es). Le sujet connaît son sexe d'état civil mais il a le désir intense et déterminé de changer sa conformation anatomique afin de la rendre compatible avec son sentiment identitaire. C'est dans la petite enfance que prend racine ce qui est appelé « syndrome de Benjamin », du nom de celui qui l'a décrit. À la puberté le rejet du corps sexué peut être tel qu'il conduit à des automutilations. Plus généralement, il est masqué par un travestissement. Une intervention chirurgicale peut apaiser le mal-être. Parfois (10 % des demandes), ce désir s'inscrit dans le cadre d'une psychose (illustrée caricaturalement dans le film du même nom), c'est-à-dire un trouble complet de l'identité touchant tous les aspects de la personnalité et non pas seulement l'identité sexuée. Dans ces cas l'intervention n'est pas possible et la personne nécessite une longue prise en charge psychiatrique.

Dans notre société, ce ne sont plus les critères intellectuels, professionnels, économiques, politiques qui vont distinguer les sexes. Pas plus que la répartition des tâches dans la famille, les vêtements ou les coupes de cheveux. Ce sont d'autres repères, affectifs, sociaux, métaphysiques qui vont permettre d'élaborer une identité sexuée spécifique aux jeunes hommes et femmes. Les rituels de passage de l'adolescence propres aux sociétés traditionnelles différenciaient filles et garçons. Ils n'ont plus cours. Actuellement, c'est trop souvent dans la pathologie que filles et garçons vont se distinguer à l'adolescence.

Le réveil des pulsions

L'adolescence est une période de réorganisation. L'organisation psychique mise en place lors de la période œdipienne se disloque. Et ce qui s'est mis en place avant l'œdipe apparaît à vif : à l'image de pièces archéologiques, souvenirs d'un temps passés mais toujours présents dans les profondeurs, déterrées et mises au jour par un tremblement de terre.

La puberté est un entre-deux. Je vous ai présenté les remaniements externes (corporels) ; il y a aussi d'importants remaniements internes (psychiques). L'adolescent perd la maîtrise de son corps, mais aussi de ses sentiments et de ses désirs. C'est pourquoi la puberté est vécue comme intrusive et dangereuse. La puberté est une menace pour l'identité de l'individu car en attendant la mise en place de l'organisation nouvelle le psychisme est en état de fragilité (une structure organisée, quelle qu'elle soit, même difforme, est plus solide qu'un éparpillement). Mais je dis aussi que c'est une deuxième chance, car ce qui n'a pu évoluer convenablement va profiter de ce réaménagement pour se faire.

La transformation corporelle va modifier l'image que l'enfant, devenant adolescent, a de lui-même. L'accession à la génitalité, c'est-à-dire la maturation des organes sexuels et l'aptitude à la reproduction sexuée, va entraîner une résurgence galvanisée du désir sexuel. Ce retour en flamme, associé à la maturation neurologique qui s'achève, va modifier l'organisation psychologique de l'intéressé. L'adolescent ne va plus penser de la même manière que l'enfant qu'il était. Ce tremblement de terre psychique va réveiller le volcan endormi des pulsions qui ont été maintenues sous contrôle pendant la période de latence. Différents mécanismes de défense contenaient, plus ou moins bien, les différentes pulsions, et le tout formait une structure plus ou moins souple et solide. L'ensemble est ébranlé à tous les niveaux et un nouvel agencement va devoir se mettre en place. Le réveil pulsionnel va, à son tour, bouleverser plus encore l'organisation psychique de l'adolescent.

Les différentes pulsions sont réactivées.

À pleine bouche !

La réémergence de la pulsion orale se manifeste par un rapport nouveau à l'alimentation. On assiste à des épisodes de grignotage, voire de gloutonnerie, qui peuvent être à l'origine d'une prise de poids. L'intérêt porté par l'adolescent à l'alcool et au tabac participe aussi de ce réveil pulsionnel. On a tous constaté que les jeunes gens ont souvent quelque chose en bouche : cigarette, stylo, chewing-gum, minitétine ou bouteille de soda. L'ado veut croquer la vie à pleines dents. Il a soif de nouvelles rencontres avec les jeunes de son âge ou des adultes. Il y a, à partir de la puberté, un investissement nouveau dans la parole et les échanges verbaux. C'est l'âge des débats qui n'en finissent plus sur l'origine et le sens de la vie. Il s'intéresse aux informations et veut avaler le monde. Il se passionne pour Internet comme forum d'échange avec les autres (sans le risque d'une confrontation physique réelle) et comme fenêtre sur le monde. Son attachement pour la musique apparaît ou se développe car les pulsions orales incluent aussi le domaine de la sensorialité. Il cherche à incorporer de nouvelles façons d'être, de nouveaux sentiments ; il a faim d'identifications. Il se rapproche des adolescents de son sexe mais aussi de l'autre sexe. La réactivation des pulsions orales favorise aussi les baisers d'amoureux.

Dans cette dynamique, il ressemble beaucoup à l'enfant de trois-quatre ans qu'il a été.

Ce débordement des pulsions orales peut être vécu de façon angoissante. L'adolescent craint, inconsciemment, d'être dépassé, emporté par elles. Il cherche alors à les contenir, mais il lutte parfois trop massivement contre elles, dans une loi du tout ou rien. On comprend, à la lueur de cela, les conduites anorexiques des jeunes filles. Ces réactions outrancières de barrage au flot pulsionnel sont d'autant plus marquées que ces pulsions étaient déjà vécues comme angoissantes dans la petite enfance. L'anorexie peut aussi se comprendre comme un frein aux pulsions sexuelles. C'est parfois une nouvelle façon d'entrer dans les ordres. Le résultat de la restriction alimentaire est de rendre le corps sans formes, et en particulier sans formes féminines. L'arrêt des règles, qui est la conséquence de l'anorexie, ajoute au maintien à distance des pulsions sexuelles orales l'idée du refus de la féminité.

Je te tiens, tu me tiens par...

Les pulsions de maîtrise et d'emprise sont aussi réactivées. L'adolescent devient opposant, particulièrement contre ses parents avec lesquels il n'est jamais d'accord et auxquels il se confronte sans cesse.

Là aussi on pense au petit enfant qui lors de la période du « non » affirmait son indépendance.

C'est également l'âge des plaisanteries lourdes sur les fonctions d'élimination (en écho aux « pipi caca » des petits) qui se mêlent cette fois aux plaisanteries sur la sexualité.

Ce réveil est aussi celui de l'agressivité verbale et physique, caractéristique de cette période de la vie, dirigée vers les autres ou vers soi-même.

Quand les pulsions de maîtrise sont portées sur le corps propre, elles cherchent à le mettre à l'abri d'une sexualité naissante. Celle-ci tend en effet à placer le corps hors du contrôle de la volonté. Soumis à des pressions internes (son propre désir sexuel) et externes (le désir sexuel des autres porté sur lui ou sur elle) importantes, l'ado va utiliser ses pulsions de maîtrise pour garder le contrôle en attendant de se connaître mieux. Ainsi, il a parfois des comportements ascétiques qui sont autant de luttes pour garder à distance ses pulsions sexuelles. Untel va s'imposer des « épreuves » physiques très rudes comme courir sur des kilomètres, s'interdire telle nourriture ou tout plaisir corporel. Derrière cet ascétisme, il y a une tentative inconsciente de contrôler les désirs sexuels et donc les comportements sexuels (en particulier la masturbation). Nous verrons plus loin ce qui sous-tend plus généralement les refus de la sexualité à l'adolescence.

Les sens du désir

On assiste aussi au grand retour de pulsions génitales qui prennent corps cette fois chez un être sexué. Elles constituent l'essence du désir sexuel qui envahit l'adolescent et lui donne un regard nouveau et débridé sur son environnement.

L'angoisse de castration réapparaît dans les rêves. Je rappelle qu'elle correspond à une limitation, une amputation de la personnalité physique, affective et sexuelle grâce à l'éducation reçue. Je dis « grâce » car elle est un frein au sentiment de toute-puissance du petit enfant et est en lien avec l'acceptation des différentes lois et règles qui sont indispensables à une vie familiale et sociale. L'enfant se sent menacé s'il transgresse ces interdits. La réapparition de l'angoisse de castration à l'adolescence est notamment en relation avec le retour en force des pulsions incestueuses. Contrairement à une idée reçue, cette angoisse concerne aussi bien les les filles que les garçons.

> Ainsi, Roseline, quatorze ans, se réveille en sursaut. Elle vient de faire un cauchemar terrifiant : « Je me levais pour aller dans la salle de bains. J'étais nue. Je me suis regardée dans un miroir et j'y ai vu que j'étais devenue chauve. » Les cheveux sont chargés d'un symbolisme universel relatif à la séduction et à la puissance autant féminine que masculine.

Le garçon comme la fille sont fiers de leur nouvelle génitalité. Mais ils peuvent s'en inquiéter : le garçon craignant de ne pouvoir dominer son envie de conquête ; la fille voyant réapparaître des angoisses de viol. La rivalité à l'égard des parents comme des frères et sœurs renaît avec cette donne nouvelle qu'est la maturité sexuelle et est empreinte de culpabilité. Les questionnements résolus lors de l'intégration du complexe d'Œdipe remontent en surface. La génitalité fait d'eux les égaux des parents en termes de pouvoir sexuel. Ils peuvent même se sentir supérieurs du fait d'une ardeur qu'ils supposent ou devinent moindre chez ces derniers. Une bonne intégration du complexe d'Œdipe dans la petite enfance implique une acceptation de l'interdit de l'inceste pour ce qu'il est : une loi commune et intemporelle à l'humanité. Elle résiste alors à la tourmente soulevée par le retour, durant la puberté, des pulsions génitales refoulées. Quand l'intégration œdipienne s'est faite de façon caduque, la crainte (inconsciente) d'un comportement incestueux est d'autant plus vive. En effet chez certains enfants, l'intégration s'est faite sur de fausses idées comme celle de penser que leur parent leur était interdit car ils étaient trop jeunes ou immatures physiquement, ce qui n'est plus le cas à l'adolescence. D'autres ont vécu cette intégration de façon soumise, comme une loi inique imposée par un régime dictatorial (celui d'un père ou d'une mère autocratique ne respectant pas soi-même les règles fondamentales), et non comme une loi « républicaine et démocratique ». L'adolescence est alors pour eux le temps de la révolte contre ce « droit du plus fort ».

Voici quelques questions d'adolescents qui m'ont été adressées sur ce thème lors de l'émission de télévision où je répondais en direct aux problèmes des ados et qui traduisent une mauvaise intégration des interdits :

> Solène, dix-sept ans : « Je suis follement amoureuse de mon frère qui a vécu aux États-Unis pendant dix ans et que j'ai revu récemment. J'ai peur de lui déclarer mon amour car ce n'est pas très *politically correct* d'être amoureux de son propre frère. Mais j'ai l'impression qu'il est, lui aussi, amoureux de moi. Que me conseillez-vous ? »

> Xavier : « J'ai seize ans. Avec mon frère qui a dix-sept ans on fait des trucs assez louches. On aime se caresser ; on se masturbe, mais ça ne va jamais plus loin. Est-ce normal ? »

Certains adolescents semblent court-circuiter l'interdit œdipien en déplaçant leur attachement sur un professeur ou un autre adulte référent :

> Nadia, quatorze ans : « Je suis amoureuse en cachette de mon professeur d'allemand qui est marié et qui a trois enfants. Je n'arrête pas de penser à lui, mais lui ne s'intéresse pas à moi. Pourtant je ne peux me défaire de cet amour impossible. Que faire ? »

> Léa, seize ans : « Avec ma prof d'histoire, je sens qu'il y a une tension. J'ai l'impression qu'elle est jalouse de moi car elle n'est pas très avantagée par la nature et que je suis bien faite d'après ce qu'on me dit. Cela me gêne et je crois que cela influence mes résultats. »

> Johanna, seize ans (Aisne) : « Je suis amoureuse d'un homme de quarante ans. Il ne le sait pas. C'est un ami de mon père. Dois-je le lui dire et sinon que dois-je faire ? »

Onan

Le réveil des pulsions s'accompagne de nouveaux comportements sexuels. La pratique solitaire de la masturbation en fait partie. On compare trop souvent la masturbation à un autoérotisme. Je crois qu'en règle générale ce n'est pas le cas. En effet dans la masturbation il y a habituellement un autre imaginaire. De nos jours, du fait de l'évolution de l'éducation, elle ne s'associe que rarement à un sentiment de culpabilité. 90 % des adolescents considèrent qu'il n'est pas anormal de se masturber. D'ailleurs, à cet âge, neuf garçons sur dix et une fille sur deux reconnaissent adopter cette pratique. On assiste même à des inquiétudes paradoxales comme chez Aurélie, seize ans, de Dijon :

> « Une amie m'a dit que je suis anormale, parce que je ne me masturbe pas. Est-ce vrai ? »

Mais la culpabilité n'a pas totalement disparu, surtout si, enfants, les premières masturbations déclenchaient des réactions brutales chez les adultes tutélaires (parents ou nourrices) telles que : « C'est sale, ne mets pas tes doigts ! » ou bien : « On va te la couper si tu continues à la toucher ! »

Associées ou non à de la culpabilité, les conduites masturbatoires peuvent être à l'origine d'anxiété. Ce qui peut inquiéter l'ado, c'est parfois l'intensité de son désir :

> Omar, seize ans, est soucieux car il se masturbe cinq ou six fois par jour, et me demande comment « guérir de ça ».

La survenue d'un orgasme place cette activité à un autre niveau que chez l'enfant. Ce plaisir très important, inexpérimenté jusqu'alors, est source de crainte pour le jeune garçon.

Celui-ci peut être troublé par cette perte de soi que représente l'éjaculation. Je pense que le fameux « spleen », que les hommes connaissent bien quelques minutes après avoir fait l'amour (auquel ils répondent souvent par la non moins célèbre cigarette après l'amour) est en relation avec cette perte de soi.

Petit enfant, il avait fait l'expérience de l'excrétion salivaire, urinaire, fécale et avait intégré ces données, ces pouvoirs de « création » à son développement psychologique en les investissant symboliquement. La capacité émissive de sperme est, je pense, une étape au moins aussi importante pour l'individu. Cette semence est très chargée symboliquement car elle peut donner la vie. Elle rend l'adolescent aussi puissant que ses parents. Mais donc aussi fragile, car son entrée dans le monde adulte lui fait découvrir que ses parents ne sont pas les êtres tout-puissants qu'il idéalisait enfant. Cette nouvelle puissance, euphorisante, s'accompagne d'une certaine crainte comme lorsqu'on vous confie une nouvelle responsabilité ou un bel engin dont on rêve depuis toujours. Les plaisanteries nombreuses entre garçons autour du sperme, aussi fréquentes que les « pipi caca » du petit enfant, témoignent de leurs questionnements sur ces changements. Le garçon obtient une jouissance plus aisément que la jeune fille. Celle-ci fait également l'expérience d'une nouvelle perte de soi mais à l'occasion des règles, qui signe sa capacité reproductrice comme chez le garçon, mais qui n'entre pas en relation avec la jouissance.

La jouissance liée à la masturbation (ou aux premières relations sexuelles si l'adolescent découvre cela en même temps) peut troubler l'adolescent pour une autre raison. Elle entraîne en effet une coupure transitoire avec l'état de conscience. Cette suspension dans la conscience de soi correspond au summum de la jouissance. Le terme populaire de « petite mort » traduit bien ce vécu particulier, mais aussi l'émoi qu'il peut susciter chez un jeune ado. Selon moi, c'est l'équivalent de cette « petite mort », de cette « suspension de conscience » que le jeune recherche dans les comportements à risque.

Il arrive que l'adolescent lutte, de façon inconsciente, contre son envie de se masturber. C'est le cas de Jean-Christophe, quatorze ans, que mon ami, le Dr Gilles Valet, reçoit pour des TOC (troubles obsessionnels compulsifs) :

Ses parents s'inquiètent car il passe des heures à se laver. Ils sont obligés de couper l'eau pour l'interrompre et ils ont alors droit à des bordées d'insultes car Jean-Christophe n'a pas fini son rituel. Il ne peut s'en empêcher. Il reconnaît que sa conduite est originale, mais son besoin est plus fort que sa volonté.

Après plusieurs entretiens, une fois la confiance établie, il m'explique qu'il frotte chaque partie de son corps avec un gant de crin. Il se sent sale, accusant les « pollutions » de la ville de « colporter des nouvelles maladies ». Par contre, il ne passe jamais le gant sur ses organes génitaux, se contentant de verser directement le savon liquide dessus : « J'ai peur de me faire mal », argumente-t-il. Ses rêves témoignent de désirs sexuels très culpabilisés et d'une peur de la sexualité. Le sens caché de ces rituels est de se laver de fautes imaginaires liées à ses désirs. La vigueur et la constance mises au service de la toilette des différentes parties de son corps sont autant d'évitements à toucher en les lavant ses organes génitaux. D'ailleurs il n'avait aucune pratique masturbatoire. Sa crainte de la pollution se comprend métaphoriquement comme la crainte des conséquences de pratiques masturbatoires refusées (on parle de pollution nocturne à propos de l'éjaculation).

La psychothérapie menée avec le Dr Valet lui a permis de prendre ses distances avec toutes les angoisses (essentiellement angoisse de mort) qui s'amarraient, chez lui, à la masturbation. Les rituels de Jean-Christophe, lavé de ses angoisses, n'ont plus de raison d'être, et disparaissent.

Pourquoi cette crainte de la masturbation ? Les masturbations s'accompagnent de fantasmes. Ces fantasmes sont en eux-mêmes sources d'angoisse pour l'ado. Bruts initialement, ils sont délivrés par la suite sous la forme de trames plus élaborées. La richesse de ces scénarios est liée à l'âge, mais également à la personnalité de l'ado. Celui qui est à l'aise avec son imaginaire sera privilégié dans ce domaine. Avec cependant la possibilité d'être si bien installé dans son « cinéma privé » qu'il ne ressent pas la nécessité ou l'envie d'aller vers l'autre pour y trouver un spectacle plus réjouissant. Certains ont des difficultés à obtenir des représentations mentales diversifiées et divertissantes. Une masturbation vide de fantasmes et mécanique n'ouvre nullement l'adolescent vers l'extérieur. Cette pauvreté est souvent due au maintien, voire au renforcement, des mécanismes psychologiques d'isolation. L'ado peut, en effet, protéger sa conscience contre cet afflux violent de pulsions sexuelles par différents mécanismes psychologiques dont l'isolation. L'isolation est la suppression dans le conscient des sentiments, des émois liés à une image mentale (idée, pensée, souvenir) gênante. Dans ce cas, il s'agit des images de nature sexuelle qui ne suscitent, par le biais de l'isolation, aucune émotion. On pourrait comparer la pensée consciente qui « s'isole » des émotions à une maison isolée de la température extérieure. La température extérieure, comme les émotions, reste une réalité, elle n'est pas niée, mais elle n'influence pas l'intérieur de la maison.

Un autre mécanisme utilisé est l'intellectualisation. L'adolescent va se détacher apparemment de sa situation personnelle et va s'investir dans les théories et les généralisations. C'est l'âge des grandes réflexions sur le monde qui doit être « refait ». Les pensées abstraites sont favorisées et prennent le dessus sur les pensées personnelles. Les pulsions sexuelles sont ainsi rattachées à des idées que l'adolescent peut maîtriser, sur lesquelles il peut échanger avec d'autres, sans risquer de trop s'impliquer affectivement. Il transforme ainsi ses questionnements propres, notamment liés aux remaniements sexuels, en problèmes mondiaux. Voici deux exemples :

> Maximilien, dix-sept ans, transforme sa peur des femmes en argumentant, de façon misogyne, sur la supériorité des hommes sur les femmes qui serait historiquement ou scientifiquement prouvée.

> Iréna adore disserter avec son meilleur ami sur la psychologie et les relations humaines sans jamais se pencher sur ce qui les unit tous les deux et qui n'est peut-être pas que de l'amitié.

Quand l'intellectualisation ne tourne pas à l'obsession, elle est utile. Cela a fait dire à Anna Freud (psychanalyste et fille de Sigmund Freud) que les dangers liés aux pulsions rendent les hommes intelligents.

La masturbation a jusqu'à nos jours été l'objet d'une condamnation, tant par les hommes d'Église et de sciences que par les moralistes. On la considérait comme un péché, un homicide (relatif à la perte de semence mâle), un vice, une déviance ; et on l'a rendue responsable de nombreuses maladies ou troubles psychologiques. Au XIXe siècle, les médecins prônaient la brûlure du clitoris ou son ablation pour prévenir ce comportement. Actuellement une large majorité d'adolescents reconnaissent se masturber et ne ressentent pas comme leurs aînés une culpabilité importante. Mais ceux qui ont eu une relation sexuelle déclarent que le plaisir est de nature différente. Les deux types d'actes ne sont pas mis sur le même plan. La masturbation est un moyen normal de soulagement tensionnel à l'adolescence (et même au-delà). Elle peut permettre la mise en place d'une élaboration fantasmatique (une sorte d'entraînement mental) qui sera utilisée lors des rapports sexuels.

Les fantasmes à l'adolescence

Fantasmagories

> Cyril, quinze ans, Royan : « Je suis parti avec ma classe en Italie. J'ai eu un début d'érection à la vue de la statue de David de Michel-Ange. Y a-t-il des risques que je sois homosexuel ? »

> Karim, quatorze ans, Épinal : « Le problème c'est que je dois aller chez le docteur, c'est une femme et, la dernière fois, elle m'a fait déshabiller et j'ai peur d'avoir une érection. »

Laeticia, seize ans, Nice : « Ma meilleure amie m'a avoué qu'elle était amoureuse de moi depuis longtemps. Depuis je suis très mal à l'aise lorsque je la vois et je ne veux pas perdre son amitié. »

Les fantasmes de la petite enfance n'avaient pas disparu pendant la période de latence (six-douze ans), mais ils étaient platoniques. À partir de la puberté, ils deviennent charnels. Ils sont multiples et comprennent toutes les facettes de la sexualité humaine. L'ado ne confie que rarement ses fantasmes, alors qu'il reconnaîtra bien plus aisément qu'il se masturbe. Il peut s'alarmer de leur contenu ; soit parce qu'il a reçu une éducation condamnant toutes pensées sexuelles ; soit surtout parce qu'ils mettent en scène des conduites prohibées. S'ils n'arrivent pas à la conscience, les fantasmes peuvent apparaître dans les rêves. L'ado va souvent rêver qu'il se retrouve nu, et gêné de l'être, parmi d'autres gens qui sont tous habillés. Il assiste volontiers, en rêve, à des scènes d'amour auxquelles il participe ou non.

Les psychologues peuvent également les déceler dans l'interprétation des tests psychologiques qu'ils leur font passer. Au début de la puberté, les fantasmes prennent racine dans les premières phases érotiques de la vie et les différents stades que j'ai décrits plus haut : oral, anal, narcissique, sadique, homo- et hétérosexuel. Par définition un fantasme apparaît à l'état brut. Je pense que l'intérêt exprimé par les ados pour l'art trouble et charnel, les écrits débridés, égrillards ou obscènes, les images triviales ou les films « gore » reflète la dimension de leurs fantasmes. Avec le temps, la pensée de l'adolescent va les organiser et leur donner un aspect moins cru. Le désir sexuel se structure ensuite, se précise et s'oriente vers un ou une partenaire. La masturbation est alors appréhendée par la partie consciente du psychisme (le « moi » de l'adolescent) comme une préparation à assumer son rôle de partenaire sexuel.

Œdipe, le retour

Parfois pointent dans les fantasmes des désirs de type incestueux. Souvent il a bien intégré les interdits œdipiens de la petite enfance, mais les barrières psychologiques qu'on a mises en place grâce à l'éducation, il peut dorénavant les enjamber. Il va devoir les réintégrer et se placer des barrières plus élevées, adaptées à sa taille.

On comprend dès lors l'attitude de prise de distance que prennent les ados vis-à-vis de leurs parents. Silence, refus de dialoguer avec son père ou sa mère, refus de s'asseoir à côté, refus du bisou ou de la caresse sur la joue, agressivité, reproches, moqueries sur l'âge ou le corps du parent doivent être compris comme des mises à l'écart nécessaires pour l'adolescent. Il évite ainsi le contact afin de se protéger de ses propres pulsions.

Écoutons les principaux concernés :

> Souad, seize ans, Évreux : « Je ne supporte plus mes parents. Quand ils rentrent à la maison, je fais tout pour les éviter parce que je n'ai rien à leur dire. Je ne sais plus quoi faire. »

> Delphine, quinze ans, Tours : « Papa veut savoir ce qui se passe dans ma vie privée et je ne veux pas lui en parler, il est trop curieux. Alors comment faire pour qu'il arrête de me poser des questions indiscrètes ? »

Les parents assistent aussi à des comportements ambivalents. Le rejet, un jour, va être suivi par une demande de câlins le lendemain. L'ado a du mal à gérer ses désirs et ses craintes. Ces prises de distance sont d'autant plus utiles que, de nos jours, les ados n'ont jamais vécu aussi longtemps dans un espace clos (appartement) auprès de leurs parents. En effet, ils quittent la maison familiale de plus en plus tardivement pour cause de chômage ou d'études prolongées. Les fratries étant de moins en moins nombreuses, les relations entre l'ado et ses parents gagnent encore en intensité et sont vécues comme dangereuses.

En ce sens les familles recomposées, élargissant le champ familial, sont parfois salutaires quand elles évitent une relation trop étroite entre un adolescent et un de ses parents.

L'adolescence est la période de la vie où la pudeur doit être le plus respectée. C'est-à-dire que les parents d'adolescents doivent éviter de se promener nus devant leurs enfants et que l'inverse est également vrai. C'est hors de sa famille que l'ado doit développer sa sexualité. L'ado va revivre, comme de trois à cinq ans, sa rivalité vis-à-vis de ses parents ou de sa fratrie. La jeune fille, sans en avoir vraiment conscience, va expérimenter sa séduction à l'endroit de son père (en règle générale). Elle peut se mettre, inconsciemment, en rivalité avec sa mère, la critiquant facilement et s'opposant de plus en plus à elle. Le garçon va parfois trouver son père indigne de sa mère. Un couple uni et s'aimant est le rempart le plus simple pour accompagner l'adolescent dans les reviviscences de son complexe d'Œdipe. Celui-ci ira alors chercher à l'extérieur de chez lui de quoi satisfaire ses pulsions, rassuré de ne pas laisser ses parents désœuvrés affectivement.

Malheureusement, certains parents victimes de mésentente ou en instance de divorce vont être pris au piège de ce conflit œdipien. Ce sera l'occasion pour eux de déballer leur vie affective et sexuelle au nom d'un dogme qui serait : « Je n'ai jamais rien caché à mes enfants. Ils ont le droit de savoir. » Il sera alors question des insuffisances sexuelles du mari ou de la femme pour défendre une image et justifier une infidélité. Les conséquences étant une atteinte violente de la personnalité de l'ado dans tous les domaines où il s'est identifié au parent attaqué.

L'arrivée d'un nouveau compagnon de la mère ou d'une « belle-mère » n'est pas toujours bien intégrée dans la nasse œdipienne. Ce beau-parent est souvent vécu non pas comme un parent mais comme un amoureux possible.

Zoé a seize ans et me demande lors de mon émission télévisée :

> « Mon père est décédé, il y a trois ans, et ma mère s'est mise en couple avec un jeune homme de vingt-quatre ans. Nous

> sommes attirés l'un par l'autre. Il m'a déjà embrassée. Dois-je le dire à ma mère ? »

Dans cette histoire, chacun cherche à occuper une place qui n'est pas la sienne. La mère se prend pour une adolescente en sortant avec un garçon qui a presque l'âge de sa fille. Zoé en sortant avec l'ami de sa mère vient occuper la place de cette dernière. Quant à ce garçon, il passe du rôle de beau-père à celui de gendre. Tout cela est gentiment incestueux. En parler à sa mère aurait un sens, en n'excluant cependant pas le risque de la voir se retourner contre sa fille. Le mieux serait que Zoé puisse prendre ses distances en allant vivre par exemple quelque temps chez ses grands-parents.

D'autres types de fantasmes font leur apparition. Tous les registres de la sexualité humaine peuvent émerger. Souvent ils sont source d'angoisse pour l'adolescent qui se croit anormal ou monstrueux :

> Emmanuel, dix-sept ans, Corrèze : « Je suis depuis un an avec ma copine, sexuellement ça va bien, mais depuis quelque temps, elle veut que je l'insulte et ça me gêne. Je ne sais pas ce que je dois faire. »

> Thierry, dix-neuf ans, Val-d'Oise : « J'ai systématiquement envie de sortir avec les copines de mes meilleurs potes, sans être amoureux. »

> Marie, quinze ans, Angers : « Je suis vachement amoureuse de mon cousin germain. Est-ce un problème ? »

> Nicolas, dix-neuf ans, Var : « Ma copine m'a proposé un plan à trois. J'ai été choqué, d'autant plus qu'elle m'a proposé de faire intervenir mon meilleur ami. »

Citons également le cas de Jean-Éric que j'ai suivi en consultation :

Il a quinze ans et m'est adressé par son médecin généraliste. Il est véritablement hypocondriaque. Il est sujet à des inquiétudes très vives concernant les différentes parties de son corps, imaginant des maladies mortelles et demandant en urgence d'être examiné par son médecin. Calmée par les propos rassurants de mon confrère, l'angoisse reprend de plus belle quelques jours après. Le suivi avec moi met en évidence des inquiétudes concernant son identité sexuée. Jean-Éric, bien qu'ayant une morphologie masculine tout à fait normale, dissimule un doute angoissant quant à son identité physique. Ne serais-je pas en partie une femme ? se dirait-il, s'il pouvait verbaliser son mal-être. Ce tourment est né avec les tout premiers fantasmes masturbatoires. Dans ses scénarios imaginaires s'est établie pour lui une confusion du rôle respectif de l'homme et de la femme. Il ne savait pas bien, en tant que spectateur de son cinéma privé, à la place de qui il s'identifiait ; car c'était l'ensemble du couple qui l'excitait. Il était d'autant plus confus qu'il avait des moments de fantasmes masochistes (fréquents à cet âge).

Confondant ses fantasmes et la réalité, mélangeant ce qui l'excitait et ce qu'il était, il s'est mis à douter de son identité sexuée, n'ayant pas encore bien intégré ses changements physiques nés de la puberté.

Les éclaircissements que je lui ai donnés ont été la première étape d'un réconfort et d'une réappropriation psychologique de son identité de garçon, qui a débouché sur la disparition des signes d'hypocondrie.

J'ai constaté que chez le garçon surtout, pulsions sexuelles et pulsions agressives sont entrelacées. Dans ses fantasmes, tels que les rêves peuvent les traduire, le pénis est souvent associé à une arme. Les expressions populaires en sont le témoin indirect avec « tirer un coup » ou « dérouiller le braquemard ». Le territoire guerrier, pour le petit garçon comme pour l'adolescent, est celui dont la mère est exclue. C'est donc une voie privilégiée d'identification masculine. On pourrait traduire cette pensée inconsciente par : « En étant conquérant, je prends mes distances avec ma mère et son pouvoir qui fait de moi un tout-petit. » Pour le garçon, l'accession à la sexualité est une étape supplémentaire de l'identification masculine et une prise de distance avec sa mère. En ce sens, la sexualité pour l'adolescent, dans sa dynamique, a en commun avec les motivations du petit de deux-trois ans qui s'affirmait indépendant vis-à-vis de sa mère. Pour certains garçons, je pense que l'homosexualité a la même fonction que l'hétérosexualité de prise de distance. Le garçon s'attache à un autre garçon pour être à l'abri de la menace féminine confondue totalement avec la menace maternelle. Contrairement à une idée fausse, en étant homosexuel le jeune garçon ne cherche pas à être davantage féminin, mais au contraire à être davantage masculin au sens de distancié de sa mère. La rencontre homosexuelle comme la rencontre hétérosexuelle peuvent être utilisées pour renforcer la construction identitaire masculine.

Et la mère créa la femme

Chaque année, il y a environ trois mille mères de moins de seize ans. Le nombre est en augmentation malgré une généralisation de l'information et une entrée dans les mœurs des méthodes contraceptives.

Quand une adolescente fait part d'une grossesse, on se doit de rechercher une relation qui lui aurait été imposée, notamment par un membre de la famille car malheureusement ces situations sont loin d'être exceptionnelles.

Un vécu dépressif chez l'adolescente explique aussi ces grossesses précoces qui viennent alors combler un sentiment de vide, d'inutilité, d'ennui et de tristesse. C'est aussi une façon inconsciente de supporter une séparation avec ses parents comme dans le cas suivant :

> Camille, dix-sept ans, a toujours été très proche de sa mère. Elle s'est retrouvée enceinte quand on lui a annoncé la mort prochaine de sa mère, victime d'une longue maladie.

Mais ce phénomène témoigne aussi d'un rapport ambigu vis-à-vis de la contraception. La pilule, par exemple, bien que demandée, peut être oubliée ou refusée. Elle n'est pas considérée par la jeune fille comme un produit neutre.

Même s'il faut se garder de généralisations hâtives, il semblerait qu'une grossesse précoce soit un obstacle au développement harmonieux de l'adolescence. La maturation psychologique et affective est souvent altérée. L'adolescente a tendance à se replier sur son bambin, négligeant ses investissements scolaires, sociaux et autres. Il arrive également que l'enfant soit utilisé pour combler les manques et répondre aux difficultés propres à cet âge. Ne pouvant répondre à cette mission, il apparaît comme frustrant pour la mère. Le risque existe alors pour l'enfant d'être maltraité en retour. On sait en effet que les grossesses précoces sont un facteur de risque de maltraitance. La jeune mère, insuffisamment autonome, se replie aussi volontiers sur sa propre mère, renforçant un état de dépendance infantile qu'elle tentait justement de briser en faisant un enfant. Le risque est également physique. Les enfants de mères de moins de dix-huit ans ont un taux plus élevé de malformation et de mortalité. Les vicissitudes pour la mère lors de l'accouchement sont souvent plus nombreuses à cet âge.

Chez beaucoup d'adolescentes, le désir d'être mère est présent dès les premières relations sexuelles. Cela n'a rien d'étonnant puisque le désir de maternité était déjà présent chez la fillette de trois ans qui s'amusait à mettre sa poupée sous son maillot de corps pour faire « comme maman ». La première femme à laquelle s'identifie la fillette en tant que future femme est une mère. On n'est donc pas surpris si, pour certaines adolescentes, devenir une femme c'est devenir une mère. En effet, à l'adolescence, la question de l'identité (qu'est-ce qu'être une femme ?) se pose avec acuité. Et la jeune fille n'a pas toujours bénéficié de modèles satisfaisants ou suffisamment diversifiés. Avoir un enfant à cet âge n'est pas forcément le fruit d'un attachement amoureux à un garçon comme c'est le cas chez une femme adulte et donc mature affectivement. La jeune fille n'a pas une expérience de la vie suffisante pour appréhender avec lucidité ce que représentent, dans la réalité, une grossesse et la venue d'un enfant. Sa vision de la maternité est encore très proche de celle qu'elle avait enfant. Dans les sociétés traditionnelles, des filles de seize ans pouvaient devenir des mères. Mais cela faisait suite à une union reconnue par le corps social et ces grossesses étaient accompagnées. Elles permettaient un véritable changement de statut social. En Occident, au temps jadis, les filles avaient une puberté plus tardive que de nos jours. Mais les filles pouvaient se marier beaucoup plus jeunes ; le mariage étant consommé une fois la puberté acquise. Ce mariage, obtenu avec l'accord du père, était le seul moyen pour la fille d'échapper à l'autorité paternelle qui sinon courait jusqu'à sa mort. De nos jours, l'autorité parentale s'achève à dix-huit ans, mais la puberté est de plus en plus précoce. On assiste donc a ce surprenant hiatus entre la maturité sexuelle et la reconnaissance sociale qui sont en décalage. À l'adolescence, dans la société occidentale, on ne reconnaît pas, dans la façon dont on s'adresse à l'adolescente, sa parentalité potentielle. C'est le plaisir sexuel qui est reconnu comme acceptable pour l'adolescente. Je ne défends pas l'idée qu'on laisse les adolescents devenir parents mais qu'on les considère, qu'on les reconnaisse comme parents potentiels pour éviter, justement, qu'ils nous le prouvent par des grossesses précoces. Cela implique que la société modifie son regard sur eux. Les rites traditionnels remplissaient cette mission de reconnaissance de cette parentalité potentielle. Certes, la prescription de la pilule est de plus en plus facteur de rite de passage en Occident. La jeune fille a ainsi la possibilité de se faire reconnaître par ses parents et le corps social (représenté par le gynécologue) comme n'étant plus une enfant. Mais cette prescription est davantage la reconnaissance de relations sexuelles devenues possibles que celle d'une parentalité potentielle. Je pense que certaines adolescentes considèrent inconsciemment la pilule comme un produit destiné à maintenir leur corps infertile comme le corps d'une enfant. Quant au préservatif, il est appréhendé par les jeunes essentiellement comme un moyen de se protéger des maladies sexuellement transmissibles et non comme un procédé contraceptif.

Derrière ces grossesses précoces il peut y avoir le désir d'être « un peu » enceinte pour voir que c'est possible, qu'on est bien une femme.

La loi, actuellement, donne la possibilité d'accès aux pilules du lendemain, dans les lycées, pour les adolescentes. C'est un progrès pour limiter le nombre d'avortements. Espérons que leur usage ne s'inscrira pas dans une forme de rituel de remplacement créé par les adolescentes qui consisterait à être reconnue comme mère potentielle tout en évitant de l'être dans la réalité.

Car les grossesses précoces sont souvent pour l'adolescente une façon plus ou moins consciente d'être considérée à égalité par sa mère, d'être considérée comme une femme à part entière puisque mère potentielle. D'ailleurs les mères de ces « mères-enfants » ont eu, pour la majorité d'entre elles, des grossesses précoces. Il y a un processus d'identification en bloc né d'une perception non différenciée entre les fonctions de femme et de mère. Le prix à payer pour ces jeunes filles est que souvent elles vont laisser leur propre mère élever cet enfant qu'elles lui auront confié pour pouvoir se décoller d'elle. Tout se passe comme si l'enfant était mis à leur place. Elles quittent ainsi sans trop de culpabilité leur mère et laissent un peu d'elles-mêmes à ses côtés.

Redevenir homosexuel

Le harcèlement de la morale

L'enquête nationale de l'INSERM[1] (M. Choquet-S. Ledoux) en 1993 portant sur 12 391 jeunes collégiens ou lycéens de onze à dix-neuf ans a révélé que seuls 2 % de garçons et 1 % de filles déclarent avoir eu des relations homosexuelles. Mais ces chiffres sont peut-être sous-évalués par rapport à la réalité, tant l'image sociale donnée de l'homosexualité reste dévalorisante (en France les dernières lois discriminatoires à l'encontre des homosexuels, mises en place sous Vichy, n'ont été abolies qu'en 1982). Les jeunes homosexuel(le)s sont encore

1. Choquet M., Ledoux S., *Adolescents : enquête nationale*, Inserm, Paris, 1994.

l'objet de discriminations franches ou larvées, de la part du milieu familial ou dans les lieux de socialisation tels que les établissements scolaires. Quand l'homosexualité d'un adolescent est connue ou supposée, il doit se définir à partir de sa sexualité. Elle devient sa carte d'identité. Homosexuel, qui est un « adjectif » définissant une orientation du désir, devient un « nom ». On dit un « homosexuel » comme on dit un « homme » ou une « femme ». Il est alors l'objet de moqueries, d'insultes, de rejet voire de harcèlements de la part des jeunes de son environnement. Parmi les adolescents, ils représentent d'ailleurs un sous-groupe de population à risque pour le suicide. L'Éducation nationale commence à prendre la mesure du problème et des interventions en milieu scolaire pour prévenir l'homophobie se mettent en place.

L'adolescent n'attend pas une première relation homosexuelle pour se sentir ou se croire homosexuel. La plupart des adultes homosexuels déclarent qu'ils le « savaient » depuis leur jeune âge et que la confirmation leur est venue à l'adolescence.

Mais l'apparition de désirs homosexuels lors de l'adolescence est banale et ne préjuge nullement d'une orientation sexuelle adulte de ce type. Lors de l'efflorescence pubertaire, les pulsions sont si fortes qu'elles font feu de tout bois. C'est vrai dans les deux sens, puisque des adultes homosexuels ont eu également des désirs voire des relations hétérosexuelles à cette période. Avec le temps, dans la majorité des cas, un choix préférentiel d'« objet sexuel » se met en place une fois devenu adulte.

Les adolescents font également mal la part des choses entre le désir d'« être » et celui d'« avoir ». C'est l'âge des identifications aux adolescents et aux adultes de son sexe. Les premières relations sexuelles participent à cette quête de son identité masculine ou féminine. Il s'agit de fréquenter au plus près des personnes de son sexe, afin de se constituer plus sûrement comme individu de ce sexe. Il arrive que dans le cadre de cette recherche, le jeune s'engage dans des relations homosexuelles afin de coller à son modèle, dans le but d'apprendre à se connaître comme garçon ou fille. L'autre est alors un miroir où il se découvre, un parangon où il puise des façons d'être.

Toucher l'autre, le posséder ou être possédé par lui pour apprendre à être. Les affrontements physiques entre adolescents ont aussi cette fonction. On engage une lutte, on en vient « aux mains » pour mesurer l'autre, mais surtout pour se mesurer soi-même au contact de l'autre. Tel ado pourra être attiré par la grâce toute « féminine » d'un camarade qui apportera à la fois la passivité qu'il recherche et la quiétude d'un domaine connu. Tel autre pourra être fasciné par la force « masculine » d'un autre faisant relais à celle de son père dont il se détache. La personne qui attire est aussi celle qu'on aimerait être. C'est ce qui explique également l'attirance des adolescents vis-à-vis des adultes, qui doivent savoir répondre à ces demandes par une transmission intellectuelle et affective chaste.

Certains adolescents peuvent se croire homosexuels à la suite d'un désir ou d'une relation et souvent s'en inquiètent. On demande aux adolescents de se définir de plus en plus tôt. Or dans les sociétés traditionnelles, en Polynésie, chez les Indiens d'Amérique comme dans les pays méditerranéens, les relations entre adolescents de même sexe étaient considérées comme banales, ludiques et comme une étape ordinaire avant le mariage.

Mais l'homosexualité est aussi une orientation sexuelle univoque qui se met en place aussi précocement et aussi solidement que l'hétérosexualité. Elle peut s'imposer d'emblée comme une évidence avec des sentiments amoureux et des désirs physiques exclusivement dirigés vers des personnes du même sexe. Le désir homosexuel peut inquiéter l'ado car il fait parfois vaciller son sentiment d'identité. « Si je suis attiré par un garçon, ne serais-je pas un peu femme ? » peut se demander tel ado concerné. Les filles sont moins angoissées par ce sujet car le sentiment identitaire est plus solide chez la femme, et l'amour passionnel de la fillette pour sa mère est plus banalisé que celui du petit garçon pour son père. Certains vont tenter de se rassurer en s'imposant des relations avec l'autre sexe. Les craintes identitaires comme les préjugés familiaux et sociaux retardent les premiers pas homosexuels. Et la société actuelle tend à ne pas laisser à l'ado un temps pour se chercher. Elle définit l'ado à partir de son comportement très précocement.

Les ados homosexuels, qui étaient des petits garçons efféminés que l'on a « traités » très tôt de « tapettes », sont moins « surpris » par la découverte de leur orientation sexuelle car elle leur était annoncée avec violence par le groupe social. Ce sont souvent ceux-là qui ont le courage de ne pas cacher leurs désirs dès l'adolescence et qui sont traités de provocateurs.

Dans toutes les sociétés, depuis la nuit des temps, malgré la persécution dont elle a souvent fait l'objet, l'homosexualité s'est inscrite comme un mode minoritaire, mais ordinaire, de la sexualité humaine.

On pourrait comparer, toutes proportions gardées, les homosexuels aux gauchers dans la façon dont la société les a traités : normaux mais minoritaires, que l'on a considérés comme pathologiques et cherché à « rééduquer » pendant des siècles, et auxquels on a longtemps associé tout ce qui relève du funeste.

Comment devient-on homosexuel ?

Alors, comment devient-on homosexuel ? Avant que l'Organisation mondiale de la santé ne proclame en 1981 que l'homosexualité n'était pas un trouble psychiatrique, on se demandait quelles étaient les « causes » de l'homosexualité.

Freud écrivait en 1915 que les homosexuels ne constituaient pas un groupe ayant des caractéristique particulières. Cela n'a pas empêché les psychanalystes qui lui ont succédé de chercher une origine commune dans le développement individuel conduisant à l'homosexualité. Grossièrement, comme facteurs causaux, ils avançaient un « excès de mère » ou une carence paternelle pour les garçons, et une image dégradée du père pour les filles.

De nombreuses études américaines ont porté sur la recherche d'une explication organique (modifications neurologiques ou hormonales), sans résultats. Ont fait suite des recherches sur des facteurs génétiques, mais ces dernières hypothèses ont été battues en brèche, notamment par des études portant sur des jumeaux. Enfin, toujours aux États-Unis, les études menées à la recherche d'un facteur de l'environnement spécifique influençant une orientation homo- ou hétérosexuelle n'ont rien mis en évidence.

Si la plupart des adultes homosexuels disent avoir commencé à réaliser leur orientation sexuelle au début de leur adolescence, un certain nombre se souviennent avoir eu, avant la puberté, des ressentis amoureux à l'endroit d'enfants de leur sexe. Cependant, ce type d'attirance n'est pas le propre des adultes homosexuels et des adultes hétérosexuels ont eu le même type de sentiments.

On a vu au fil de ces pages la complexité de la mise en place de l'identité sexuée (masculin-féminin) et de l'identité sexuelle (orientation sexuelle).

Pour ce qui est de l'identité sexuée, le nouveau-né possède un potentiel identitaire multiple. Selon la façon dont l'enfant va être dénommé et considéré, il se sentira garçon ou fille.

En ce qui concerne sa future orientation sexuelle, la dimension de bisexualité psychique chez le nourrisson est démontrée. Le petit enfant ayant des attirances pour ses différents parents (père, mère, frère, sœur, grands-parents, nourrice), elles sont le support tant d'une future construction homosexuelle qu'hétérosexuelle. Les facteurs d'influence d'une orientation homosexuelle et d'une orientation hétérosexuelle sont les mêmes. Cependant le choix hétérosexuel prédomine en fréquence pour plusieurs raisons parmi lesquelles le fait qu'il est le modèle dominant dans la société, que l'enfant se sachant né de l'union d'un homme et d'une femme va être tenté de rejouer cette union, et que la différence sexuée crée une attirance. Mais tout être humain a eu des tendances homosexuelles au sens où une partie importante de sa libido s'est investie progressivement au cours de son développement sur des personnes de même sexe ou sur sa propre image. Les formes que prend cet investissement varient d'une période à l'autre, mais sont essentielles ne serait-ce que pour permettre l'identification aux personnes du même sexe. Des auteurs américains considèrent qu'en deçà des choix plus ou moins définitifs à l'âge adulte, notamment dans le cadre d'une vie de couple, existe un gradient où chacun aurait un « taux d'homosexualité » complémentaire à un « taux d'hétérosexualité », et que l'un ou l'autre serait plus ou moins exploité.

Une première organisation conditionnant le choix sexuel futur est mise en place à la fin du complexe d'Œdipe, vers six ou sept ans. Les différents processus qui participent à l'élaboration de l'organisation de ses affects peuvent déterminer, du fait de leur synthèse, une homosexualité future. L'important étant qu'une organisation œdipienne équilibrée se mette en place afin que l'enfant puisse continuer de se développer correctement sur un plan intellectuel, affectif et relationnel. Parmi ces processus, certains prédisposent à une orientation homosexuelle future. Ainsi, le petit garçon peut se fixer dans le désir d'avoir un enfant du père. Ce désir, tous les petits garçons peuvent l'avoir, la plupart y renoncent, mais certains font le choix inconscient de s'y maintenir. À l'inverse, la petite fille peut se fixer dans un désir équivalent avec sa mère.

Il existe également, dans ces processus inconscients, le désir d'accaparer à son profit la puissance phallique du père. Désir encore une fois banal, mais qui peut faire l'objet d'un choix qui se fixe. Devenu adulte, ce désir sous-tendra chez le garçon l'envie de posséder ou d'accueillir des hommes pour cueillir d'eux cette puissance. Chez la femme homosexuelle, c'est le désir de retrouver cette puissance en donnant du bonheur à une autre femme, ou en puisant en elle cette puissance (car la fillette imagine aussi que cette puissance détenue par son père tire son énergie de sa mère).

Le petit garçon, dans sa construction œdipienne, peut refuser de rivaliser avec son père et s'inscrire dans un projet de complémentarité passive avec lui. Il peut aussi surestimer tous les éléments de masculinité que le père (ou parfois la mère) peut représenter, entraînant parfois chez lui un futur dégoût et mépris des femmes. La petite fille peut se construire également dans une survalorisation des femmes et un dédain ou une aversion des hommes.

Ces deux derniers points sont loin d'être l'apanage de l'homosexualité. Ils s'allient aussi à une hétérosexualité. Il est en effet des hommes qui méprisent les femmes mais s'accommodent de relations physiques avec elles. L'inverse est également vrai, des femmes n'ayant que mépris pour les hommes mais acceptant de partager leur couche (ne serait-ce que pour mieux les malmener).

Le petit garçon peut se fixer sur la relation maternante qu'il a pu avoir avec son père (relation, je le rappelle, nécessaire puisqu'elle favorise la construction de son identité masculine) et refuser d'y renoncer car elle est utile à son développement.

La petite fille peut aussi se reposer sur la nostalgie d'une relation fusionnelle avec sa mère.

On a vu que le garçonnet s'identifie initialement à sa mère (celle qui le materne) avant de développer des identifications à d'autres et en particulier aux parents de son sexe. Mais il peut refuser de renoncer à cette identification primaire et s'identifier majoritairement à la femme qu'elle est. Il s'identifie à elle pour ne pas renoncer à l'avoir tout en lui. Même s'il se sait garçon, il peut s'identifier à sa façon d'être et à sa façon d'aimer. Il aimera un homme de la même manière qu'elle aime un homme.

Des processus plus complexes existent. C'est la situation d'une fille aînée qui réagit mal à la naissance d'une puînée. Celle-ci est enviée et détestée. Cette haine, inadmise par la famille et insupportable pour elle-même, se transforme par un mécanisme psychologique en amour œdipien dont seront l'écho ses futures amours saphiques.

Ce sont les mêmes ingrédients qui déterminent une hétérosexualité ou une homosexualité. Ces différents processus ne déterminent pas à eux seuls une orientation sexuelle. Chacun d'eux peut être présent dans des organisations œdipiennes différentes. Ces différents processus sont également soumis à l'influence des désirs conscients et inconscients des membres de la famille ainsi que de la société (culture, croyances, règles, lois) où l'enfant grandit. Ils sont partie prenante d'un système dont la synthèse débouchera notamment sur l'ébauche d'une orientation sexuelle particulière. Un œdipe « réussi » peut conduire à une hétérosexualité comme à une homosexualité.

La période de latence qui fait suite (six-douze ans) fige cette organisation, à moins d'événements de vie majeurs pour l'enfant tels qu'un divorce ou un décès dans la famille. À l'occasion des remaniements de l'adolescence, cette organisation peut être modifiée. L'orientation sexuelle future, ébauchée à la fin du complexe d'Œdipe, peut s'en trouver transformée. Dans tous les cas, elle va participer à la construction de l'identité de l'adolescent, car l'adolescent va se définir aussi à partir de sa façon d'aimer.

La question de l'identité, masculine ou féminine, propre à chaque adolescent est vécue de façon plus acérée chez le jeune homosexuel. Car même si la construction de l'identité sexuée et celle du choix sexuel empruntent des voies différentes, elles sont cependant un premier tronçon commun. Les questions qui peuvent se poser sont : Suis-je un garçon si j'ai envie sexuellement d'un garçon ? Suis-je une femme si je n'ai pas envie de m'unir à un homme ? Il arrive fréquemment que le jeune homosexuel doute de sa masculinité du fait de ses désirs sexuels. Il peut réagir en adoptant des conduites outrancières qu'il considère comme viriles : prises de risques, attitudes agressives ou délictuelles. À l'inverse, se croyant du côté des femmes, il peut développer des attitudes de préciosité appréhendées comme féminines.

La question de l'identité est moins prégnante chez les filles qui, d'une manière générale, présentent moins de fragilité dans ce domaine. Certaines adolescentes accueillent difficilement l'apparition des caractères sexuels secondaires qu'elles vivent comme handicapants.

L'adolescent va retrouver les questionnements qu'il s'est posés, petit enfant, lors de l'élaboration de son organisation œdipienne. Mais cette fois son corps est sexué et ses désirs ont d'autres destins que de rester platoniques. Son environnement, familial notamment, a changé également. D'autres modèles, supports d'identifications, sont désormais présents. L'adolescent peut faire d'autres choix dans ses désirs et ses identifications que ceux qu'il adopta petit enfant. Tous cela concourt à une réorganisation œdipienne mais sur les fondements de la première.

Des psychanalystes ont longtemps considéré l'homosexualité comme une forme narcissique de la sexualité, l'assimilant à un autoérotisme. C'est une erreur. S'il y a des aspects narcissiques, ils sont aussi présents dans les couples homosexuels que dans les couples hétérosexuels où la femme cherche son double masculin et réciproquement. Comme dans l'hétérosexualité, il y a une attirance pour la différence. Ici le corps est de même sexe, mais il diffère sur tant d'autres points. Ici comme ailleurs la possession de l'autre n'est pas seulement corporelle. Elle touche l'essence d'une personnalité avec toutes ses différences, toutes ses nuances. L'homosexualité a longtemps été associée à l'animalité car on considérait qu'elle s'éveillait à partir des instincts les plus bas de l'homme. Or, elle témoigne au contraire que la sexualité humaine diffère de la sexualité animale dans la dimension non strictement hormonale des attirances qu'elle contient.

L'adolescent(e) homosexuel(le) passe par différents stades d'acceptation de son orientation sexuelle qu'il(elle) considère en termes de nature et d'identité. Cass, un psychiatre américain responsable d'une étude récente sur la formation de l'identité sexuelle, a différencié six étapes qu'il nomme différemment :

— confusion : Je ne suis peut-être pas hétérosexuel(le) ;
— comparaison : Je suis peut-être homosexuel(le) ;
— tolérance : Je suis possiblement homosexuel(le) ;
— acceptation : Je suis probablement homosexuel(le) ;
— fierté : Formidable ! Je suis homosexuel(le) ;
— synthèse : Je suis ce que je suis.

Lors de la première étape, l'adolescent peut décider de rejeter l'éventualité d'une orientation homosexuelle et d'en bloquer le développement. Ce faisant, il bloquera une partie importante de lui-même avec de possibles conséquences dans le domaine psychoaffectif mais aussi cognitif. Il peut aussi en accepter l'idée tout en la jugeant indésirable.

Lors de la deuxième étape, cette prise de conscience est à l'origine de craintes, telles que celle d'un rejet par la société ou celle de ne pas avoir d'enfants. Il peut être tenté de supprimer tous les éléments de son comportement homosexuel. À l'inverse il peut faire le choix de dévaloriser l'« hétérosexisme » présent dans la société (plus marqué aux États-Unis qu'en Europe).

S'il arrive au stade dit de tolérance, l'adolescent se reconnaît alors comme possiblement homo. Il se concentre sur les besoins sexuels, sociaux et émotionnels liés à son identité sexuelle. Dans ce cadre il va chercher à prendre contact avec d'autres jeunes gays ou lesbiennes. Si ces contacts sont insatisfaisants, il peut suspendre le développement de son identité.

Lors de la quatrième étape, l'adolescent ou le jeune adulte s'accepte plus ou moins positivement selon ses expériences passées. Ses rencontres avec d'autres gays et lesbiennes se développent. Il ne se sent plus dévalorisé d'être homo, mais continue de penser qu'être hétéro est plus désirable. À la fin de cette étape, son identité sexuelle se stabilise, mais sans le soutien né de la fréquentation de ses pairs, il fera difficilement face à des attitudes négatives de la société.

Lors du stade dit de fierté, il accepte sa propre homosexualité mais s'oppose à ce qui lui apparaît dans la société comme de l'« hétérocentrisme » et qui l'empêche de vivre pleinement. Un esprit militant peut naître alors en lui, avec parfois des propos hostiles à l'encontre des hétérosexuels.

Lors de la phase de synthèse, il se reconnaît comme membre de la société et ne se définit plus simplement comme homosexuel. Son identité homosexuelle est intégrée parfaitement à son identité personnelle. Il se sent normal avec une bonne estime de soi et le sentiment de contrôler sa vie.

Ce développement de l'identité homosexuelle, schématisé ici, relève de modèles américains. En France, et dans d'autres pays européens, les réactions du corps social sur la question n'ont, dans l'ensemble, pas la violence de celles qui sont observables dans les pays anglo-saxons.

« On t'aime comme tu es » ou « On hait comme tu aimes »

Les parents devinant ou découvrant l'homosexualité de leur enfant sont toujours interpellés plus ou moins violemment. On assiste à des attitudes de rejet d'un ou des deux parents mais moins fréquemment qu'il y a une vingtaine d'années grâce au discours nouveau de la société sur le sujet. La manière dont un jeune va s'accepter dans le cadre de son désir et de son identité sexuelle est liée à la façon dont les parents vont réagir. Et plus globalement aux discours tenus par eux sur le thème général de l'homosexualité.

> Monica a dix-huit ans. Elle me raconte qu'elle a pensé être anormale voire monstrueuse quand elle s'est découverte homosexuelle, car ses parents ne cessaient de tenir des propos outrageux sur les homosexuels dès qu'une occasion se présentait. Ce fut d'autant plus blessant qu'elle était jusqu'alors très attachée à ses parents. À l'image négative que les propos de ces derniers lui donnaient, s'ajoutait la crainte d'être coupée d'eux pour toujours quand ils l'apprendraient. Elle cultiva alors des idées suicidaires, heureusement sans passage à l'acte grâce au bon soutien de ses amis.

Quelle que soit son orientation (homosexuelle ou hétérosexuelle), l'avènement de la sexualité des enfants ne laisse jamais les parents indifférents. Il établit une scission, une démarcation entre les générations. L'homosexualité occupe une position ambivalente. Étant vécue comme transgressive par rapport à la majorité, la rupture qu'elle épouse s'en trouve renforcée. Cependant elle peut faire le lit d'une complicité implicite avec un parent. Ce sont les mères qui réagissent le plus passionnément. Ce sont elles pourtant que les jeunes (filles ou garçons) informent habituellement avant les pères. Je pense que leurs réactions s'expliquent par le sentiment qu'elles ont d'être davantage responsables que les pères du devenir de leur enfant, quels que soient les domaines de développements concernés. Si elles croient que l'homosexualité est une tare, un handicap, un défaut ou un vice, leur agressivité s'explique par un sentiment d'échec dans leur éducation. Leur enfant ne correspond pas alors à l'idée qu'elles avaient. À cela, le jeune va réagir par de la culpabilité en pensant trahir sa mère s'il n'adhère pas à son désir. Mais c'est ignorer qu'une éducation réussie n'est pas celle qui rend un enfant totalement conforme au désir d'un parent.

Il arrive aussi que l'homosexualité de leur enfant, plus souvent chez les garçons mais aussi avec les filles, soit en correspondance avec un vœu totalement inconscient de la mère ou du père. Quels que soient les fondements de ce vœu, et même si ce vœu n'a pas été un facteur d'influence dans la détermination de l'orientation sexuelle du jeune. En ce cas l'agressivité n'est pas exempte pour autant. Au contraire, plus le vœu est inconscient, plus l'agressivité peut être forte. Elle occupe alors une fonction de déculpabilisation de la faute dont le parent croit être à l'origine. C'est une tentative inconsciente de nier un vœu inconscient.

À l'inverse, des adolescents concernés me confient que leur mère a réagi par une attitude de surprotection, un surinvestissement. C'est essentiellement dans les rapports mère-fils que cela s'observe. La complicité exclut davantage le père. Parfois, la mère déconseille d'ailleurs à son enfant d'en parler au père, prétextant une mauvaise réaction probable. C'est comme si la dimension symbolique de différenciation de la sexualité était niée. La mère se voit parfois en son fils. La mère de Julien lui a dit : « Toi et moi, on est pareils. On a toujours eu les mêmes goûts. » Si cette attitude semble préférable à l'exclusion, elle peut être un obstacle à l'émancipation si elle apparaît trop intrusive.

Les parents, troublés par la découverte de l'homosexualité de leur enfant, peuvent trouver de l'aide auprès de professionnels comprenant leurs difficultés. Ils peuvent aussi joindre des parents confrontés aux mêmes questionnements dans le cadre d'associations, comme l'association Contact qui réunit des parents d'enfants gays ou lesbiens.

Quand la sexualité fait peur

Les relations sexuelles à l'adolescence sont limitées par des conditions pratiques, mais aussi par l'immaturité psychologique et affective. Les peurs liées à la sexualité, courantes à ces âges, sont aussi un obstacle. Elles sont nombreuses à l'adolescence. Elles font partie du développement normal. Il y a bien sûr les peurs conscientes, celles que l'adolescent exprime directement : peur de ne pas être à la hauteur, peur d'avoir mal, peur d'attraper une maladie (sida). Mais la plupart des peurs liées à la sexualité sont inconscientes. Elles sont à l'origine parfois d'un évitement de la relation, de crainte qu'elle n'aboutisse à un rapport sexuel. Elles expliquent aussi les troubles sexuels des premières relations, tels que l'impuissance, l'éjaculation précoce chez le garçon ou le vaginisme (contraction vaginale empêchant la pénétration), la dyspareunie (coït douloureux) ou la frigidité chez la fille. Elles peuvent aussi entraîner une tristesse de l'humeur, voire un état dépressif.

Les chimères de la sexualité

Ces peurs inconscientes sont plus ou moins profondes en ce sens qu'elles correspondent à des étapes de développement différentes. Erikson (1980) a établi un modèle qui met en correspondance les stades psychosexuels et les aspects de la personnalité qui s'élaborent durant chacun d'eux :

— petite enfance (stade oral) : confiance et méfiance ;
— première enfance (stade anal) : autonomie et honte-doute ;
— âge du jeu (stade phallique) : initiative et culpabilité ;
— âge scolaire (période de latence) : réalisation et infériorité ;
— adolescence (génitalité) : identité et confusion d'identité.

L'adolescent est passé par ces différents stades. Sa personnalité s'est construite par ces passages. Il a plus ou moins confiance en lui et dans les autres, est plus ou moins autonome ou dépendant, actif ou passif... Les relations sexuelles mettent en jeu le corps mais aussi l'être tout entier. C'est pourquoi ces éléments de personnalités et les failles qu'ils recèlent participent aux craintes de la sexualité. Voici un exemple :

> Stéphane a dix-huit ans. C'est un garçon méfiant et susceptible. Il est décrit par son entourage comme autoritaire et intolérant envers les autres. Orgueilleux, jugeant autrui avec sévérité, redresseur de torts, il est lui-même, à ses yeux, infaillible. Il se trouve incompris et méjugé. On peut évoquer à son sujet une personnalité paranoïaque. L'histoire personnelle de Stéphane est dominée par une petite enfance difficile et marquée par la séparation. Il a été élevé pendant trois mois

> chez sa grand-mère, car sa mère a fait une dépression grave après l'accouchement et n'a pu s'en occuper. De retour chez ses parents jusqu'à l'âge de six mois, une rechute fait qu'il est alors confié à une tante qui n'avait pas d'attachement particulier pour cet enfant. Ce n'est qu'à deux ans qu'il retourne définitivement auprès de sa mère. Cette période de sa vie correspondant au stade oral a été perturbée et c'est le pôle méfiance-confiance (en soi et en l'autre) qui s'est construit en malfaçon. À l'adolescence, ces traits de personnalité sont réactivés dans le cadre d'une rencontre éventuelle avec une personne aimée. Stéphane se méfie des filles et se garde vis-à-vis d'elles de toute forme d'attachement. Plus son désir sexuel le pousse vers l'une d'elles, et plus elle devient dangereuse pour lui. S'engager dans une relation sexuelle, c'est prendre le risque d'un danger imaginaire où l'autre chercherait à lui porter préjudice.

On a vu les peurs inconscientes liées aux fantasmes qui accompagnent les pratiques masturbatoires. Elles sont les mêmes quand ces fantasmes escortent une relation sexuelle. Il y a la peur de réaliser ses fantasmes. Ainsi tel garçon peut redouter de faire du mal à sa partenaire.

Clara aime mordiller son compagnon ; ne risque-t-elle pas de le mordre dangereusement ?

En effet, l'adolescent a des difficultés à démêler ses différentes pulsions, et notamment ses pulsions sexuelles, de ses pulsions agressives comme c'est le cas chez Steven :

> J'ai reçu Steven, dix-huit ans, pour des troubles mineurs. Mais à l'occasion du suivi, il me parle d'un problème d'impuissance. La psychothérapie mettra en évidence que Steven assimilait, inconsciemment, le coït avec une forme de meurtre, et l'impuissance avait pour fonction de l'empêcher de se réaliser.

Le pénis est parfois associé, dans l'inconscient de l'adolescent, à une arme que la femme pourrait s'approprier. Éviter la relation sexuelle est alors le moyen d'éviter d'être déposséder de sa puissance, mais aussi de son identité, à l'heure, justement, où l'identité est au cœur des questionnements individuels.

Parmi les fantasmes à l'origine d'une crainte de la sexualité à l'adolescence, on rencontre également des angoisses de dévoration ; que le pénis soit « avalé » à l'occasion du rapport, peur d'une intrusion destructrice, peur que le vagin ne soit denté. Freud avait décrit cette crainte typiquement masculine du « vagin denté ». Or on l'a, par la suite, retrouvée dans différentes civilisations. Verrier Elwin rapporte une légende qui lui a été confiée par les aborigènes (tribu des Murias) qu'elle a rencontrés dans les années quarante et qui concerne le vagin. Selon ce mythe, le vagin était dans le passé pourvu de dents. Il sortait du corps des femmes à sa guise et s'en allait dans les champs dévorer du maïs ou des concombres au grand dam de tous. Le dieu Bhimul décida de mettre fin à cela et plaça un morceau de son long pénis dans le vagin, proclamant que, dorénavant, ce dernier pourrait ainsi assouvir sa faim.

De son côté, l'adolescente voit parfois resurgir des angoisses de petite fille à type de déchirement.

J'ai constaté aussi que, dans la confusion qui peut régner dans l'inconscient de l'adolescent, les émissions sexuelles (sperme) sont parfois confondues avec les émissions d'urine ou de selles. Pour prévenir toute « souillure », la rétention sexuelle est alors de mise. On voit que les « fausses croyances » du petit enfant réapparaissent dans l'inconscient de l'adolescent.

Avoir des relations sexuelles, c'est acquérir un pouvoir qui était jusqu'alors réservé aux parents en particulier, et aux adultes en général. Dans la majorité des situations, les adolescents sont ravis de ces facultés nouvelles. À l'image des super-héros des bandes dessinées ou des jeux vidéo (de Spiderman à Lara Croft) qu'ils affectionnent, ils se sentent tout-puissants. Mais cette puissance peut les angoisser s'ils croient ne pas la mériter ou s'ils craignent de se brûler avec ce feu de l'Olympe qu'ils auraient, à l'image de Prométhée, dérobé. Ce feu de l'Olympe, c'est surtout celui de la capacité de procréation. Le sexe est en effet un outil de la reproduction. L'adolescent, en ayant des relations sexuelles, est parent potentiel. Il va pouvoir donner la vie comme ses parents. La sexualité devient alors pour l'adolescent le carrefour qui l'unit à la fois à sa famille (car elle inscrit l'ado dans sa lignée, sa généalogie) et, de surcroît, le lie aux jeunes de son âge issus de milieux différents, sa génération, avec lesquels il va entretenir des liens d'amitié, de tendresse et d'amour. Pouvoir devenir parent est un vœu commun à la majorité des humains qui apparaît dès les premières années de vie. Mais, quand cela est possible, des inquiétudes naissent souvent. Car dans l'imaginaire de chacun devenir parent potentiel c'est monter d'un échelon dans l'échelle de la vie et donc se rapprocher de la mort. C'est, je pense, une des raisons pour lesquelles l'angoisse de mort est ravivée à l'adolescence (une autre étant que l'adolescence porte en soi la mort de l'enfance).

La crainte de l'abandon est une autre crainte inconsciente qui sous-tend une méfiance à l'endroit de la sexualité. Se laisser aller dans les bras de l'autre, c'est prendre le risque qu'on nous laisse choir. Cette peur est d'autant plus importante que le petit enfant qu'a été l'ado n'a pas bénéficié d'un cocon affectif par son environnement familial suffisamment rassurant en termes de continuité. Des absences, des ruptures répétées, des périodes de carences affectives, de la part de l'entourage du petit, vont faire le lit d'une future fragilité affective à la séparation.

En dehors de ces derniers cas s'inscrivant dans une histoire chaotique, les peurs liées à la sexualité sont des obstacles qui se lèvent très facilement en psychothérapie. Mais non repérées, elles peuvent s'installer et contribuer à des troubles relationnels et à une mauvaise image de soi. Car ces différents fantasmes, qui limitent l'engagement dans des relations sexuelles, peuvent jouer le même rôle dans les relations amoureuses.

Le sida est passé par là

L'irruption du sida dans les années quatre-vingt est venue modifier les pratiques sexuelles des adolescents telles qu'elles s'étaient dessinées dans les années soixante-dix. La notion de mort s'est introduite à nouveau dans la sexualité. La découverte des antibiotiques au milieu du XXe siècle avait fait disparaître ce lien fâcheux en guérissant notamment la terrifiante syphilis. Les ados, durant les Trente Glorieuses, ont été la première génération à être libérée des risques pour la santé posés par la sexualité, risques antédiluviens qui étaient peut-être à l'origine de la pensée judéo-chrétienne visant à une limitation des pratiques sexuelles. Le sida refait de la sexualité un comportement à risque. Les ados vont l'intégrer comme tel. Ce risque participe aux désirs et aux dégoûts sexuels. La peur des maladies et de la mort devient le prétexte à une abstinence sexuelle. Toutes les autres craintes de la sexualité citées plus haut sont masquées par la crainte du sida. De nos jours, la sexualité n'est donc plus vécue de façon coupable mais comme un danger. Or les ados, pour s'évaluer, connaître leurs limites, savoir si la vie les désire ou parfois pour s'autopunir ont besoin de prendre des risques. Une pratique sexuelle non protégée qui ne disparaît pas malgré des campagnes d'information fait partie de ces prises de risques où la relation sexuelle est vécue comme une « roulette russe ». La société réagit actuellement en tentant de culpabiliser cette mise en danger (on le voit aussi dans les campagnes pour la ceinture de sécurité ou antitabac), mais cela réactive le besoin de transgresser, également caractéristique de l'adolescence.

Je pense que les mises en garde concernant les risques de maladies peuvent être perçues plus ou moins consciemment comme les interdits datant de la petite enfance. Car à l'époque de la petite enfance, la prise de conscience de ses premiers émois génitaux a été contemporaine de la prise de conscience de la finitude de la vie et des différents interdits éducatifs donnés par les parents. À l'âge où l'enfant se détache de ces interdits (ou en tout cas les remet en question pour mieux les réintégrer), il y a un risque important de refus de la sexualité protégée.

Toutes premières fois

Sortir... des jupes de sa mère

À l'approche de la puberté le clivage fille-garçon se renforce. Les groupes unisexes se rigidifient. Filles et garçons s'opposent. Alors qu'ils vivaient en paix relative, les affrontements réapparaissent comme en maternelle où les garçons tiraient les nattes des filles qui en retour leur tiraient la langue. Mais, dans le même temps, l'intérêt pour le camp adverse va croissant.

À partir de dix ans, les filles se mettent à parler de plus en plus des garçons entre elles. « Sortir avec un garçon » commence à prendre place dans leurs propos comme un projet réaliste et qui a un sens ; même si la préadolescente ne sait pas bien à quoi cela correspond. Sur le sujet, les garçons attendent en moyenne l'âge de douze ans avant d'en parler entre eux. C'est l'âge où ils commencent à s'inventer des exploits de toutes sortes (sportifs ou d'aventures urbaines) qui n'ont rien de sexuel mais qui sont une manière de se préparer imaginairement à la conquête amoureuse.

Si le premier baiser se fait discrètement, dans l'obscurité d'une salle de cinéma, sortir avec une fille ou un garçon est un comportement qui s'exhibe. La demande est souvent directe, voire sommaire : « Veux-tu sortir avec moi ? » Elle est souvent indirecte par l'intermédiaire d'entremetteurs(ses).

À ces âges, qui sont à l'orée de l'adolescence, sortir avec quelqu'un n'est pas lié à la puberté hormonale. C'est avant tout un facteur de convention sociale. C'est presque devenu dans nos sociétés un rituel d'entrée dans l'adolescence, au même titre que la première cigarette.

En revanche, en ce qui concerne les motivations (pensées sexuelles) et le comportement (excitation, masturbation, coït), ils sont soumis à l'influence des facteurs hormonaux de la puberté, comme le montrent différentes études américaines. C'est le facteur biologique qui domine alors, même si le facteur de convention sociale joue aussi un rôle. Les hormones pubertaires sont des activateurs de l'émotionnalité sexuelle.

C'est encore plus vrai chez le garçon. Chez la fille le poids relatif des facteurs environnementaux et sociaux dans les pensées, les motivations et les comportements sexuels sont plus importants.

Fragments de discours amoureux

Dès l'âge de onze-douze ans, les préadolescents ont leurs propres codes pour réguler leurs relations amoureuses. Les philtres d'amour et autres envoûtements n'ayant plus cours (remarquons l'intérêt à cet âge pour les histoires de sorcières), d'autres méthodes les ont remplacés. Les conseils qui fourmillent sur le sujet dans les magazines qui leur sont destinés en font partie. On y apprend, par différentes techniques, à conquérir l'être aimé. Il y a aussi les références à l'astrologie, ou aux coïncidences qui sont des signes du destin : « On était destinés à se rencontrer car on est nés tous les deux à Montpellier et on a une mère italienne », me dit une jeune fille. Les couples d'adolescents organisent eux-mêmes leur propre mythe. Celui de Roméo et Juliette n'est pas mort. Beaucoup d'unions se font en transgression du désir des parents. Notamment quand il s'agit d'unions considérées comme des mésalliances sociales, culturelles ou religieuses. Ces transgressions des règles familiales sont autant de façons de se désengager de la tutelle parentale. Elles permettent souvent d'éviter d'autres modes de rupture type comportements à risque.

À mesure que l'adolescence s'achemine, l'amour et la sexualité deviennent de plus en plus un sujet de conversation. Parmi la population des collèges et des lycées, plus d'un adolescent sur deux reconnaît en parler. Les plus âgés en parlent davantage : 70 % des lycéens contre 58 % des collégiens pour ce qui est du domaine sentimental, et 54 % contre 32 % quant au discours sur la sexualité. C'est entre eux qu'ils préfèrent discourir sur ce sujet, beaucoup plus qu'avec leurs parents ou d'autres adultes. Ce sont surtout les filles qui confient leurs questionnements sentimentaux (70 % contre 50 % chez les garçons) et sexuels (45 % contre 37 %). Si les garçons plaisantent plus facilement haut et fort sur les sujets sexuels sous forme de blagues, ils sont bien plus réticents et pudiques pour aborder leur intimité. Quand ils parlent de sexualité entre eux, ou lors de débats en classe (qui se développent dans le cadre des actions de prévention contre le sida dans les lycées), ils ne parlent pas de leur pratique personnelle, contrairement aux filles. Ils s'expriment de façon beaucoup plus péremptoire, comme toute personne mal à l'aise sur un sujet. Plus l'adolescent est jeune, proche de la période de latence, plus il lui est difficile de parler de sexualité en public. La pudeur, salutaire à cet âge, est à l'origine de gênes, de rires, et de détachements apparents sur le sujet. Cependant, ils ne veulent pas paraître ignorants. Les échanges entre eux portent donc aussi sur des informations relatives aux « techniques », aux risques sexuels (sida) et aux moyens de s'en prémunir. Sur ce dernier point, filles et garçons en parlent autant mais de façon différente.

L'envolée

Les adolescents s'inquiètent parfois de ne pas avoir de rapports sexuels suffisamment tôt. Les premières relations sexuelles ont un formidable pouvoir libérateur. Elles sont un tourbillon qui délivre en partie l'adolescent des scories de son enfance. Les premiers rapports confirment le désengagement vis-à-vis des parents. Ils aident l'ado à apprivoiser son corps et à l'apprécier grâce au regard de l'autre. La satisfaction qu'il en tire influence l'image qu'il a de lui-même. Le désir sexuel est un moteur de vie essentiel à l'heure du vécu dépressif propre à l'adolescent. Vont s'affronter en lui l'envie d'explorer de nouveaux territoires et la peur de l'inconnu, peur ancienne remontant aux premiers mois de la vie. La puberté a accentué les différences physiques entre garçons et filles. Cet écart crée un « appel d'air » et des attirances nouvelles. Garçons et filles se regardent autrement. Souvent le désir les surprend. Ils se redécouvrent :

> « Tiens, tu as changé. Je n'avais pas remarqué que tu étais si carré », déclare en souriant Olivia à son copain d'enfance qui revient de vacances.

Le sentiment amoureux, qui peut se distinguer du désir purement sexuel, est souvent extrêmement violent en cette période de sensibilité intense. Il y a parfois chez l'adolescent amoureux une perte de contact partielle avec la réalité. Le sentiment d'exaltation incontrôlé qu'il procure peut être à l'origine de comportements insensés dont la littérature s'est fait largement l'écho.

Une autre inquiétude très fréquente à cet âge, et qui traduit les changements nés de la puberté, est de perdre l'amitié s'ils sortent ensemble Beaucoup de questions sur ce thème me sont adressées.

> Line, quinze ans : « J'ai un ami garçon avec qui je suis très proche. Nous avons une relation d'amitié très forte et très affectueuse. Dernièrement il m'a fait des avances et j'ai dit oui. Cependant je n'ai pas envie de transformer notre relation d'amitié en amour. Qu'en pensez-vous ? »

> Camille, quatorze ans : « J'ai beaucoup d'amis garçons, mais aucun ne veut sortir avec moi sous prétexte que nous sommes amis. Je suis la seule de ma classe à n'avoir jamais eu de mec. Que dois-je faire pour qu'on me considère comme plus qu'une copine ? »

Ces désirs nouveaux poussent l'adolescent à prendre soin de son apparence. Le temps passé dans la salle de bains est de plus en plus long et l'intérêt pour la mode vestimentaire, les bijoux ou accessoires (piercing) se développe.

Mais tous les adolescents ne sont pas en quête de relations sexuelles, hâtivement. Pour beaucoup, l'urgence n'est pas de mise, et il convient de se sentir prêt. Il est parfois des adolescentes qui cherchent moins des relations charnelles que d'être admirées, choyées comme des petites filles qui ont été idéalisées par leur père et qui tentent de retrouver ce schéma avec un garçon.

Si leur puberté est plus tardive, les garçons cependant se sentent prêts plus tôt pour des relations sexuelles que les filles. Mais dans les faits, l'âge moyen d'une première relation sexuelle est, de nos jours, dix-sept ans pour les garçons, et dix-sept ans et demi pour les filles. Il est vrai qu'une relation de ce type engage moins les hommes dans leur corps, elle peut être plus facilement externalisée. Mais, quel que soit le sexe de l'intéressé, les premières relations sexuelles sont rarement un passage aisé comme en témoignent les adolescents suivants :

> Joachim, dix-neuf ans : « Je n'ai jamais fait l'amour avec une fille. Un copain m'a suggéré d'aller voir une prostituée, mais j'ai peur que ce soit encore plus intimidant. En même temps, je me dis que ça m'aidera peut-être à surmonter enfin mes complexes. »

> Djamel, seize ans, Seine-et-Marne : « J'ai une copine depuis deux mois. J'aimerais faire l'amour avec elle, mais elle est vierge. Elle a refusé et je ne sais pas comment m'y prendre pour lui en parler encore. »

> Tina, dix-sept ans, Ariège : « J'ai un copain depuis cet été. Je suis amoureuse et lui aussi. Le seul problème qui sème le trouble dans notre relation est qu'il sait que je suis vierge et que ça le bloque sexuellement. Il n'arrive pas à me faire l'amour. »

La pratique sexuelle n'est pas vécue par les jeunes adolescents de la même façon que par les plus âgés ou les adultes ; en ce sens que les différents éléments du ressenti de l'ado ne sont pas liés les uns aux autres. Les différents affects ne coïncident pas entre eux. Le corps de l'autre peut, par exemple, n'être perçu que partiellement. En outre, dans ces relations précoces, le sentiment amoureux n'entre pas toujours en résonance avec le partage du corps. Les enquêtes comme les entretiens montrent que les ados n'accèdent pas d'emblée à la pleine puissance orgastique lors des tout premiers rapports sexuels. Et ce d'autant plus qu'ils sont précoces. Le plaisir corporel n'est pas, loin s'en faut, la première évocation des ados, après leur premier rapport.

Tout se passe comme si l'ado ne laissait pas l'excitation orgastique gagner tout le corps, ne se laissait pas aller dans les bras du plaisir. Sans doute a-t-il besoin de garder la maîtrise d'un corps qu'il contrôle mal et se garde-t-il de risquer de perdre de soi, de son identité dans la jouissance avec l'autre. L'ado, avec son ou sa partenaire, se méfie inconsciemment d'un transfert trop massif. C'est la maturité psychologique qui favorise la puissance orgastique. Dans les premiers rapports, on est parfois proche de la masturbation. Chaque partenaire est centré sur soi-même, sans tenir compte de la personnalité et des réponses de l'autre.

La plupart des adolescentes, contrairement aux idées reçues, déclarent avoir eu leur première relation avec un garçon qu'elles aimaient. Y compris celles qui ont eu par la suite des relations multiples. À noter, à ce sujet, que le multipartenariat ne concerne que 10 % des ados. La plupart fonctionnent en couple, de durée plus ou moins longue.

Ce sont les garçons qui classiquement déclarent leur flamme ; mais c'est après que les filles ont créé la relation et une complicité grâce aux regards et aux échanges verbaux. Cependant, de nos jours, les adolescentes en Occident sont davantage offensives et conquérantes que leurs aînées dans leur démarche de séduction. On assiste actuellement à une analogie de plus en plus marquée, les filles déclarant leur flamme les premières presque aussi souvent que les garçons. Mais elles restent plus prudentes pour démarrer des relations sexuelles. Sans doute parce qu'elles vivent la sexualité de façon plus interne et portent le risque de grossesse. En outre, elles sont davantage les initiatrices de rapports protégés. On peut mettre cela en parallèle avec le fait qu'elles ont moins de comportements à risque en général.

Elles choisissent en moyenne un partenaire plus âgé de trois ans. Elles attendent une expérience de la part du garçon, tandis que les garçons sont plus rassurés d'être le premier, probablement pour éviter de souffrir d'une comparaison. Cependant beaucoup de garçons apprécient également d'être initiés, mais en ce cas par une fille bien plus âgée.

Chez les garçons, il peut y avoir le désir d'avoir des partenaires multiples. Ce désir est lié à un besoin de conquête, qui rappelle le sentiment d'exaltation et de toute-puissance du petit enfant de trois ans découvrant ses pouvoirs.

Ce désir existe moins chez les filles, mais il n'est pas absent. Il est d'ailleurs de plus en plus assumé par elles. De nos jours, les filles qui collectionnent les garçons pour les abandonner parfois de façon agressive ne sont plus considérées par leurs pairs de façon dévalorisante. Elles apparaissent comme des filles de pouvoir et cet aspect fascine. D'autres adolescentes se laissent conquérir facilement et passent d'un bras à l'autre. Elles sont volontiers l'objet d'un certain mépris de la part des garçons qui en jouent, et des filles qui les rejettent. Elles sont dans une quête affective insondable, utilisant leur séduction corporelle car elles s'imaginent indignes d'être aimées pour d'autres motifs. Surtout quand, enfant, c'était seulement leur côté « petite fille coquette » qui semblait intéresser leur père.

Chez les garçons comme chez les filles, multiplier les partenaires est parfois un moyen d'éviter une rencontre amoureuse véritable. Les affects sont mis à l'écart. En multipliant les rapports, le point commun qui surnage est uniquement corporel.

Dans l'agir des adolescents modernes, il y a deux caractéristiques essentielles. Le retour à la fidélité mais aussi la recrudescence des agressions sexuelles.

Les viols collectifs voient leur fréquence croître. Ils ne s'accompagnent pas de sentiment de culpabilité comme dans le viol unique. La faute est diluée dans le groupe et surtout le caractère groupal offre, en plus de l'impunité, une dimension sacrificielle.

La fidélité, marquée par rapport à la génération précédente, réactualise l'amour courtois cher au Haut-Moyen-Âge qui s'accompagnait d'ailleurs, comme de nos jours, d'un souci de l'égalité des sexes en matière de droits et devoirs amoureux. Les ados sont des monogames ou monoandres successifs. Ils passent d'une relation fidèle à une autre, soumis à l'inconstance de l'amour. On peut parler de « bébé couple ». Mais quand ils sont inscrits dans une histoire amoureuse, ils prennent moins de précautions. Quand ils font un test de dépistage c'est après une aventure sans lendemain. Mais ils ne font pas de test de dépistage avant l'engagement dans une relation. Pour eux, le danger de mort ne peut venir d'une personne qu'on aime. Ils sont sous l'influence de l'illusion amoureuse décrite depuis plus de deux mille ans par les poètes. C'est elle qui rend l'amour aveugle. L'amour à cet âge est spéculaire : celui qu'on aime est comme soi-même (soi m'aime). Considérer l'autre comme un danger serait se reconnaître soi-même comme dangereux.

L'ado va dans l'amour sentimental ou physique avec l'autre chercher à retrouver ses repères perdus. La puberté a en effet détruit provisoirement l'image qu'il a de son propre corps. Il ne se reconnaît plus. Il a perdu partiellement son sentiment d'identité. C'est avec la rencontre du corps réel de l'autre, le regard de l'autre sur son propre corps que l'ado va faire connaissance avec sa nouvelle identité et se reconstituer. Grâce à ces rencontres, l'ado va intégrer les différentes images de lui-même. Il va trouver un nouvel équilibre dans l'organisation de ses pulsions, entre refoulement, sublimation et réalisations sexuelles. Il se rencontre dans l'autre, se lit dans le regard de l'autre, et a le désir de reconnaissance par l'autre. À cet âge plus qu'à tout autre, il est pénible de ne pas être aimable pour l'autre aimé.

Un coin pour s'aimer

Le lycée, les camps d'adolescents, les boîtes de nuit et les soirées entre amis sont les principaux lieux de rencontre. L'alcool ou le cannabis sont parfois utilisés à visée désinhibitrice.

Les adolescents manquent de lieux pour leurs premiers pas sexuels. Cela explique peut-être que, statistiquement, les jeunes soient sexuellement plus actifs dans les zones rurales (où l'on jouit de plus d'espace) que dans les zones urbaines. Les différentes sociétés traditionnelles prévoyaient des lieux pour abriter les premières relations sexuelles des adolescents. En Europe, jusque dans les années soixante, les bals étaient les lieux de rencontre pour les jeunes gens. Le jour de la Sainte-Catherine, les jeunes filles de quinze ans avaient droit à leur messe et à un bal lors duquel elles pouvaient choisir leur cavalier. Les garçons avaient aussi « leur » bal, le jour de la Saint-Nicolas.

Dans les pays germaniques, jusqu'au XIXe siècle, les jeunes gens pouvaient passer la nuit ensemble sans être officiellement mariés. Cette pratique, nommée *Kiltang*, était encadrée, avait des règles précises, s'échelonnait sur plusieurs mois ou années, et de caresses en caresses pouvait aboutir à l'hommage suprême.

Chez les aborigènes, les adolescents pouvaient se rendre, pour s'y aimer, dans une maison, à l'écart des demeures familiales, appelée le *bakumatula*.

Au nord de l'Inde, garçons et filles dansent certains soirs autour d'une habitation nommée le *ghotul* avant d'y dormir, les plus âgés d'entre eux initiant à l'amour les plus jeunes. Ce sont les caresses et les subtilités de l'érotisme qui sont privilégiées plutôt que la pénétration. Lorsque les jeunes filles sont réglées, elles doivent pratiquer le coït uniquement de façon interrompue en période ovulaire (à partir du septième jour après les règles). Au petit jour, chacun rentre chez soi et le sujet n'est pas abordé en famille. Dans les sociétés traditionnelles, le tabou de l'inceste est bien marqué. Les adolescents dépendent encore de leurs parents, mais tout le domaine de leur sexualité doit se situer en dehors du champ familial. Les relations entre frères et sœurs sont prohibées et parfois, comme dans le Nord de l'Australie, un frère et une sœur, dès qu'ils ne sont plus enfants, ne doivent plus s'approcher, ni se parler sauf en murmurant et en baissant les yeux.

En France, actuellement, ce n'est qu'à partir de dix-huit ans que la sexualité devient régulière pour un tiers des garçons de onze à dix-neuf ans et 40 % des filles. Auparavant, même quand elles débutent tôt (avant quatorze ans pour 6 % des garçons et 3 % des filles), les relations sexuelles restent souvent uniques ou sont épisodiques. Avant dix-huit ans, 21 % des garçons scolarisés et seulement 4 % des filles déclarent avoir eu au moins une relation sexuelle. J'écris « seulement » car les adultes imaginent une sexualité adolescente bien plus précocement agie.

L'adolescent va peu à peu intégrer à sa connaissance de soi sa sexualité nouvelle et la faire cohabiter avec les autres champs de son existence.

Conclusion

L'identité sexuée de chacun se construit dès les premières années de vie, en étroite intimité avec l'élaboration de l'identité globale. Elle est soumise à l'influence des parents, de leurs désirs conscients et inconscients, de leur histoire personnelle et familiale, de leur façon d'être et d'aimer et de l'éducation qu'ils donnent. Elle est également soumise à l'influence des pairs et, bien sûr, à l'influence des facteurs sociaux, culturels et environnementaux. Mais l'enfant joue aussi un rôle actif dans cette construction par l'intermédiaire de ses caractères physiques, ses compétences sensorimotrices et cognitives, son tempérament, ses qualités relationnelles et ses choix d'imitation ou d'identification. Notre façon d'être un homme ou une femme, comme la façon dont nous considérons hommes et femmes, le masculin et le féminin, sont directement liées à cette élaboration propre à chacun. L'identité sexuée étant partie prenante de l'identité globale, elle conditionne aussi notre regard sur le monde et notre façon de penser.

Éduquer n'est pas maîtriser ; il importe que les parents accompagnent cette construction en veillant à son harmonie et à sa dynamique évolutive, sans négligences ni exigences rigides.

Notre sexualité d'adulte prend racine dans les tout premiers désirs de l'enfance. Nos façons d'aimer avec le cœur comme avec le corps sont largement sous-tendues par le développement de notre sexualité infantile. La sexualité humaine se caractérise par une lente et riche maturation psychologique et affective qui précède la maturité physique, dernière étape avant la possibilité de relations sexuelles adultes. Son élaboration complexe est soumise à de nombreux facteurs d'influence propres à chacun et à son environnement familial et social. Le respect de cette maturation par un accompagnement éducatif chaste et bienveillant et l'enseignement des interdits fondamentaux assureront une sexualité adulte épanouie mais aussi une structuration harmonieuse de la personnalité de l'adulte à venir.

Bibliographie

ANGEL S., *Des frères et des sœurs*, Paris, Robert Laffont, 1996.

BADINTER E., *XY de l'identité masculine*, Paris, Odile Jacob, 1992.

BAILEY J., PILLARD R., *A genetic study of male sexual orientation*, Arch. Gen. Psychiat., 1991, nº 48, pp. 1089-1096.

BEAUNE D., MABIRE M.J., *L'Enfant abusé sexuellement*, Paris, Morin, 1998.

BYDLOWSKI M., *La Dette de vie*, Paris, PUF, 1997.

BOWLBY J., *L'Attachement*, Paris, PUF, 1978.

BRACONNIER A., *Le Sexe des émotions*, Paris, Odile Jacob, 1996.

BRACONNIER A., CHILAND C., CHOQUET M., POMAREDE R., *Adolescentes, adolescents, psychopathologie différentielle*, Paris, Bayard, 1995.

CASS V., « Sexual orientation identity formation : a western phenomenon » in Cabaj R., Stein T., *Textebook of homosexuality and mental health*, American Psychiatric Press, 1996, pp. 227-251.

CHILAND C., « Trouble de l'identité sexuée chez l'enfant et l'adolescent » in Lebovici S., Diatkine R., Soulé M., *Nouveau Traité de psychiatrie de l'enfant et de l'adolescent*, Paris, PUF, 1997.

CLERGET S., *Ne sois pas triste mon enfant*, Paris, Robert Laffont, 1999.

—, *Adolescents, la crise nécessaire*, Paris, Fayard, 2000.

DOLTO F., *Les Étapes majeures de l'enfance*, Paris, Folio, 1998.

—, *L'Image inconsciente du corps*, Paris, Le Seuil, 1984.

—, *Le Féminin*, Paris, Gallimard, 1998.

—, *Tout est langage*, Paris, Folio, 1990.

—, *Lorsque l'enfant paraît*, Le Seuil, 1990.

DUMAS D., *La Sexualité masculine*, Paris, Poche, 1993.

FAGOT B.I., HAGAN R., « Observation of parents reactions to sex-stereotyped behaviors », in *Child Development*, 1991, nº 62, pp. 617-628.

FOUCAULT M., *Histoire de la sexualité*, Paris, Gallimard, 1997.

FREUD A., *Le Moi et les mécanismes de défense*, Paris, PUF.

—, *Le Normal et le Pathologique chez l'enfant*, Paris, Gallimard.

FREUD S., *La Vie sexuelle*, Paris, PUF.

—, *Trois essais sur la théorie de la sexualité*, Paris, Gallimard.

FRIEDRICH W.N. et coll., « Normative sexual behavior in children : a contemporary sample », *Pediatrics*, 1998, nº 4.

—, « Child sexual behavior inventory. Normative and clinical comparisons », *Psychological Assessment*, 1992, nº 4, pp. 303-311.

GESELL A., ILG F.L., *L'Enfant de 5 à 10 ans*, Paris, PUF, 1973.

GLOWCZEWSKI B., *Adolescence et Sexualité*, Paris, PUF, 1995.

GOLSE B., *Le Développement affectif et intellectuel de l'enfant*, Paris, Masson, 1985.

GREEN R. et al., *Lesbian mother and their children : a comparison with solo parent heterosexual mothers and their children*, Archives of Sexual Behavior, 1986, nº 15, pp. 167-184.

IGARTA K., « Fille, garçon : quelle différence ? », revue *Prisme*, Montréal, 1998, nº 2, pp. 208-221.

IONESCU S., JACQUET M.M., LHOTE C., *Les Mécanismes de défense*, Paris, Nathan, 1998.

JAVAID G., « The children of homosexual and heterosexual single mother », *Child Psychiatry and Human Development*, 1993, nº 23, pp. 235-248.

KLEIN M., *Essais de psychanalyse*, Paris, Payot, 1974.

KREISLER L., « Ce que les enfants de sexe ambigu ont apporté à la connaissance de l'identité sexuée », in *Nervure*, 1990, nº 9, pp. 15-19.

LACAN J., *Le Séminaire*, livre XI, Paris, Le Seuil.

LAMB M., *The Role of the father in child development*, N.Y., Wiley, 1981.

LEGAULT F., STRAYER F., « Genèse de la ségrégation sexuelle et différences comportementales chez les enfants d'âge préscolaire », in *Behavior*, 1991, nº 119, pp. 56-69.

LE MANER G., *L'Identité sexuée*, Paris, Dunod, 1997.

LE MANER G., DELEAU M., « Choix d'objets et interactions entre pairs : comportements révélateurs d'un schéma de genre à 24 mois », in *Enfance*, 1995, nº 4, pp. 417-434.

LETT D., *L'Enfant des miracles*, Paris, Aubier, 1997.

LLOYD B., « Différences entre sexes », in Moscovici S., *Psychologie sociale des relations à autrui*, Paris, Nathan, 1994.

LYTTON H., ROMNEY D.M., « Parents differential socialization of boys and girls : a meta-analysis », in *Psychological Bulletin*, 1991, nº 109, pp. 267-296.

MACCOBYE, JACKLIN C., *The Psychology of Sex differences*, 2 vol., Stanford University Press, 1974.

MALESTA C., « Developmental course of emotion expression in the human infant », in *The Development of expressive behavior : biology-environment interactions*, N.Y., Academic Press, 1985.

MARIVAUX, *Théâtre complet*, 2 tomes, Paris, Magnard, 1963.

MAROL J.C., *La Fin'Amor*, Paris, Points, 1998.

MEREDIEU F. (De), *Le Dessin d'enfant*, Paris, Blusson, 1990.

MONEY J., « Sexual dismorphism and homosexual gender identity », *Psychological Bulletin*, 1970, nº 6, pp. 425-440.

MONEY J., EHRHARDT A., *Man and woman. Boy and girl*, Baltimore, The Hohn Hopkins University Press, 1982.

PALACIO-QUINTIN E., « Développement des filles et des garçons, quelles différences ? », *Bulletin de psychologie*, 1995, nº 424, pp. 371-382.

PIAGET J., *La Psychologie de l'intelligence*, Paris, Colin, 1964.

ROGE B., *La Différenciation sexuelle et les communications non verbales*, Thèse de doctorat, Paris-VIII, 1992.

SEAVY C., KATZ P., ZALK S., « Baby X : The effect of gender labels on adult responses to infants », *Sex-Roles*, 1975, nº 1, pp. 103-110.

SEGUR (De), *Un bon petit diable*, Paris, Pauvert, 1964.

SPITZ R., *De la naissance à la parole*, Paris, PUF, 1979.

STOLLER R.J., *Masculin ou féminin ?*, Paris, PUF, 1989.

STRULOVITCH J., *Homosexualité et comportements suicidaires chez l'adolescent*, revue *Prisme*, 1998, n° 2, pp. 120-131.

VALET G., *Représentation de la maternité dans les arts primitifs*, Paris, *Le Carnet Psy*, n° 56, 2000.

VALET G., CLERGET S., FIORINA S., *Le Relapse ou la Répétition des comportements à risque de contamination au VIH*, Actes du 40e colloque de psychologie médicale du GEPS, Paris, 1997.

WALLON H., « Les étapes de la sociabilité chez l'enfant », revue *Enfance* « Spécial Wallon », 1952, pp. 309-323.

WINNICOTT D.W., *Conversations ordinaires*, Paris, Gallimard, 1988.

ZAGADANSKI S., *Autour du désir*, Paris, Le Passeur, 2001.

ZAZZO B., *Féminin masculin à l'école et ailleurs*, Paris, PUF, 1993.

—, « Garçons et filles : comparer pour comprendre », *Bulletin de psychologie*, 1995, n° 424, pp. 383-388.

ZWANG G., *Sexologie*, Paris, Masson, 1990.

Remerciements

À Marie-Ange pour sa fidélité,
À Stéphane Brûlé pour sa joie de vivre,
À Gilles Valet pour sa participation,
À mes confrères et amis.

Table

Deuxième partie

LA SEXUALITÉ DE L'ENFANCE À L'ADOLESCENCE

Ce volume a été composé et mis en pages
par Étianne Composition
à Neuilly-sur-Seine.

Impression réalisée sur CAMERON par

BUSSIÈRE CAMEDAN IMPRIMERIES

GROUPE CPI

à Saint-Amand-Montrond (Cher)
pour le compte des Éditions Robert Laffont
en septembre 2001

N° d'édition : 42018/01. — N° d'impression : 014575/4.
Dépôt légal : octobre 2001.

Imprimé en France